20 世纪中国图书馆学文库·88

文献资源共享
理论与实践研究

肖希明 著

圙 國家圖書館出版社

本书据广西教育出版社 1997 年 7 月第 1 版排印

序

　　处在信息时代的今天,经济发展、科技进步、社会繁荣一刻也离不开信息。信息被人们视为社会的宝贵财富。作为社会信息存贮和传递工具的文献,已经成为社会经济发展中的一项重要的战略资源。文献信息拥有的多寡和开发利用的状况成为衡量一个国家或地区文明程度的重要标志之一,重视文献资源建设已经成为全人类的共识。

　　社会的不断进步,科学技术的高速发展,知识更新周期大大缩短,知识和信息量明显增多,各种形式文献的数量急剧增长,读者对文献信息的需求呈现出多样化和复杂化,这给文献资源建设提出了新的要求。与此同时,任何国家的任何一个文献情报机构都不可能将世界上的所有文献收集齐全,以最大限度地满足读者日益增长着的文献信息需要。文献资源的合理布局,科学的开发和利用问题,严峻地摆在图书情报工作者面前。因此,文献资源共享作为一种社会现象,是事物发展到一定阶段的必然产物,它既是当今图书情报界普遍关注的重点和热点问题,同时,又是一个众多人涉足而又缺乏系统深入研究的课题。肖希明同志在他的博士学位论文基础上撰写的《文献资源共享理论与实践研究》一书,正是在这一背景下应运而生的。该书具有以下特色。

　　第一,作者运用系统论的思想与方法将文献资源共享作为一个整体系统对其历史与现状进行全方位考察,将文献资源共享的思想和实践的发展置于历史与现实的大背景中,分析其历史渊源,并从政治、经济、科技、文化等多角度阐明在世界范围内实现文献资源共享的客观必然性,使人们对文献资源共享问题有一个比较全面的科学的认识。

第二,作者从多学科多角度探讨了文献资源共享的理论基础,运用信息学理论,旨在揭示文献的本质,阐明共享性是文献资源的本质属性,论证了文献资源为什么可以共享;运用经济学理论,旨在探索文献资源共享的现实经济意义;运用文化学理论,旨在阐明文献资源共享的文化内涵;运用系统科学理论,旨在寻求文献资源共享的方法论依据。作者认为文献资源共享是一种观念,一种崇高的理想,但又是一种充满理性的自觉的社会实践活动,以此为出发点,深刻地剖析了文献资源共享的理论内涵,这种理论概括具有独创性,是本书的一大特色。

第三,作者从充分发挥文献资源共享系统的最佳整体效益出发,认为文献资源共享实质上是通过一定的调控手段,实现全社会文献资源的合理配置,以取得较大的社会和经济效益。作者认为文献资源共享系统是一项庞大而又复杂的系统工程,它涉及文献的生产、供应、采集、存贮、开发与利用等子系统。作者较深刻地分析了这些子系统在文献资源共享整体中的功能发挥状况,提出了优化各个子系统功能的途径,阐明了各子系统协调运行的内在机制,颇具新意。

第四,作者认为文献资源共享系统的运行不仅取决于系统内部各子系统的优化,而且要受外部环境因素的影响与制约。在分析外部环境对文献资源共享的影响时,作者将重点放在对人文因素和技术因素的分析,强调人文因素对文献资源共享的影响。重视国家信息政策的影响,评价了我国文献资源共享中信息政策的作用,提出了建立文献资源共享政策、法规体系的框架。作者提出了文献资源共享中的知识产权问题,一方面看到知识产权对文献资源共享的促进作用，同时又要重视知识产权对文献资源共享的约束，在此基础上，提出了在遵守知识产权制度的前提下实现文献资源共享的构想。

第五，作者坚持理论联系实际的原则，结合我国文献资源建设的现状，有针对性地提出构建我国文献资源共享系统的目标和原则，认为建立我国文献资源共享系统的模式应当是以地区文献资源共享网为基础，以区域文献资源共享网为辅助，以国家级文献资源共享网为主导的三级文献资源共享网络结构模式。作者对三级网络结构模式的可行性分析和建立保障机制的论述非常精辟。

《文献资源共享理论与实践研究》是作者近年来悉心研究的重要成果，内容丰富，资料翔实，结构紧凑，方法科学，层次清晰，论证有力，文字简洁，可读性强，是一部关于文献资源共享系统方面具有开拓性、论述全面系统、观点比较新颖的理论专著。

肖希明同志大学毕业后即在武汉大学从事图书馆学教学与研究工作，攻读在职博士学位期间，作为他的科学导师，我与他切磋有年。他忠诚党的教育事业，勤奋刻苦，有较强的科研能力和坚韧不拔的研究精神，取得了丰硕的成果。值此《文献资源共享理论与实践研究》出版之际，表示衷心祝贺，我期待着这一领域将有更多的佳作问世，为繁荣图书馆学研究而共同奋进。

彭斐章

1997 年 1 月于珞珈山

前　言

　　在当今中外图书馆学情报学理论研究和图书情报实践活动中,文献资源共享是一个十分引人注目的领域。人们从不同的角度探讨文献资源共享的意义、作用和方法,以不同的形式,在不同的程度上进行着文献资源共享活动。随着人类的进步、社会的发展,文献资源共享正成为一种不断更新着的时代理性和规模宏大的现实运动。

　　自本世纪五六十年代以来,社会信息化、信息社会化的浪潮在世界范围内兴起,信息经济日益成为创造社会财富的主要形式。作为社会信息存贮与传递工具的文献,已成为社会经济发展中一种重要的战略资源,现代科学研究的明显集约化和生产技术的高度信息化,使社会对文献的需求日益增长。而当今文献数量的急剧增长,又使任何国家的任何一个文献情报机构都不可能将世界上所有的文献都收集齐全来满足整个社会广泛而复杂的文献需求。正是在这一情势中,文献资源共享成为各国极为关注的问题。同时,以电子计算机和远程通信为核心的现代信息技术,极大地改变了文献信息的收集、处理、贮存、传递的方式,为文献资源的广泛共享提供了现实可能性。

　　文献资源共享是一项庞大而复杂的系统工程,它涉及文献的出版、发行、采集、加工、存贮、检索及开发利用等子系统,并且受到社会的政治、经济、文化及科学技术环境的影响和制约,因而,当今的文献资源共享仍然面临着许多复杂的矛盾和问题。对文献资源共享的研究,如果仅仅局限于一些具体的、局部的问题,则往往难以有实质性的进展。只有把文献资源共享置于广阔的社会背景、系统化的思维框架中,对文献资源共享的各个子系统及环境因素进行全面深入的考察,探讨其协调运行的内在机制,才能从整体上优化文献资源共享体系,促使其整体效益的发挥。毫无疑问,这种研究不仅具有深刻的理论意义,而且具有重要的现实意义。

随着经济全球化、科技国际化、文化世界化的发展趋势,特别是现代信息技术的惊人发展,文献资源共享早已跨越国界,成为一项全球性的事业,关联着世界各国的政治、经济和社会的发展。因此,将文献资源共享置于世界性的背景中加以研究,探讨其普遍性的规律和需要解决的一些共性问题,是十分重要的。同时,由于各国的经济发展状况、科学技术水平、历史文化传统以及价值观念等方面存在着差异,文献资源共享也存在着不同的模式。如何根据我国的国情,探索构建我国文献资源共享系统模式,是需要我们认真研究的重要课题。

本书将以对国内外文献资源共享的思想和实践活动进行回溯性研究为起点,探讨文献资源共享的若干基本理论问题。在对文献资源共享系统各要素以及系统内外环境进行综合分析,探讨其优化对策的基础上,提出我国文献资源共享系统的目标及模式构想。作者期望这一系统性的探索,能对我国文献资源共享的理论研究和实践活动有所裨益。

目　　录

第一章　文献资源共享:历史与现实 ……………………………………（1）

第一节　文献资源共享的历史演进 …………………………………（1）

第二节　文献资源共享的现实背景 …………………………………（30）

第三节　当今文献资源共享面临的问题 ……………………………（47）

第二章　文献资源共享的理论基础 ……………………………………（54）

第一节　文献资源共享:一种思想,一项运动 ……………………（54）

第二节　文献资源共享的信息学基础 ………………………………（66）

第三节　文献资源共享的文化学基础 ………………………………（73）

第四节　文献资源共享的经济学基础 ………………………………（80）

第五节　文献资源共享的系统论基础 ………………………………（88）

第三章　文献资源共享系统分析 ………………………………………（95）

第一节　文献的生产与供应子系统 …………………………………（95）

第二节　文献收集子系统 ……………………………………………（109）

第三节　文献服务子系统 ……………………………………………（123）

第四节　文献保存子系统 ……………………………………………（137）

第四章　文献资源共享中的技术因素 …………………………………（142）

第一节　文献资源共享中的书目控制 ………………………………（142）

第二节　文献资源共享中的信息技术 ………………………………（168）

第五章　文献资源共享中的人文因素 …………………………………（188）

第一节　国家信息政策 ………………………………………………（189）

第二节　知识产权制度 ………………………………………………（203）

第三节　社会经济的影响 ···（216）

第四节　"信息人"：教育与文化传统 ·································（228）

第六章　我国文献资源共享系统的模式 ·························（239）

第一节　文献资源共享系统的功能与结构 ·····················（239）

第二节　我国文献资源共享系统模式构想 ·····················（250）

第三节　我国文献资源共享系统建设的保障机制 ···········（269）

主要参考文献 ···（275）

后记···（279）

第一章　文献资源共享:历史与现实

在人类迈向信息社会的进程中,文献资源共享作为一种新的时代理性和现实运动在全球蓬勃兴起。然而这一时代理性和现实运动的历史渊源是什么? 它在今天的勃兴,其现实背景是什么? 当今文献资源共享面临着哪些问题? 本章将就这些问题进行探讨。

第一节　文献资源共享的历史演进

考察人类信息交流的历史,我们会发现,文献资源共享作为一种崇高的理想,从古至今是人们生生不息的追求。展示人类追求文献资源共享的历史进程,探寻文献资源共享的基本规律,对当今及未来文献资源共享活动的发展无疑具有重要的意义。

一、文献资源共享的初期实践活动和思想萌芽

文献资源共享,实质是人类以文献为工具进行的信息交流,这种交流,伴随着文献的产生就已经开始。

文献作为一种社会信息的存贮和传递工具,其功能早就被古人直觉地认识到了。这种认识导致了古代的文献收藏活动。早期图书馆应运而生,并以文献收藏为存在方式和活动内容。但应该

指出的是,古代的文献收藏活动也是以文献的利用为目的的。考察最早的中西图书馆形态,都源于一种直接的、功利的目的。早期文献收藏的内容都是社会生活的各种文字记录,如宗教仪式的记录,历代皇帝的法令、政令,政府法律文件,征收赋税、接纳贡物等各种财产记录。收藏这些文献,主要是为了日后查考利用,并且变少数人利用为多数人利用,因而文献信息的交流与共享,在古代图书馆就已经存在。它主要体现在几个方面:

首先,虽然古代图书馆的基本社会职能是对文献的贮存和保管,但在文献的流通利用方面仍有一定的开放性。在西方,古希腊"任何一个市民都有权利利用希腊各城市的图书馆"①,古罗马出现了公共图书馆,读者包括了学者、学生、官吏、富人和从事文字工作的人。此外,中世纪的回教图书馆、大学图书馆、文艺复兴时期的美第奇家族图书馆、人文主义者的私人图书馆,都具有一定的开放性。在中国封建社会,官府藏书、私家藏书和书院藏书,主要职能是贮藏和整理文献,但文献的利用和交流仍然在少数掌握有文化知识的知识阶层和统治阶级中进行,在一个狭小的范围内为文化、教育事业提供社会服务。这在诸多有关中国图书馆史的著述中都有论述。

其次,作为文献信息交流与共享的工具的目录,在古代已达到了相当的水平。在西方,公元600多年前亚述巴尼拔图书馆,其藏书就有可供查寻的目录。古埃及的亚历山大图书馆是当时世界上最著名的学术文化中心。它不仅收藏希腊的几乎全部的重要文献,而且收有其他多国的学术作品。为了揭示进而利用丰富的馆藏,该馆的卡利马科斯馆长编制了《各科著名学者及其著作目录》。到13世纪,最早的联合目录《英国图书目录》在英国产生。16世纪中叶,被称为"书目之父"的瑞士文献学家格斯纳,编制了

---

① 杨威理.西方图书馆史.北京:商务印书馆,1988

《世界总书目:拉丁文、希腊文和希伯来文全部书籍的目录》,共著录了15000本书。格斯纳力图将当时所有的知识产物作为人类的共同财富记存下来,为人类共享这些资源创造条件,在当时堪称一项非凡的事业。中国古代的目录工作,不仅历史悠久,而且具有很高的水平。自汉代刘向、刘歆编撰完成《别录》、《七略》,开官修目录之先河,此后史志目录、私家目录相继出现。近两千年间,中国目录工作绵绵相续,代有发展,至清代《四库全书总目》的编撰,中国古代目录工作从理论到方法都已臻完备。中国历代编制的目录,其主要目的固然是"辨章学术,考镜源流",然而客观上却为文献信息的交流与共享提供了重要工具。

再次,作为资源共享重要形式的馆际互借,在古代已见雏形。图书馆"合作活动的初步尝试是开展馆际互借"①。据史料记载,公元前200年,别迦摩图书馆就从亚历山大图书馆获得图书资料,"1634年巴黎的皇家图书馆和罗马的梵蒂冈与巴比伦图书馆之间第一次出现了互借手稿的创举"②。在我国,明末进士曹溶在其《流通古书约》中曾提出过流通图书的两种方法,其中之一是"有无相易,精工缮写",意即抄写后进行流通,互通有无。古代虽然没有提出"馆际互借"这一概念,但这些事例我们仍可看作是馆际互借的萌芽。

十七、十八世纪以后,资本主义经济迅速发展,大工业生产的形成,使社会物质生产能力和生产水平有了极大飞跃,科学技术在社会生产发展中作用日益显露,它既促进着物质生产的改变,又活跃了科学知识的传播。社会文化程度的普遍提高,使社会信息交流规模不断扩大和更广泛的社会化。与此同时,近代科学技术的发展也改变了社会知识的物质生产面貌,传统的依赖手工抄写和

---

① 孟广均.国外合作发展藏书概况.图书馆界,1989(1)
② 孟广均.国外合作发展藏书概况.图书馆界,1989(1)

刻印文献的物质生产方式被大规模的机器生产所取代。文献的社会化生产为大规模的社会信息交流的发展提供了可行的物质条件。文献资源共享开始受到人们的重视,资源共享的实践活动普遍开展,资源共享的理论开始形成。它具体体现为:

1. 图书馆由封闭走向开放,文献得到广泛的利用

随着资本主义制度的确立,公共图书馆在欧美国家普遍建立起来。1850年英国议会通过第一部公共图书馆法,随后,在曼彻斯特等城市陆续建立了公共图书馆。几乎与此同时,美国的波士顿公共图书馆及各州的公共图书馆相继建立。这种近代意义的公共图书馆,已不同于古罗马时代的"公共图书馆"。它是根据法律建立,有稳定的经费保证,并且是真正向所有居民免费开放的图书馆。尽管近代公共图书馆是资产阶级出于培养掌握一定的科学技术知识的劳动者,以促使资本主义生产继续发展的需要而建立的,但它毕竟使广大劳动群众成为图书馆的读者,共享人类共同的知识财富,这无疑是有重要意义的。

大学图书馆也在近代成批建立起来。近代的大学图书馆彻底告别了中世纪巴黎大学图书馆"锁藏图书"(即用铁链把书拴在书架上)的时代,而成为真正开放的图书馆。如德国的哥廷根大学图书馆,一切工作从方便读者出发,并向所有从事科学工作的人开放,"该馆制定了对读者十分方便的各种制度……连学生都可以一次借到10—12册书",当时人们普遍认为,这个图书馆的特点之一就是可以"自由地、不使人为难地使用馆藏"①。德国大学图书馆的藏书不仅向本校师生开放,而且也向市民开放。除了大学图书馆以外,各种专业图书馆也相继建立起来,并且非常注重图书馆的开放和对藏书的利用。

由于中国封建社会延续时间长,中国近代图书馆的兴起也晚

---

① 杨威理.西方图书馆史.北京:商务印书馆,1988

于西方。本世纪初,仿西方公共图书馆模式建立的"古越藏书楼",标志着中国的封建藏书楼过渡到近代图书馆。随后,一批公共图书馆和学校图书馆相继建立,近代图书馆发展有了一定的规模。二三十年代,在新文化运动及西方图书馆事业和图书馆学思想的影响下,中国图书馆事业发生了变化,图书馆的作用,从典籍保存趋向图书使用,读者对象包括了广大民众,在管理上采用了西方公共图书馆的一套业务工作方法和管理制度,以方便读者借阅和文献的利用。

从上述事例可以看出,无论是西方还是中国,近代图书馆从封闭走向开放,文献资源从少数人垄断走向多数人共享,已成了一股强大的历史潮流。

与近代图书馆走向开放的实践相辉映并指导着这一实践的,是近代进步的图书馆学理论。

早在17世纪,欧洲图书馆学的奠基者、法国的诺德(Gabriel Naude)发表了《关于创建图书馆的建议》。诺德在书中设想了一所标准的"世界图书馆"的雏形。他认为图书馆是人类知识的宝库,强调图书馆要"将书提供给公众使用","即使对最卑微的能多少获益的人也不要限制,要让人们借阅"[1]。19世纪,首次使用"图书馆学"这一术语的德国著名图书馆学家施莱廷格(Martin Schrettinger)有一句名言:"图书馆应当尽快地找到必要的书籍,以满足任何文献工作的需要。"[2]诺德和施莱廷格的思想,显然包含着"资源共享"的积极意义。

20世纪杰出的印度图书馆学家阮冈纳赞(S. R. Rangaanathan),于1931年发表了著名的《图书馆学五定律》,全面、深刻地揭示了图书馆存在的价值及理论与实践意义,完整地表达了图

① 袁咏秋,李家乔.外国图书馆学名著选读.北京:北京大学出版社,1988
② 杨威理.西方图书馆史.北京:商务印书馆,1988

书馆活动的根本宗旨和目标。综观"图书馆学五定律",我认为至少有三条定律包含着资源共享的思想。

第一定律——"书是为了用的"（Books are for use）是图书馆学的基本定律。这一定律认为,图书馆的主要职能不是收藏、保存图书,而是使图书得到充分的利用。阮冈纳赞系统地论述了贯彻第一定律对图书馆馆藏选择,开馆时间和图书馆设备及图书馆工作人员的影响与要求。他认为,图书馆应该是促进藏书利用的机构,应当铲除横亘在读者和藏书间的种种障碍,使读者能够自由地、畅通无阻地使用藏书。阮冈纳赞指出,"如果说用一个词来概括第一定律的最终影响,那便是'革命'。"①而这一"革命"的含义,就是文献资源从封闭走向共享与利用。

图书馆学第二定律——每个读者有其书（Books are forall）,是由第一定律推导出来的。"如果说第一定律取代了传统的'书是为了保存的'的概念,第二定律则拓宽了'书是为选定的少数人'的概念。如果说第一定律的革命口号是'书是为了用的',第二定律的革命口号则是'书是为所有人的'。"②第二定律要求图书馆的大门向一切人开放,要使不同社会地位、性别、年龄、健康状况、居住地区的所有人都享有利用图书馆的平等权利。阮冈纳赞指出:"第二定律所引起的革命更具有先进性,使人类更加接近自己的目标。"③这个目标实际上就是全人类文献资源的共享。

第三定律——每本书有其读者（Every book for its reader）的基本思想就是为每本书找到它潜在的读者。它强调图书馆工作要注意"揭示性",即提高图书馆向读者揭示馆藏的能力。而开架借阅、合理排架以及完善的目录是实现为每一本书找到其潜在读者

---

① （印度）阮冈纳赞著,夏云等译.图书馆学五定律.北京:书目文献出版社,1988

② （印度）阮冈纳赞著,夏云等译.图书馆学五定律.北京:书目文献出版社,1988

③ （印度）阮冈纳赞著,夏云等译.图书馆学五定律.北京:书目文献出版社,1988

的三项必要的措施。阮冈纳赞认为,"第一定律从根本上改变了人们对图书馆的看法,第三定律又把这种变革尽可能地引向深入。"①

上述三条定律,鲜明地表达了阮冈纳赞关于"文献资源共享"的思想,应该指出的是,图书馆学五定律是一个有机的整体。它的第四定律——节省读者的时间和第五定律——图书馆是一个生长着的有机体,无不和资源共享有关。我们可以认为,文献资源的广泛共享,是贯穿于阮冈纳赞图书馆学思想的一条主线。

在 20 世纪图书馆学思想演进的历史上,我们还不能不提到一个伟大的名字——弗·伊·列宁。在列宁关于图书馆工作和图书馆事业建设的论述中,格外引人注目的是关于图书馆要为最广大的读者服务,要使图书馆的藏书接近读者,使现有书籍得到充分利用的思想。列宁有一名言:"值得公共图书馆骄傲和引以为荣的,并不在于它拥有多少珍本、有多少十六世纪的版本或十世纪的手稿,而在于如何使图书在人民中间广泛地流传,吸引了多少新读者,如何迅速地满足读者对图书的一切要求……"②列宁的这一思想,同样闪耀着"资源共享"的光辉。

2. 馆际交换互借和藏书分工协调成为近代图书馆资源共享的主要内容

随着近代科学技术的进步和图书馆事业的发展,图书馆自给自足的运行方式受到了挑战,为了满足日益增长的读者需要,图书馆之间开展了馆际合作,而初期馆际合作的主要内容就是馆际交换、互借和藏书的分工协调。

较早开展馆际交换与互借的是 18 世纪后期德国的歌德在主持魏玛公国图书馆馆务时与耶拿大学图书馆建立的馆际互借关

---

① （印度）阮冈纳赞著,夏云等译.图书馆学五定律.北京:书目文献出版社,1988

② 杨威理.西方图书馆史.北京:商务印书馆,1988

系。19 世纪中叶,德国法学家默尔(Robert von Mohl)首次提出了图书馆之间藏书建设分工协调的思想。这一思想由德国的阿尔特霍夫(Friedrich Althoff)付诸实现。在他的倡导下,普鲁士的 10 所大学图书馆划定了各自的藏书采购范围,并在各馆之间建立了互借关系。

到 20 世纪 30 年代,英国图书馆的馆际互借有了长足的发展。英国几乎全部公共图书馆、主要的专业图书馆以及若干大学图书馆都参加馆际互借,英国的国家中央图书馆是全国馆际互借的中心和领导馆。全国则划分为若干地区,在地区范围内开展馆际互借。与此同时,国际性馆际互借业务也开展起来,如德国的普鲁士国家图书馆、瑞士的图书馆都开展了国际间的互借业务。

19 世纪 70 年代以后,美国的图书馆事业进入了世界先进的行列。1876 年,美国《图书馆杂志》创刊号第一次刊登了讨论馆际互借的文章。1917 年,为了促进和完善馆际互借,美国图书馆学会制订出世界上第一个馆际互借规则,其后英、苏等国图书馆也颁布了相应的法令。1938 年,国际图书馆协会联合会(IFLA)制订出国际互借规则,被世界各国所接受。

近代中国图书馆也开展了馆际互借和藏书协调活动。1919年,当时的京师图书馆与分馆制订交换阅览图书简则,开始出现馆际互借业务。1939 年 7 月,国民政府教育部颁布了《修正图书馆规程》和《图书馆工作大纲》,对省、市、县图书馆的机构设置和任务作了明文规定,其中将阅览部的任务规定为"阅览、库藏、参考、互借等","办理馆际互借与邮寄;……编制各种阅览统计、出借、互借统计,……"当时的一些著名学者,也对图书馆的馆际协作给予关注。如胡适在《北平协会席上之讲演》就呼吁图书馆"须实行分工合作之制。倘馆际缺乏联络,实尚未能尽其妙用也,譬如孔德学校图书馆在收藏小说中为第一,嗣后即设法完成其搜集,他馆遇有此等书籍,即尽孔德购置,裨使发展。殿本开化纸书,可界之故宫图书馆。医书一途,可使协和(医学院图书馆)专力搜藏。必先有分途妥协,庶几十元之书,以至三五元之书,皆可避免重复之财力。"①胡适关于馆际合作的建议,应该说是颇有见地的。

总之,在近代的中西图书馆,馆际互借、藏书协调,成为文献资源共享的一种较为普遍、有效和经济的形式。

3.联合目录作为文献资源共享的重要工具有了较快的发展

开展馆际合作,实现资源共享的重要前提条件是信息沟通。联合目录则是馆际间沟通书目信息的重要工具。虽然联合目录的产生可以追溯到 13 世纪,但真正发展则是在近代馆际合作发展到一定程度之后。

1853 年,美国图书馆学家朱厄特(C. C. Jewett)在全美图书馆员会议上建议编制联合目录。1885 年,美国第一部比较重要的国家联合目录《科学技术期刊目录》问世。1902 年美国国会图书馆编制了《全国联合目录》,收录了美国和加拿大大约 2500 所图书馆的藏书。1927 年还编制了《美国和加拿大图书馆期刊联合目录》。在 20 世纪初期,联合目录不仅在美国,在世界很多国家都已引起重视,如德国普鲁士皇家图书馆 1903 年也编制《全国联合目录》。

在中国,现代意义上联合目录的出现在本世纪二三十年代。1929 年至 1933 年,北平图书馆和北平图书馆协会组织编制了《北平各图书馆所藏西文书籍联合目录》等 5 种联合目录。1935 年,朱士嘉先生编撰的我国第一部综合性地方志联合目录《中国地方志综录》出版。1939 年国立中央图书馆编印了《重庆各图书馆所藏西南问题联合目录》等。与西方相比,中国的联合目录事业较为薄弱。

4.文献工作标准化已初露端倪

---

① 胡适.北平协会席上之胡适讲演.中华图书馆协会会报,第 5 卷第 6 期

文献工作标准化、规范化是文献资源共享的前提条件。近代图书馆工作和文献工作标准化还没有形成规模，但已有了初步的发展。

　　编目条例的产生是编目工作逐步走上标准化发展道路的标志。19世纪，英国图书馆学家帕尼齐（Anthong Panizzi）与他人共同研究制订了著名的《91条著录规则》，在此以前，几乎没有统一的著录规则，目录著录非常混乱，很不利于图书的系统整理、妥善保管和充分利用。帕尼齐制订的91条著录规则，在100多年间成为世界不少国家的著录原则，直到1961年在巴黎召开的国际编目原则会议，仍然遵守这91条的基本精神。1899年，德国的阿尔特霍夫主持编制了《普鲁士编目条例》，该条例成为德语文献的统一编目规则。

　　19世纪后期和20世纪初，美国在文献的分类与编目的理论与实践中有很多重要的成果。近代图书馆事业的巨擘杜威（Melvil Dewey）编制了划时代的《十进分类法》，它不仅在美国的图书馆被普遍采用，而且到目前仍然是世界使用最广泛的图书分类法。杜威还促进了卡片目录的标准化，创议实行"在版编目"。这些，对促进文献资源共享无疑具有重要意义。1908年，美国图书馆协会和英国图书馆协会共同制定了《英美编目条例》，是编目史上的一个里程碑。它统一了英语文献的编目工作，对目录信息的馆际交流和国际交流，对文献资源的广泛共享具有极大的促进作用。

　　以上事实表明，文献资源共享作为人类信息交流活动的部分，早已存在于图书馆实践活动之中，并且由低级向高级发展。文献资源共享的思想、理论，也正是在实践的土壤中萌芽、生长。尽管文献资源共享初期的实践活动不可避免地带有偶然性、自发性，且规模有限，文献资源共享的理论也显得肤浅和缺乏系统，但毕竟它为当代文献资源共享理论和实践的发展奠定了基础。

二、当代文献资源共享理论与实践的发展

第二次世界大战结束以后,世界形势发生了巨大变化。科学技术在飞速发展,人类智力成果的增长超过了历史上人类所创造的知识的总和,知识更新周期大大缩短,文献数量急剧增长。随着信息经济的兴起,文献信息成为社会的重要资源,对促进经济发展和社会进步起着巨大的作用。这些变化,给社会信息交流带来了新的特点,信息交流已经远远超出一个国家、一个地区的范围,全球性的信息资源共享和交流的协调与控制已经成为一种普遍的社会需要。

作为社会文献信息贮存和传递、交流机构的图书馆、情报机构、信息中心等,理所当然地担负着全面收集和全面提供文献信息的任务,然而面对如浪潮般涌来的文献,各国的图书情报机构都认识到,不管规模多大的图书馆或科学技术水平多么先进的国家,实际上都很难对文献资源搜罗无遗和自给自足。因此,如何有效地收集和利用文献资源已成为各国在制订科技和社会发展规划时,急需解决的课题。同时人们也认识到,作为一种信息资源,文献资源是可以共同建设、共同分享的。因此,文献资源的共享,引起各国图书情报界的重视,并成为图书情报界国际会议的重要议题之一。如国际图联(IFLA)自 70 年代以来多次大会都对这一议题进行了讨论。世界各发达国家和许多发展中国家,对文献资源共享,从理论研究到实践探索都有了长足的发展。

1. 文献资源共享受到国家高度重视,国家通过制定政策、法律,建立相应的组织机构,对文献资源共享进行规划、协调和组织

许多国家认识到,在科技与经济飞速发展的时代,一个国家的文献资源状况,不仅是该国科学能力的标志,而且是综合国力的重要组成部分,对国家的现代化建设和社会发展关系极为重大。因此,文献资源的共建与共享已不再是个人或单位的事业,而是国家

和社会的事业,国家有责任对文献资源共建共享进行宏观控制。许多国家都建立了全面规划协调组织工作的机构,制定了相应的法律和明确的政策。

在这方面卓有成效的是英国和前苏联。英国1964年通过图书馆法,鼓励公共图书馆在业已形成图书馆网络的地区加强合作。1971年,英国议会通过了《关于建立不列颠图书馆的法令》,将5所大图书馆归于一个委员会领导,联合成为"不列颠图书馆"。英国还在科学教育部下设立"图书情报委员会",由图书馆、出版商和专家读者三方组成,协助政府调查研究和制定国家图书情报规划。前苏联于1975年成立了跨系统的"全国部际图书馆委员会",该委员会在图书馆事业中执行国家政策和各类型图书馆协调方面,享有广泛的权力,其主要职责就是指"拟定保证各部门图书馆工作的相互配合与协调一致的建议","促进组织全国统一的馆际互借系统和提存藏书系统,消除图书馆补充藏书的重复现象,加强情报机构和图书馆的协作"等内容。1974年,前苏共中央作出《提高图书馆对劳动人民进行共产主义教育和科学技术进步中的作用》的决议,强调了克服各类型图书馆的本位主义和相互隔离状态,加强全苏图书馆界协调与合作的意义。在国家跨部门的图书馆委员会成立后,制订了关于图书馆集中化,全国提存藏书系统,科学和综合性图书馆的协作,地区、专业和综合性提存馆的协作,图书馆网分布和馆际互借条例等大量文件,在文献资源共享活动中起着非常重要的作用。

奉行实用主义、分散主义价值观念的美国,在文献资源共享方面虽然没有一个权力集中的机构来充分发挥行政中心的作用,但由总统和国会领导下的"全国图书馆与情报科学委员会",作为一个规划和协调机构,对促进全国图书馆和情报网络的发展起了重要的作用。美国国会图书馆在1976年成立了网络发展办公室,负责发展合作的联络工作,制订计划和合作网络所需要的各种标准,谋求建立全国性的图书馆网络。美国在1966年就修订了《图书馆服务法》,增加了为各类图书馆的协作提供经费资助的内容。80年代,美国又制定了一系列有关信息自由交流的政策,对文献资源共享具有一定的促进作用。

此外,联邦德国1978年建立了情报文献协会和专业情报中心,负责跨地区情报机构的协调工作和国际合作;法国1979年设立了跨部门的情报职能机构——科学技术情报部际委员会;日本是首相府科学技术厅调查局负责协调下属的五个情报系统的活动。总之,各国所设机构性质不一样,职权也不尽相同,但它们都对本国的文献资源协调起着领导的作用,从组织上为文献资源共享提供了保证。

2. 各国根据不同的国情,采用了不同的文献资源共享模式

前苏联采取自下而上的等级结构模式。1966年,前苏联部长会议通过命令,责成图书馆紧密合作,为全苏的科学和工业发展服务,全苏的图书馆和情报系统互相依赖、紧密配合,组成了各加盟共和国的地区性图书情报网、7个全苏专业情报所组成的专业情报网及全苏综合性文献收藏中心三级文献保障体制。同时,还在中央、加盟共和国、州、经济区分别建立不同级别的贮存图书馆,系统贮存各图书馆剔除的图书,使系统内各成员馆成为不同级别的文献资源中心,促进文献资源的合理布局与充分利用。在前苏联,所有图书馆都毫无例外地必须参加全国性的馆际互借组织,以达到读者可以从任何图书馆借到任何一本书的目的。

美国是一个从政治、经济生活到文化类型都高度多样化的国家,其文献资源共享模式也呈现出多样化的特点:既有图书馆之间的协调合作藏书,也有在国家宏观指导下建立的文献保障体制。前者如著名的"法明顿计划",由60家研究图书馆合作,分主题或国别采购国外出版物,以保证有价值的国外出版物至少有一套入藏,并保证各个图书馆都能通过互借和复制利用它。这是协调一

国图书馆从世界大多数图书馆获得文献资源的成功尝试。合作藏书的另一种形式是建立贮存图书馆,如美国研究图书馆中心,作为贮存图书馆,其职能是贮存各馆使用率低的书刊,集中保管罕用资料并提供研究使用,作为馆际互借所需资料的供应中心。从国家的宏观指导来看,60 年代,美国政府通过 480 号公共法案和高等教育法案,提出全国采购编目计划,一批研究图书馆参加,尽可能地收集世界各地出版的文献资料。美国图书馆与情报科学委员会还于 70 年代提出了一个"国家期刊计划",试图建立期刊的三级保障体制,实现期刊文献资源的共享。

英国基本上采用以集中为主,分散为辅的协调模式,通过建立中央和地区两级文献保障体制来实现文献资源共享。作为国家一级的文献资源中心的不列颠图书馆,藏书宏富,同时也和其他大学图书馆、公共图书馆协作,分担收藏。不列颠图书馆外借部(BLLD)以高效率服务向国内外提供外借、复制,满足读者需求达93%以上,成为世界著名的馆际互借中心。作为地区一级的文献资源中心,全国分为 12 个图书馆协作区,每一二个区成立一个图书馆署,作为办事机构,协调各国藏书,组织馆际互借。可见英国的文献资源布局合理、层次清楚。

德国在馆藏建设的分工协调方面有很好的传统。战后的联邦德国,虽然文化事业由各州独自管理,但他们对文献资源的整体布局和采购协调十分重视。1949 年开始,他们制订并实行由德国研究协会(DFG)负责组织的全国采购协调的"特别收集计划",将外国文献资料的收集按 27 个大的专题和 105 个学科类目分配给各图书馆,以保证重要的国外文献至少有一份为国内所收藏,同时编制联合目录,开展馆际互借。

各国国情不同,文献资源共建共享的模式也各有特点。世界上一些较小的国家限于经济力量,多采用国际合作的办法解决文献资源的收集与利用问题。北欧四国的"斯堪的亚计划"(Scandia

Plan)是国家之间合作进行文献资源共建共享的成功范例。位于斯堪的纳维亚半岛的挪威、瑞典、芬兰和丹麦,从 1957 年起,制订并实施了一项采购世界文献资料的国际合作计划,参加该计划的 15 所研究图书馆和大学图书馆,按照合作计划分学科、地区和文种采购北欧以外的文献,使各馆分别成为某一学科或某种类型文献的收藏中心,然后编制联合目录,开展国际互借或提供复制品。东南亚五国也开展了文献收集与利用的跨国协作。1979 年成立的"东南亚地区国家图书馆和文献中心联盟",由菲律宾、马来西亚、新加坡、泰国的国家图书馆和印度尼西亚全国科学文献中心等五国的有关单位组成,其目的是发展东南亚国家图书馆网络,实现这一地区的文献资源共建与共享。该组织的协作项目包括了协作采购、相互交换出版物、编制联合目录、馆际互借等。此外,如欧洲共同体国家也开展了文献资源共建共享的跨国协作。

3. 国际组织努力促进文献资源共享的发展

国际图书馆组织的建立,是近现代各国图书馆事业加强相互联系,进行国际交流和协作的产物。战后,这些国际组织为推动文献资源共享,开展了卓有成效的工作。

国际图书馆协会联合会(IFLA)和联合国教科文组织(UNESCO)在这方面的作用尤为显著。1949 年,国际图联与联合国教科文组织正式建立了工作关系,联袂推动文献资源共享的发展。1961 年,巴黎国际编目原则会议产生的《原则声明》是他们合作的产物。该《声明》为统一国际上的编目原则达成了基本一致的协议,为文献资源共享在国际范围内的发展扫清了一大障碍。

70 年代以来,国际图联在推动文献资源共享方面的重大贡献是推出并实施"世界书目控制计划"(UBC 计划)和"世界出版物资源共享计划"(UAP 计划)。

UBC(Universal Bibliographic Control)这一概念是 1971 年在 IFLA 会议上首次提出的。同年,F. G. 卡尔特韦塞博士在

《UNESCO 图书馆公报》中第一次阐述了 UBC 这一全球性计划。1973 年 IFLA 召开了以 UBC 为主题的"IFLA1973 年年会"，专门探讨了 UBC 计划的具体问题，1974 年形成了 IFLA 的"UBC 正式声明"。作为一项全球性的计划，UBC 致力于建立一个由各国出版界和图书馆界的全国性机构共同构成的世界编目网，运用国际通用的规格，准确迅速地提供世界各国所有出版物的基本书目数据，以达到在世界范围内畅通无阻地交流书目信息的目的。

用户获得书目信息并不等于可以利用文献。为了使任何出版物在世界范围内能够容易获得，IFLA 又提出了实施"UAP（Universal Availability of Publications）计划"。UAP 这一概念是 1973 年在 IFLA 年会上提出来的。1975 年 IFLA 第 41 次年会上被正式列为一项中期计划。1979 年以来，UAP 一直被列为联合国教科文组织的拨款赞助项目。1985 年，联合国教科文组织出版的 UAP 会议组织指南对 UAP 的解释是：UAP 不仅是一个目标，也是一个计划的实现过程。作为目标，要求做到无论何时何地都能最大限度地满足读者对出版物最广泛的需求。作为计划，要求采取相应的措施改进国际国内出版物的流通及从新资料出版到出版物保存等方面的工作。UAP 计划的最主要内容，就是力促各国能建立起一个具有文献的出版、发行、采购、加工、存贮、保护、馆际互借等基本功能的国家系统。这个系统，应结合本国具体情况研究解决文献出版与供应渠道中存在的问题；制定国家采访方针和国家的收藏计划；建立国内书目系统和馆际互借网络，克服书价上涨和经费不足带来的困难，并尽快采用新技术，实现管理自动化。UAP 的最终目标是实现国际性的资源共享，但只有建立起有效的国家系统，才能保证良好的国际合作关系。

由此可见，UBC 和 UAP 两项全球性计划是相互联系相互依赖的：UBC 是实现 UAP 的先决条件，UAP 是 UBC 的目的。它们是实现文献资源共享的两个步骤。

尽管实现 UBC 和 UAP 的目标和道路是漫长的、异常艰难的，但两项计划问世近二十年来，它们的思想在全世界日益普及，许多发达国家和发展中国家逐步接受了 UBC 和 UAP 的观念，在不同范围内传播着 UBC 和 UAP 的思想，并在不同程度上按 UBC 和 UAP 计划要求进行着工作，人类毕竟在向着文献资源共享的理想前进。

国际图联在推进文献资源共享方面另一件具有重要意义的工作是"国际标准书目著录"（International Standard Bibliographical Description 简称 ISBD）的制订。很显然，如果没有世界统一的标准著录规则，那么国际间的书目资料的交流和利用就很难进行，UBC 和 UAP 就只是一句空话。"国际标准书目著录"可以为世界各国图书馆的目录和各种书目提供统一的文献著录项目和格式，以便于国际书目情报的识别与交流。

联合国教科文组织将"更好地满足各个国家所有用户的需求，更充分地利用人类共同的知识财富，以求更快更好地进步"①作为国际情报合作的目标之一，它在推动文献资源共享方面比较有影响的项目是在 70 年代首先倡议和推动了两项计划：一是"世界科学技术情报系统"（UNISIST），该项目旨在促进世界各国图书、情报和档案工作的发展和国际间的合作，逐步建立世界情报网；二是"国家情报系统"（NATIS），目的在于将一国内的图书馆、情报所和档案馆组成为统一的体系。后来，这两项计划合并为"综合情报计划"（PGI）。

除了国际图联和联合国教科文组织外，国际文献联合会（FID）、国际标准化组织（ISO）等，在促进图书馆界的国际协作，推进文献资源共享方面也发挥了重要的作用。国际组织已成为文献资源共享发展的重要推动力量。

---

① C.甘沙等.情报与文献科学技术概论.北京:科学技术文献出版社,1987

4. 现代信息技术的运用使文献资源共享发展到一个新的水平

以电子计算机和远程通讯技术为代表的现代信息技术在图书馆领域的广泛运用,使馆际之间、国际之间的时空限制在逐步减少,图书馆合作进入一个新阶段。战后,文献资源共享在组织化、系统化发展的同时,又开始了网络化的初期建设工作。60年代以后,电子计算机和现代通讯技术的应用,导致了电子计算机网络的产生,文献资源共享由此发展到一个新的水平。

在网络建设方面,美国是捷足先登者。60年代以来,美国在全国范围建立起的图书馆网络中,影响最大的有联机图书馆中心(OCLC)、研究图书馆情报网络(RLIN)、华盛顿图书馆网络(WLN)和美国国立医学图书馆的"医学文献联机检索系统"(MEDLINE)等,其合作活动均包括了联机采购管理、联合藏书发展、联合编目、馆际互借等项目。如OCLC,自1967年创立至今已逐渐发展为世界上最大的图书馆自动化网络,到1995年,已有70多个国家的21148个成员馆,拥有包括世界上360余种语言文字的、超过3000万条独立书目记录构成的联机统一书目数据库和5.62亿个藏址代码,满足了760万份馆际互借请求。① OCLC的馆际互借子系统,成员馆可按8种途径检索OCLC的目录记录,查到所需资料的记录后,该成员馆可从藏有此资料的成员馆中迅速获得该资料。它将查找目录、确定藏址、提出馆际互借申请合为一个连续的过程,从而减少了馆际互借的时间。统计调查表明,OCLC的馆际互借满足率一般稳定地超过90%。又如RLIN的资源共享资料库,存贮在计算机系统内,可供成员馆随时检索。它以表格形式记录了按专业分类的各成员馆的藏书,从而避免购买其他合作馆已购入、不属自己藏书重点或价格昂贵的出版物。由于网络内的成员馆有馆际互借安排,所以各馆可以通过馆际互借来满足自

---

① OCLC Annual Report 1994/95. OCLC Inc.

己的需求。

在世界上较有影响的计算机情报检索网络还有"英国图书馆自动情报服务系统"（BLAISE），这是英国最早的联机情报检索和编目系统。该系统把联机情报检索与联机图书编目的功能结合在一起，而且从一开始建设就纳入全国和国际的联网化计划，既是全英联机网络的一部分，又从属于欧洲共同体的"欧洲科技情报网"。BLAISE 不仅向用户提供书目信息，而且提供文献原件和复制品，在文献资源共享方面发挥着重要作用。

世界其他各国的文献资源共享也都走上了集中领导和协调合作的道路，已经或正在进行电子计算机情报网络的建设。

从发展趋势来看，电子计算机网络的类型、规模和范围还在不断发展，而且电子计算机网络之间也趋向于走向联合。自 90 年代初，图书馆网络已由局域网络发展为国际网络，即通过地区网和国际网相连接，使信息资源得以在国际范围内共享，如美国的 Internet，即"互联网络"，它允许处在不同时空的各类型计算机进行信息交换，提供给用户多种形式的信息产品和信息服务。Internet 通过通讯卫星、电缆和光缆介质，连接世界上 170 多个国家和地区。至 1995 年，与之相联的网络有 60000 多个，主机达 500 万台，用户约 5000 多万，并且以每月 15% 的速度增长。这个全球性网络正在改变着人们交流、存取信息和从事研究的方式。特别值得注意的是，美国政府对信息共享网络的高度重视。1992 年，美国前总统乔治·布什在向国会提交的 1991 年图书信息服务白宫会议总结报告中提到："白宫会议有关生产率的提议范围广泛且意义深远。其中，建立全国性信息共享网络的提议很可能是意义最为重大的。"[①]1993 年，美国克林顿政府提出"信息高速公路计划"，其

---

① （美）乔治·布什.第二次图书信息服务白宫会议总统报告.国外情报科学，1992（4）

目标是建立贯通全美政府机构、科研单位、大学、图书馆、企业以及普遍家庭的全国性信息网络,使全国的计算机用户在办公室或家中,像使用电话那样利用其终端设备方便迅速地传递和处理信息,从而最大限度地实现信息资源共享。继美国之后,日本、西欧等发达国家及韩国、新加坡等新兴发展中国家也出台了本国的"信息高速公路计划"。信息高速公路将又一次给图书馆带来革命性的变化。一种全新形式的图书馆——数字图书馆(Digital Library)即将出现。数字图书馆实质上就是电子图书馆,也称"虚拟图书馆"(Virtual Library)。它既不是一个单独的实体,也不是物理存贮的图书馆,而是指一个信息空间。它运用数字电子技术,通过计算机网络,使人数众多而又处在不同地理位置的用户能够方便地利用大量的、分散于不同贮存处的电子物品的全部内容。这些电子物品包括网络化的文本、图形、地图、声频、视频、商品目录以及科研机构、企业和政府的数据集,还包括超文本、超媒体和多媒体等。如今,这种数字图书馆正在美国酝酿、研究、试验和建立模型。1993 年 9 月,美国国家科学基金委员会(NSF)、国家宇航局(NASA)和国防部高级研究署(ARPA)联合公布了《数字图书馆倡议》。1994 年 6 月,众多的数字图书馆专家小组在美国召开了"第一届数字图书馆理论与实践研究"国际会议。1994 年 10 月,美国国会图书馆宣布它将迈向数字化时代,到 2000 年完成最重要的图书资料的转化,即完成数字化 500 万项。目前已有 20 多万项信息实现了数字化。1995 年 5 月,美国国会图书馆、纽约公共图书馆、国家档案及记录管理委员会、哈佛大学、哥伦比亚大学等 16 个单位又签订了"全国数字化图书馆联合协议"。目前,英国不列颠图书馆和日本关西国会图书馆也在着手数字化图书馆方面的研究和建设。可以预见,即将出现的数字图书馆与信息高速公路、互联网络联结为一体,将使全球范围的文献信息资源共享出现质的飞跃。

三、我国文献资源共享发展概况

在我国,现代意义的文献资源活动的开展是在新中国成立以后。50年代初,随着图书馆向广大人民群众敞开大门,馆际互借活动也随之开展起来,据公共图书馆部门的统计,1954年馆际互借共有1500多次,借出图书13万册。1956年,《高等学校图书馆馆际互借办法(草案)》颁布,这是我国第一个专门的馆际互借条例。但是文献资源共享活动的大规模开展,则自1957年开始,其进展情况大体可分为两个阶段:

第一个阶段,从1957年至1965年。

1956年,党中央发出"向科学进军"的伟大号召。为了改善为科学研究服务的文献条件,有必要把分藏于各类型图书馆的文献资料统一起来,为此,1957年9月国务院发布了《全国图书协调方案》。《方案》决定在国务院科学规划委员会下设图书小组,由文化部、高等教育部、中国科学院、北京图书馆等单位的代表和若干图书馆专家组成,负责全国为科学研究服务的图书工作的全面规划,统筹安排。首先进行两项工作:①建立全国和地方的中心图书馆委员会,具体规划、实施全国的藏书协调工作;②编制全国图书联合目录。《方案》的制定和实施,标志着我国文献资源共享活动迈出了重要的第一步。

根据《全国图书协调方案》,北京、上海分别建立了第一、第二中心图书馆委员会,在武汉、沈阳、南京、广州、成都、西安、兰州、天津、哈尔滨等九个城市建立了地区中心图书馆委员会,其任务是:协助科学规划委员会或行政领导部门对图书馆事业的统筹安排与全面规划;研究和解决有关中心图书馆之间的分工合作,包括图书采购、调配、交换、互借等方面的业务问题;研究有关编制联合目录、新书通报等方面的问题并制定计划,研究有关业务提高问题。

在各级科委和文化部门的领导下,中心图书馆委员会积极开展了书刊采购协调、编制联合目录、馆际互借等一系列的协作协调活动，取得了显著的成绩。例如，在联合目录的编制方面，到1965年底，已编出全国性书刊联合目录27种，地区性书刊联合目录300余种，初步形成了联合目录报导体系，其中如《全国西文新书联合通报》、《全国西文期刊联合目录》、《全国中文期刊联合目录（1833—1949）》、《中国地方志综录》等一批全国性联合目录，在中国图书馆界、学术界产生了重大的影响。在书刊采购协调及馆际互借方面也有较大进展。如北京地区的中国科学院图书馆、中国医学科学院图书馆、中国农业科学院图书馆、北京大学图书馆和清华大学图书馆之间的书刊采购按学科进行分工协调，取得较好的成效。上海组织了以中心图书馆为骨干，有工业、农业、医药卫生等系统的科技图书馆参加的图书馆协作网络，开展外文书刊采购的协调和馆际互借，也有显著的成效。通过这些工作，使复本率大大降低，避免了重复采购现象，同时也增加了书刊品种，充实了馆藏，并通过馆际互借，变藏书为一馆服务到为多馆服务，提高了藏书利用率，满足了读者广泛的需求。

1962年12月，国家科委和文化部联合制订了《1963—1972年科学技术发展规划（草案）》。在《规划》的"图书部分"提出了1963—1972年在进口图书的采购与分配，编制联合目录、集中编目等方面的合作任务。这个《规划》在《全国图书协调方案》的基础上进一步规划了全国文献资源共享的蓝图，可惜由于"文化大革命"的发生而未能实施。

在十年"文革"中，我国图书馆事业受到严重挫折，已经建立起来并卓有成效开展工作的中心图书馆委员会停止了工作，文献资源共享活动也完全中断了，因而这是一段空白时期。

第二个阶段是从1976年至今，"文革"结束后，特别是党的十一届三中全会以来，我国实行改革开放，经济建设及科技、教育和文化事业出现了新的局面，图书馆事业得到了很大发展，文献资源

共享活动取得了显著成绩,主要表现在:

1. 党和政府及有关部门对文献资源共享工作给予应有的重视,全国大部分地区和系统恢复和建立了文献资源共享协调机构

1980 年 5 月,中央书记处通过的《图书馆工作汇报提纲》中指出:"图书资料是一种国家资源,必须统筹安排,把它们组织起来才能合理使用。"1987 年 3 月,中宣部、文化部、国家教委、中国科学院在向中央提交的《关于改进和加强图书馆工作的报告》中,提出要由文化部牵头,国家教委、中国科学院等单位参加,共同开展"协调全国图书馆文献信息资源搜集和自动化系统的发展布局,组织协作、实现资源共享"的工作,由于党和政府的重视,全国大部分地区和系统恢复和建立了各级资源共享协调机构。1980 年上海图书馆协作委员会成立,另外一些省、市、自治区如四川、甘肃、辽宁、吉林、云南、贵州、广东、湖南、河南、新疆、宁夏、陕西、安徽、江西、山西、内蒙古等地先后恢复了中心图书馆委员会,并逐步开展了工作。在高校系统、科学院系统、农业系统也陆续建立了文献资源共享协调机构,在组织与推动本系统的文献资源共享活动中取得了明显的成绩。为了加强对文献资源共享的宏观协调,1987 年 10 月,由文化部、国家科委、国家教委、中国科学院、国防科工委、中国社会科学院等 15 部、委(局)的有关人员组成的全国部际图书情报工作协调委员会成立。该委员会下设文献资源专业组,其职责是调查研究全国文献资源布局与开发利用之现状,了解各系统在文献资源方面需要协调的共性问题,组织落实文献采购协调,编制联合目录,开展馆际互借等具体协作项目。部际图书情报工作协调委员会的成立,标志我国文献资源共享进入有组织发展的新阶段。

2. 文献资源共享理论研究取得了可喜成果

自 70 年代末起,文献资源共享理论研究受到图书情报界的重视。如《图书馆学通讯》1979 年第 1 期就发表了朱南《利用 MARC

Ⅱ机读目录系统,建立书目数据,共享情报图书资源的探讨》一文,首次提出引进 MARC 磁带,用以建立我国西文图书书目数据库,存贮全国图书情报资源馆藏数据的设想。80 年代前、中期,理论研究主要是致力于对国外成就的介绍,概念的阐释,分析我国开展文献资源共享的理由、意义和原则,分析我国建立 UAP 网络的效益等等。1986 年在联合国教科文组织的资助下,由北京图书馆主持召开了有国家图书馆、中国科技情报所、部分省、市公共图书馆、高校图书馆和图书馆学系、科学研究机构图书馆以及国家出版局、文化部的行政领导和中国图书馆学会负责人参加的"UAP 国内学术讨论会",探讨在中国普及 UAP 思想,早日实现文献信息资源共享的目标和途径。1986 年 11 月,中国图书馆学会又在南宁召开了"全国文献资源布局学术讨论会",汇聚有关专家,探讨我国文献资源整个布局的若干问题。80 年代后期至 90 年代,文献资源共享理论研究逐渐深入,且更注意联系实际。研究课题主要包括论证我国文献资源共享的必要性和重要意义,分析我国文献资源共享的环境因素,提出我国文献资源共享的目标模式和现阶段宜采用的形式,阐述文献资源共享的内容范围、文献资源保障体系的形成、现代信息技术在文献资源网络建设中的应用、实现文献资源共享的调控措施等等。同时对编制联合目录、在版编目、采购协调、馆际互借、参考咨询协作等各方面均有所论述。文献资源共享理论研究的深化,对文献资源共享实践活动的开展起着重要的指导作用。

3.文献资源共享活动开展相当活跃,取得较大成绩,具体表现在:

第一,文献资源建设分工协调活动积极开展。从地区范围的分工协调活动来看,早在 1977 年,北京就率先成立了"北京地区图书馆协作组织",在京的主要图书情报单位之间开展了外文原版期刊的采购协调工作。同年,上海建立了图书馆协作委员会,组成了包括区、县的公共图书馆及冶金、机械、仪表、机电、轻工、化工、纺织、建筑、农业水产、医药卫生等12个系统270个单位参加的协作网络,开展了外文书刊采购协调。1994年3月,上海地区的上海图书馆、上海科技信息研究所文献馆、中科院上海文献情报中心、复旦大学、上海交大、华东师大、上海社科院、上海医科大学等19家图书馆馆长举行了"文献资源共建与共享协作网"正式开始启动的签字仪式。全国不少省、市、自治区各系统图书情报单位也恢复或开始了藏书采购协调工作,特别是外文原版书刊的采购协调,有些地区还开展了跨省的协作活动,如西南的四省六方(滇、川、桂、黔、渝、桂林)公共图书馆于1985年就签订了协调发展藏书的协议。系统范围的藏书协调活动成绩更为显著。如中国科学院图书馆系统在"七·五"期间组织力量对全院文献资源布局和发展规划进行调查研究,着手开展中科院图书馆系统的藏书分工协调。1989年起,由中国农业科学院文献中心牵头、利用计算机编制《全国农业外文及港台期刊预订联合目录》,建立了外文期刊数据库,进行了期刊订购的协调工作。1985年,"全国中医药图书情报工作协作委员会"成立,几年来,在华北、西北、华东、中南、西南、东北建立了6个中医药图书情报地区协作网,网络成员遍及28个省、市、自治区114个地市级单位,基本形成了全国范围的三级网络。在各地区的高校图书馆系统,也积极开展了藏书协调活动,如华东地区的复旦大学、南京大学、东南大学、浙江大学、山东大学等12所大学图书馆,成立了外文原版期刊的采购协调网络,不仅使各自馆藏期刊实现互补,还大大节省了经费,取得了可观的社会效益和经济效益。1994年6月,国家教委全国高校图书情报工作委员会主持召开了全国高校外刊协调会议,决定正式成立全国高校期刊协调网,首批成员为参加会议的48所重点学校。该协调网为平等互利、自愿参加的馆际协作组织。协调网的成立,是我国文献资源网络化建设的又一成果。

第二,馆际互借活动开展得较为广泛。如北京图书馆,现已与国内千余个图书情报单位开展了馆际互借活动,每年互借文献1万多件,同时与国外50多个图书情报单位建立了互借关系。北京图书馆以本馆为中心组织了三个互借系统,即北京市内互借系统、全国馆际互借系统和国际互借系统,为读者最大限度地利用国内外书刊资料提供了保证。高校图书馆的馆际互借近年来也有较大进展,据对全国702所高校图书馆的调查统计,开展馆际互借活动的图书馆397所,占56.55%,年互借册次1000册以上的15所,超过2000册的9所。除馆际互借以外,目前我国一些地区更多的是采用发放通用阅览证的方式,开展馆际阅览,这是馆际互借的进一步发展。

　　第三,文献资源共享的支持配套系统得到发展。如联合目录工作,1980年在北京召开了第一次全国联合目录工作会议,讨论通过了《建立全国联合目录报导体系的初步方案》、《全国联合目录工作协调委员会组织章程》、《1980—1985年全国联合目录选题规划(草案)》等,对联合目录的文献报导、检索方法、著录格式、分类和主题标目标准化等提出了要求。近年来编辑出版的联合目录有《西文参考工具书联合目录》、《1962—1978年西文期刊联合目录》、《西文工业技术图书联合目录》等。许多地区性的联合目录也大量编制出版。如上海、江苏、广东、湖北、湖南、甘肃等省、市、自治区编辑出版了大量的本地区外文书刊联合目录和港台书刊联合目录及其他方面的专题联合目录。新编制的联合目录在著录标准化、规范化方面都有明显的进步。此外,《中国图书馆图书分类法》(第三版)及《汉语主题词表》的编纂成功,为我国图书分类工作标准化及主题目录的建立和扩大文献检索途径打下了良好的基础,也为文献资源共享创造了条件,图书的在版编目(CIP)工作近年来也有突破性进展。

4. 全国跨系统、大规模的文献资源调查取得了重要成果

摸清我国文献资源的分布和利用方面的基本情况,是文献资源共建共享的一项重要的基础工作。从 1987 年至 1990 年,由全国部际图书情报工作协调委员会文献资源专业组领导的、以掌握我国文献资源积累完备程度和支持决策研究能力为宗旨的大规模文献资源调查全面展开。四年中,全国共有 486 个单位的近万名图书情报工作人员参加了这一工作,对我国不同类型的 514 个图书情报单位的文献资源进行了科学调查,评估了 2019 个研究级学科的文献收藏,收回了 6354 份用户意见表,在此基础上建立了"全国文献资源数据库"和"全国文献资源调查用户评议数据库"。这些原始材料和数据,为我国文献资源合理布局和资源共享提供了可靠依据。文献资源调查课题组还完成了一批极有价值的分析研究报告,出版了一批论文,使我国文献资源建设与共享的理论研究提高到一个新的水平。课题组在全面分析我国文献资源现状基础上提出的对文献资源合理布局和资源共享的构想,包括总体目标、指导思想、布局模式等,对改进我国图书情报事业建设、制定方针政策具有重要的参考价值,这一规模宏大的文献资源调查,对推动我国文献资源共建与共享具有极为重要的意义。

5. 现代信息技术在资源共享中的应用步伐加快,文献资源共享网络建设已经起步

电子计算机运用于情报检索、联合目录编制、馆际互借、采购协调等,是文献资源共享发展到高水平的重要标志。我国最早从事计算机情报检索的是中国科学院计算机研究所和第一机械工业部技术情报所。1988 年,已有 20 多个城市设立了 40 多个检索终端,可提供 1500 多个课题检索服务;在 30 多个城市建立了国际联机检索终端,与欧美 500 多个数据库联机,总文献量达 2 亿篇,可提供 2 万多个检索课题服务。1989 年,我国图书馆已拥有大、中、小型计算机 60 多台,微机 900 多台,自建数据库 80 多个,从事文

献检索工作与研究的人员达 4000 多人。据 1993 年的统计，全国 682 所高校配置了近 3000 台计算机（其中小型机 64 套），近 150 所高校图书馆开通了微机网络系统。1991 年 2 月，北京图书馆中文 MARC 研制成功，并在全国发行。同年 11 月，北京图书馆大型计算机综合管理系统开通，投入运转。深圳图书馆的"图书馆自动化集成系统"（ILAS）和深圳大学图书馆的微机集成系统（SUL-CMIS）在全国图书馆界有较大影响。

1984 年 9 月，邓小平同志为《经济参考》题词："开发信息资源、服务四化建设"。此后，我国信息服务业进入了快速发展的新阶段。十年来，我国已初步建成了以科技和经济信息系统为核心的 20 多个国家信息系统，科技和经济信息系统的机构和计算机网站、终端遍布全国。中国公用数据传输网已建成，国家公用经济信息通信网（金桥工程）已于 1994 年 9 月启动。"八五"期间，全国已建成 22 条光纤通讯线路，20 条微波线路，已正式注册的软件开发公司 300 多个，具有一定生产规模的数据库已有 1038 个，我国已可随机检索国外数据库信息资源。在信息服务业发展的大背景下，我国文献资源共享网络化也有了很大的进展。

1988 年上海市高校图书馆联合办起了申联文献信息技术公司，后上海图书馆也参加。其主要作用在于联合起来采用计算机进行集中编目，现已有各系统的用户 140 多家，以卡片或机读软盘、磁带形式共享其中文图书编目数据。

1989 年，由深圳大学图书馆发起联合广东七所高校图书馆组建了机读书目合作组织——"粤深文献处理中心"实体，具体开展合作建库与书目共享网络建设。这是我国图书馆事业中由地区图书馆自愿合作，具有地区网络和书目资源共享性质，以机读书目数据方式，进行联合采购和集中编目的新模式。1994 年，"广东高校图书馆文献信息自动化网络系统"启动，计划在两三年内在广东全省高校图书馆实现联机编目、联机检索、联机互借和通讯传输等服务的文献信息资源共享。

1993 年,由中国科学院牵头,联合北京大学、清华大学共同在中关村地区建立了一个大型的、现代化的计算机网络——"中国教育与科学研究示范网"(National Computing and Networking Facility of China,简称 NCFC)。NCFC 由三个部分组成,即 NCFC 主干网、三个院校网(三个子网)、国内与国际联网。三个院校网已于 1992 年建成并通过国家验收。主干网 1993 年建成并连通国际网。NCFC 内部采用的联网技术主要是扩展的以太网技术,外部采用 X. 25 IP 协议和国内有关网络相联,在国际上与 Internet 联接。目前网上运行着几百台小型机、工作站和小巨型机及大量 PC 机。NCFC 网上运行的"中关村地区书目文献信息共享系统"以 NCFC 的高速计算机网络为基础,统筹利用中科院、北京大学、清华大学所属各图书情报部门的计算机设备处理能力,实现对这一地区图书情报信息的科学管理、规范化处理和网络化服务。这个系统着力发展的功能包括公共检索服务、网上的联机编目和馆际互借管理。1994 年,国家教委和国家计委又立项并主持建设我国规模最大的计算机网络——中国教育与科研计算机网络(CERNET—China Education and Research Network)。该网络将建立包括网络中心、地区网点和所在高校校园网在内的三级层次结构教育科研计算机网络。它内联北京、上海、沈阳、广州、武汉、南京、成都、西安八大城市 108 所高校,外联世界上最大的国际互联网,可提供丰富的网络资源和资源访问手段。1995 年 12 月,CERNET 示范工程已通过国家级验收。

1994 年,国家教委决定在实施"211 工程"的同时,在高等学校范围内选择若干所有条件的大学图书馆给予专项投资,用现代化技术手段加以装备和改造,重点建设一批文献信息中心,形成包括多种层次、多种类型,用现代通信网络连成一体的面向全国高校的"211 工程文献信息共享服务系统"(Academic Library and Information Network 简称 ALINet）。该系统的总体目标是，以中国教育与科研网为依托，以文献信息资源共享为出发点，到本世纪末建立起文献信息资源总网，并使网上的资源与服务均达到较高水平。网内以全国性和地区性文献信息中心为节点，连接"211 工程"所有院校，并与国内外主要文献信息系统广泛联网，形成中国高校教学与科研的文献信息保障体系。ALINet 建成后，可向全国高校及其他用户提供的服务包括：书刊资料联合目录检索、文献信息检索、源文献提供和馆际互借、书刊采购协作、联机合作编目等。ALINet 计划于 1998 年建成，开始发挥显著效益，届时，我国文献资源共享网络化将进入一个崭新的阶段。

上述五个方面的事实表明，40 多年来，尤其是近十多年来，我国文献资源共享实践活动和理论研究都取得了很大的成绩。但从总体来看，我国文献资源共享仍然是低水平的，和发达国家甚至许多发展中国家相比，存在着很大的差距，主要表现在：我国文献资源共享还缺乏明确的总体目标和长远规划，宏观调控缺乏力度，组织管理体制还没有理顺，有关的政策、法规还很不完善；不少图书情报单位还处于封闭状态，资源共享在观念上仍然存在着障碍；我国文献资源还比较贫乏，文献收集既有大量重复又有严重遗漏，采购协调还没有广泛开展起来；资源共享的支持配套系统，如联合目录编制、集中编目、在版编目及文献工作标准化等等，还相当薄弱；现代技术设备，如电子计算机、通讯技术、数据库建设等等，都还比较落后，图书情报工作自动化、网络化程度还相当低，等等。这些问题，将在以后的章节进行详细的剖析。

第二节　文献资源共享的现实背景

从历史的角度来看，文献资源共享作为人类信息交流活动的一部分,它伴随着文献的产生而开始,并随着人类信息交流的扩大而发展。然而,自本世纪中叶以后,特别是近20年来,文献资源共享活动在世界范围内广泛开展,并形成一股强大的时代潮流,却是有其深刻的现实背景的。

一、经济背景

文献资源共享作为一项社会性事业,它的发展不得不首先依赖社会物质文明的发展。而社会物质文明直接地体现为社会经济状况。因此,经济因素对文献资源共享活动起着直接的影响和制约作用。当代文献资源共享活动的广泛开展,有着怎样的经济背景呢?

1. 信息经济的兴起和发展

马克思主义创始人认为,人类文明发展的每一阶段都依存于一定的资源基础。因此,如果依据人类经济活动所依赖的资源基础来划分经济类型的话,那么一个国家的经济大体可划分为两大类型,一类是以物质、能源为资源基础的物质经济,另一类则是以信息为资源基础的信息经济。几千年来,物质经济一直在人类经济活动中占主导地位。在农业文明时代,人类以对土地、森林、矿藏、水、生物等自然资源的高度依赖进行生产活动。进入工业文明时代,人类对物质和能源的认识已经从宏观层次深入到微观层次,因而对资源的开发利用几乎扩展到自然界的一切方面。工业化社会对物质、能源的高度开发利用,带来了社会生产力的巨大进步,但也造成了自然资源状况的日益恶化。这促使人类的资源观念发生根本变革。人类越来越重视对自身资源的开发利用,并逐步认识到"人类有能力和智慧减少其对耕地、传统农业和日益减少的能源的依赖……可以通过增加知识来扩大资源"①。

---

① (美)舒尔茨,W. 人力投资.北京:华夏出版社,1990

人类对不同资源基础的选择和依赖引起了社会经济的结构性变化。一些经济部门如夕阳西下,另一些经济部门则如旭日方升。这种社会经济的结构性变化在近二三十年来变得越来越剧烈。人们从这动荡和剧变中日渐清楚看到一个事实:一种以信息为资源基础的新型经济结构在迅速地崛起,其作用日益明显,在国民经济中所占的比重越来越大,影响着整个社会经济的发展。

　　尽管目前关于信息经济的理论尚不成熟,人们仍在进行种种探索,得出的结论也不尽相同,但从人们对信息经济的大量描述中,我们仍可以清楚地看到信息经济已经成为一种真实的客观存在。早在 1962 年,美国著名经济学家弗里茨·马克卢普首创对一国产业结构中的知识、信息活动进行定量研究。他在信息经济研究的奠基之作《美国的知识生产与分配》一书中,不仅提出了"知识产业"的完整概念,而且具体测算出 1958 年美国的国民生产总值的 29% 来自知识产业,大约有 31% 的劳动力参加知识部门的工作。这一结果,在当时经济界引起很大的震动。15 年后,美国经济学家马克·尤里·波特拉又对美国四大产业结构中的信息产业进行了更详细、更科学的测算。波特拉的测算结果是,至 1967 年,美国信息经济产值占国民总产值的 46%,信息部门就业者的收入占国民收入的 53% 以上。波特拉的研究引起了人们的普遍重视,以至美国前总统卡特也以此为依据在其重要讲话中提到美国经济活动的一半以上与信息产品有关。综合有关研究资料表明,目前,信息产业已成为西方发达国家的最大产业,其产业在四大产业结构中的比重已突破 50% 界(西方学者称之为"50% Wall"),其中美国为 65%,日本为 57%。信息从业人员占全体从业人员的比重,西方发达国家一般占 60% 以上,其中美国为 78%,日本为 68.4%。新兴工业化国家和地区从 80 年代开始,信息产业产值占国民生产总值的比重,也从 20% 逐步接近 40%。可以看出,整个世界经济从 80 年代起都已不同程度地走上了信息化之路。

除了上述对信息经济的宏观描述外,国内外学者还通过采用对信息及其技术与服务要素投入的倍增效应的统计调查,从微观角度来证明信息经济存在。例如,美国 1992 年的一项典型调查表明,企业开发和使用信息系统的收益在 40—60% ,而且经常是更多。企业在管理信息系统运行的前两个月就能提高 25% 的生产成就,从第 4 个月开始就能取得超过 25% 的效益,逐步达到 40% 。计算机辅助设计(CAD)是一个较先进的系统。在美国,使用 CAD 的企业,收益至少增加 10% 。瑞典在电子元件生产中使用 CAD 系统后,生产率提高 30% 。国内学者对信息技术应用的典型调查表明,信息技术在改造传统产业方面投入产出比一般都在 1:4 以上的"倍增",有些领域甚至达到 1:20 以上的"倍增"。例如,济南钢铁总厂采用计算机控制,投资 2000 万元,使设计能力为 25 万吨的设备实际的产量达到 40 万吨,增加产值 1.5 亿元,利税 6000 万元,全部投入产出比高达 1:30。同国外的调查一样,我国科技信息服务的"倍增"效应也十分明显。据国家科委 1992 年完成的一项软科学研究报告称,国家科委 1989 年的科技信息投入为 2.5 亿元,加上其他系统用于科技信息费用估计 1 亿元,总投入为 3.5 亿元,以产出 50 亿元(中间值)计,则科技信息服务的投入产出比为 1:14.3。大量的研究实例证明,信息要素投入生产过程,其倍增效应是十分明显的,它改变了产品和服务中物质成分与信息成分的比重,生产出物质和能源消耗少、信息附加值高的产品。而这正是信息经济在微观经济领域的重要表征。

无论是宏观研究还是微观研究,都充分说明信息经济正在迅速兴起和发展,并逐渐在新的世界经济格局中占主导地位。信息已经成为当今社会重要的经济资源,与物质、能量一起,形成"三足鼎立"的社会生产支柱,而在这三大支柱中,信息资源具有更重要的作用,谁掌握了相应的信息资源,谁就能有效地利用物质资源和能量资源,从而在激烈的经济竞争中取得主动权。

人们对信息资源认识的深化,必然刺激社会信息需求的急剧增长。而强烈的社会信息需求,正是文献信息资源共享的强大推动力,因为只有当社会的文献信息需求呈现出多样性、复杂性和迫切性,每个具体的文献情报单位无法独立满足这种需要时,文献信息资源的共享才能显示出它的必要性,因此,信息经济的兴起和发展,是当今文献资源共享活动广泛开展的根本原因。

2. 经济全球化的趋势

第二次世界大战以后,世界形势发生的重大变化之一是充分国际化,国际交往无论在广度还是深度上均超过以往任何时期,人类生活在一个相互依赖的时代,人们已经不能脱离国际社会和国际环境来谈一个国家的发展和繁荣了。如果说,战后的"冷战"时期国与国之间还较多地注意政治、外交、军事关系的话,那么"冷战"结束以后国际关系中最有力量,影响力所及最广大最深远的则是国与国之间的经济关系。各国在经济上开展激烈竞争的同时也在相互合作、相互依赖。货币、商品、人员、信息和技术都以加速度实行跨国界、无领土的流通,世界经济的发展在走向国际化、全球化,这种全球化趋势主要表现在:

第一,市场的全球化趋势。随着信息技术的发展,市场的概念正在发生变化。当今,许多交易不是在"市场"内进行,而是"on line",在不见面、相互孤立的情况下,通过电讯、信息传输来进行。这样,市场便打破了地区和国界的局限,而具有全球性。

第二,资本的全球化趋势。当今,资本已经超越民族和国家的界限,绝大多数国家和企业目前使用的资本都带有国际性,同时,各国资本也按照利率差异和投资环境优劣朝着最优惠的方向在全球流动,形成广阔的国际资金市场。为适应资本全球流动的需要,许多国际资本和金融网络以及国际性货币和基金组织应运而生。这些网络和组织正在全球范围内管理国际性资本,控制和疏导全球性的资本流动。

第三,企业组织的全球化趋势,伴随着生产过程的国际化,实施全球战略,进行跨国经营已成为现代企业的发展方向。发达国家的企业活动以整个世界作为市场,各种跨国公司、企业集团和经营实体正在相互渗透与兼并,并以各种开发和合作方式直接进入别的国家,在全球范围内实行经营和决策管理,企业组织的全球化趋势在日益加强。

　　第四,经济体制接轨的趋势。由于各国经济活动越来越多地越出国界,形成国际化的生产经营。这种全球化的经济就需要一种一体化的体制,即需要一个相互衔接和通行的机制、规则、程序和习惯,以便较为顺利地实现能量、资源、产品服务的流通、互换。现代市场经济,已被公认为一种比较有利于资源合理配置、增加经济活力的机制。它使各国在交往上都使用同样的商业语言,按照同样的规则活动,建立类似的机构制度,因而,各国的经济体制都在逐渐与市场经济体制接轨。

　　第五,南北对话和南南合作。当今世界,发达国家和发展中国家贫富差距悬殊,这已给世界经济发展带来障碍。解决这个问题,只有依靠南北对话和南南合作。世界上已有越来越多的国家认识到,发展问题是全人类共同的问题,它既是发展中国家的责任,也是发达国家的责任。在国际经济高度一体化的今天,发达国家的进一步发展也要依赖发展中国家市场,如果发达国家不帮助发展中国家发展,发达国家在第三世界的市场也就没有了。这是一种相辅相成的关系。因此,建立国际经济新秩序已经成为世界越来越强烈的呼声。

　　经济发展的全球化趋势必然给文献资源共享事业带来重要影响。首先,世界经济一体化加强了各国发展经济的紧迫感。谁要在世界大市场中占有一席之地,取得竞争优势,就必须努力提高劳动生产率,加速产品的更新换代,针对市场需求改变经营策略、调整产业结构、提高经济发展的预测性,等等。所有这些都离不开掌握和利用信息资源。而就一个国家或地区而言,所拥有的信息资源,尤其是文献型信息资源,毕竟是有限的,因而共享全人类的文献信息资源,成为各国经济发展的必然要求。

其次,由于各个国家经济发展相互依赖、相互补充,以合作、协同为主要内容的国际经济新秩序将逐渐形成。这必须要求各国加强包括文献在内的各种信息的广泛交流,打破国与国之间、地区与地区之间信息占有和传播的限制,达到文献信息资源的共享,尽快地缩小信息"富国"和"穷国"之间的差距。

再次,在世界经济国际化的发展中,并不排除国与国之间经济差异性和文化、价值观等方面的特殊性。各国通过信息的交流与共享,有助于相互了解,及时地借鉴别国的经验,发展本国的经济,因此,许多国家从自身的利益出发,对文献信息资源共享持积极态度。

3. 世界性的图书馆经济危机

近半个多世纪以来,随着世界经济、科技和文化的发展,图书馆社会作用的日益扩大,各国对图书馆事业的投资呈不断增长之势,世界图书馆事业出现了一段繁荣发展的黄金时期。从30年代末至80年代初,美、英等西方国家的图书馆经费都增长数十倍,有的甚至高达上百倍。例如,美国公共图书馆从1939年至1982年的经费开支就从4900万美元增加到22.12亿美元,增长43倍;同期英国公共图书馆经费开支从1400万美元增至5.35亿美元,增长38倍;加拿大公共图书馆同期经费开支从200万美元增至2.8亿美元,增长达140倍。但是,从70年代中期开始,由于受资本主义经济全面衰退和世界石油危机的打击,各国政府对图书馆事业的投资不断缩减,各国图书馆都先后出现了入不敷出的经济困境。与此同时,世界图书市场则迅猛发展,图书出版品种和数量大增,书刊价格持续大幅度上涨。这就导致了世界各国的图书馆经费开支增长不仅赶不上图书品种和数量的增加,而且抵消不了书刊价格上涨的幅度,图书馆出现了一场世界性的经济危机。

在这场经济危机中,首当其中的是图书馆的文献资源建设。面临困境,图书馆不得不首先削减书刊入藏的品种和数量。据美国研究图书馆协会报道,1986 年—1994 年间,美国的研究图书馆订购的期刊从平均每馆 16198 种降至 15583 种,下降 4%,图书从平均每馆 33210 种降至 25803 种,下降 22%。英国大学图书馆迫于书刊价格上涨及经费短缺,不得不砍掉数千种期刊;1989 年,联邦德国有 84% 的图书馆因经费短缺而被迫削减其书刊。发达国家的图书馆尚且如此,发展中国家情况更可想而知。非洲一些国家的图书馆,由于经济恶化和外债等原因,从 80 年代起就没有什么发展,如尼日利亚的大学图书馆馆藏从 80 年代初起就没有增加。我国从 80 年代中期起图书馆事业也走入困境。由于书价大幅度上涨和图书馆购书经费的严重不足,图书馆藏书的品种、数量逐年下降。据 1996 年 8 月 25 日《中国文化报》的统计资料,我国公共图书馆 1985 年购入图书 1343 万册,1990 年则降为 895 万册,1995 年竟降至 551 万册。十年间入藏图书量下降近 60%。全国普通高等学校图书馆 1986 年入藏图书 3107 万册,1991 年入藏 1024 万册,人藏量下降 67%。即使是我国国家图书馆,也由于经费短缺,至 1993 年外文期刊订购已由过去的 12000 种降至 8400 种,只相当英国国家图书馆的四分之一。

世界性的图书馆经济危机给各国文献资源建设事业带来了严重影响,它使图书情报单位入藏文献的系统性和完整性遭到破坏,危及图书情报机构正常功能的发挥。正如美国北卡罗纳州大学图书馆专家 G. 伯德所指出的那样:"几百年来形成的令人尊敬的学术出版物与研究图书馆的藏书建设的传统制度,现在已到了十分危险的境地。"①美国国会图书馆前馆长 D. 伯斯 1986 年在美国国会发言时也指出："国会图书馆的情形是严重而危险的,它可能给国家、国会和整个科学技术带来悲剧。"②中国文化部图书馆司的官员也在全国人大、政协会上呼吁:我国图书馆事业面临新的困难,有萎缩的危险。

世界性的图书馆经济危机迫使各国图书情报界探寻摆脱困境的对策,在敦促政府增加图书馆事业投资、努力扩大图书馆创收及经费来源渠道的同时,图书情报界逐渐清楚地认识到,走文献资源共享的道路,是摆脱目前困境的良策。于是各国图书情报界纷纷行动起来,开展文献资源建设的分工与协调,特别是对价格昂贵的国外出版,实行分担藏书、联合藏书,同时通过编制联合目录,进行联机检索以及开展馆际互借、复印等,相互提供出版物,实行资源共享。由此可见,世界性的图书馆经费危机,是文献资源共享的一个直接原因。

二、科学技术背景

文献是科学技术的产物,同时随着科学技术的发展,人类围绕着文献资源所进行的一切活动,也无不与科学技术的发展密切相关。当今文献资源共享活动的蓬勃开展,无疑有其深刻的科学技术背景。

1. 大科学时代

第二次世界大战结束以来,科学技术以空前的规模和速度发展,在各个学科领域内出现了高度分化、高度综合的整体化趋势,

---

① Byrd G. D. An. Economic "Commons" Tragedy for Research Libraries: Scholarly Journal Publishing and Pricing Trends. C & RL 1990 51(3):184~195.

② G. F. Billingron Asks Congress for 2290 Funding Boost for LC. American Libraries 1990 21(3):173.

而且科学技术与经济社会、生态环境之间相互渗透,融为一体。人们用系统观点研究科学技术发展的这些新特点,认为现代科学技术进入了"大科学时代"。

"大科学"的主要特征,深刻影响着人类的文献资源共享事业。

首先是现代科学技术的高速度发展。美国科学史学家 D. 普赖斯运用数理统计的方法研究了近 300 多年来科学发展的进程,发现了科学增长的指数规律,即科学增长速度为每 10 年至 15 年就翻一番,大大超过了人口增长速度和经济增长速度。科学发展的高速度首先表现为科研成果的大量涌现,科学知识的急剧增加。据估计,本世纪 60 年代以来,科学技术发明创造的成果比过去历史上两千年的总和还多。科技知识的年平均增长率,60 年代为 9.5%,70 年代为 10.5%,80 年代为 12.5%,其知识总量,80 年代比 60 年代增长了 6 倍,而且科技知识的倍增时间由 70 年代的 8 年缩短到 80 年代的 6 年。科学发展的高速度还表现在科学知识迅速地转化为社会生产力。科学技术上的发现、发明,从研究试验到推广运用的周期越来越短,科学知识运用于生产的周期 19 世纪平均为 50 年,今天则只要 10 年。

科学技术的迅速发展,各种知识门类的不断增加,无疑会导致各个知识领域文献数量的急剧增长。现在,全世界每年出版图书近 80 万种,期刊约 50 万种,科技报告 70 万篇,专利文献 100 万件。据预测,到 2000 年,全世界出版的图书将达 100 万种。如此巨大的出版量,是世界任何单个的文献情报机构都不可能收集完备的。"自给自足"、"大而全"、"小而全"的文献资源建设模式已被证明是行不通的。为了提高文献收集的完备程度,各文献情报机构之间必须开展合作与协调,走文献资源共建与共享之路。

其次是现代科学高度分化与综合的整体化趋势。随着现代科学认识的不断深化和技术应用范围的不断扩大,学科的划分越来越细，专业分支越来越多。而在学科不断分化的同时，科学之间的相互联系、相互渗透也在日益加强，在分化的基础上进行综合，通过综合又分化出新的学科，这不仅表现在各门学科内部不同专业之间的分化与综合的发展趋势，而且表现在不同学科门类之间的综合化趋势，甚至自然科学和社会科学也在相互渗透，出现了贯穿于自然科学、社会科学、技术科学领域的横断科学、边缘科学和综合性学科，整个科学形成了一个多学科、多层次、多序列、多结构、相互联系、协同发展的统一体。

现代科学不断分化、不断综合的发展趋势，使各学科的严格界限逐渐消失、各学科之间的相互联系日益加强，这就使得读者、用户的文献需求突破了专业的限制，越来越复杂多样。尤其是一些重大科研课题，往往涉及众多学科，需要运用多种学科的知识和方法，依靠多种学科的协同攻关才能完成。显然，任何单个的文献情况机构的文献收藏，是不可能满足读者、用户这种复杂、多样的文献需求的。要全面满足社会文献信息需求，只有通过建立完备的社会化的文献资源保障体系和高效率的互借体系，互通有无，实现资源共享，这才是文献情报机构以有限的文献收藏，满足社会无限的文献需求的有效途径。

再次是科学社会化的趋势。科学的社会化是现代科学发展的一种重要趋势，它主要体现在科学研究的组织日益增多，科研队伍日渐壮大，科学研究的规模日益扩展，对科学研究的社会投入不断增加。"小科学"时代，科学家们只是各自分散在自己的实验室或书库中，研究一些微小的课题。20 世纪初，一个集体研究项目只是由几个或几十个人去完成。然而在"二战"期间，美国的"曼哈顿工程"组织了 15 万人完成了首批原子弹研制工作。战后，美国从 1961 年开始的 10 年阿波罗登月计划，动员了 2 万家公司和 120 所大学，组成了高达 42 万人的庞大的科技队伍。当今世界，还有许多与人类生存和社会发展密切相关的世界性的共同问题，需要从全世界的角度进行研究和协作协调。

科学的社会化趋势,必然带来文献信息的广泛交流,同时也要求作为其支持系统的文献资源向整体的、集约化的方向发展,以充分发挥文献资源系统的整体效益。显然,孤立发展、各自为政的文献情报机构,很难适应科学社会化的要求。因此,整体规划文献资源的共建与共享、充分发挥文献资源为"大科学"发展提供信息保障的功能,成为文献情报部门的必然选择。

2. 信息技术的发展

大科学时代是一个科学与技术融为一体,同步发展的时代。而在现代科学技术群中,对人类社会产生最全面、最深刻影响的,当属以电子计算机和远程通信为核心的现代信息技术。

电子计算机的发展,在经过了电子管、晶体管、集成电路和大规模集成电路作为主要工作元件的发展阶段以后,现在,美国、日本及欧洲共同体正在加紧研制具有像人一样进行学习、联想和推理的第五代计算机,以及开发仿效人脑神经系统处理信息的第六代计算机——神经网络计算机。计算机的发展方向,仍然是通过提高集成度来提高处理能力和性能。在过去的 10 年中,计算机芯片的集成度提高了 25 倍,门速度提高了 10 倍,CPU 性能和主存规模都是成倍乃至数十倍增长。计算机的体积进一步缩小,速度、精确度、容量、容错功能和可靠性等各种主要指标大为改善。同时在结构方面,试图突破冯·偌依曼计算机的框框,开发第五代、第六代计算机。目前已有一些以人工智能应用为主要目标的专用计算机投入市场。随着微机处理技术的发展,计算机的性能/价格比有了显著提高,尤其是微机。因此,目前在发达国家和新兴工业化国家,微机的应用不仅普及到企业的各个部门和各个领域,而且正在向个人和家庭渗透。微机的广泛应用,有力地促进了图书馆自动化和情报处理的全面自动化。

在计算机软件技术方面,继 80 年代中期迅速发展起来的软件开发技术——CASE 技术(计算机辅助软件工程)后,一种多编程的屏幕显示和用户接口技术——多窗口技术目前已相当普遍,它是适应计算机网络发展、多任务程序设计和分布式处理的需要而发展起来的。编程容易的第四代语言的问世,大大提高了应用开发的效率。在微机领域,一批通用的应用软件包相继出现。在软件技术中,数据库技术尤为引人注目,近年来在分布式数据库系统、数据库和人工智能的结合、多媒介数据库、数据库多样化利用技术等方面取得了很大的发展。

通信技术在近十多年来得到极为迅速的发展。人们把 70 年代以前的通信时代称之为模拟电话时代,80 年代为数据通信时代,90 年代则为综合信息通信时代。在 80 年代,数字通信技术的发展,使各种新型情报通信服务蓬勃发展,智能用户电报、可视图文、可视电话、会议电话、图文广播、电子邮政、电子数据交换等,给社会生活的方方面面带来了重大影响。到 90 年代,各种专业业务网络(公用电话网、用户电报网、传真网、数据网等)在实现了用户线路数据化之后,就可以集成到一个通用的综合业务数据网(Integrated Service Digited Network 简称 ISDN)。ISDN 在 80 年代开始迅速发展,90 年代在发达国家将广泛应用,并逐步向宽带 ISDN(B—ISDN)发展。目前世界各技术先进国家面对 21 世纪,纷纷提出通信技术发展目标。日本提出宽带化、智能化和个人化,法国提出信息高速化、多业务智能化、多媒体个人化。通信技术最发达的美国,克林顿政府提出建设"信息高速公路计划",要把全国各地的大学、企业、医院、图书馆、甚至私人住宅用计算机联接起来,形成全美电子超高速通信网。毫无疑问,电子计算机和现代通信技术的结合,正在或将要改变我们的生活,乃至整个世界的面貌。

现代信息技术的发展为文献资源共享提供了最强有力的技术手段,它使文献资源共享突破了时间和空间的限制,发生了革命性的变化。与传统的手工式的文献资源共享相比,以计算机和现代通信技术为手段的资源共享无论在内容上、范围上，还在方式上都发生了深刻的变化。在共享的内容上，它包括了印刷型、声像型、机读型、缩微型等各种载体的文献和计算机软、硬件及其存储的数据；在共享的地理范围上，它突破了地域的限制，从局部走向全局，向国家范围，甚至世界范围发展，如编目网络、国际联机检索等；在共享方式上，除了加强手工时代的资源共享方式（如联合编目、集中编目、在版编目、馆际互借等）外，出现了联机编目网络、国际联机检索、与出版发行界的数据共享、定期发行机读数据等新的方式。事实证明，正是以电子计算机和现代通讯技术为核心的先进的信息技术，为全球性的文献资源共享提供了现实可能性。

3. 科技国际化的趋势

随着"大科学"时代的到来和信息技术的迅速发展，科技国际化的趋势也日益明显。这首先是因为"冷战"结束以后，经济日益成为各国关注的重点，作为经济发展原动力的科技进步日益受到普遍重视。而科技发展是人类共同的事业，离不开国与国之间的交流与合作。因此，近年来各国科技交流与合作愈来愈扩大，以巴黎统筹委员会的解散为标志，战后阻碍国际科技合作的消极因素正在减弱。其次，在经济问题日益引起各国关注的同时，与各国经济发展紧密关联的地球环境等全球性课题也引起各国的更大的关注，而发展科技是解决环保等全球性课题的根本手段。在解决人类共同课题的目标之下，科技交流与合作也获得了进一步的发展。再次，加强先进技术的传播和转移，是阻止南北差距进一步扩大的有力手段，发达国家与发展中国家间的贫富差距悬殊，是世界不稳定的重要根源。而一个不稳定的世界对所有国家的发展都是不利的，因此，重视向发展中国家转移先进技术在根本上也是符合发达国家自身利益的。

正是由于上述原因，再加上迅速发展的信息技术的有力支持，因而科技国际化成为当今科技发展的重要趋势。这一趋势对文献资源共享的影响是直接的、明显的,因为文献资源实际上就是人类科技成果的物化。文献资源共享正是科技合作与交流的一种重要形式,是科技合作与交流的题中应有之义。

三、文化背景

文献资源共享是人类丰富多彩的文化的组成部分,它的发展的每一个阶段,都深深地烙上文化的印记。在"自给自足"、封闭保守的农耕文化背景中,文献的利用极其有限,文献资源的共享也只是在极为狭小的圈子里进行。工业文化的协作与开放的特点,使文献资源共享范围大大扩展,规模不断扩大。在人类向 21 世纪迈进的今天,人类文化也正从诸多方面经历着深刻的变革。这些变革正在或将会对文献资源共享产生重要的影响。

第一,当代文化的性质从工业文化转向信息文化,文献资源共享是信息文化的重要特征和必然要求。自工业革命以来,人类文化中占主导地位的是工业文化。工业文化是以物质和技术为中心的文化,其核心是以机器为标志的工具系统替代和扩大人力。本世纪 40 年代末以来,世界发生了深刻的变化,以电子计算机和现代通信技术为核心的信息技术对接成一个统一的传播系统,迅速改变了世界。这一系统可以跨越时空限制,及时、准确、综合性地传递、加工、存贮、创造信息,从而使人类联结成一个信息整体。信息的广泛交流,成为时代的必然要求,人类活动信息化程度不断提高,使机器系统的传统地位受到挑战,于是人们把活动中心由依赖机器转向依赖信息。信息作为社会最重要的资源受到人们的普遍重视,社会对信息的日益强烈的需求使人们更加渴望信息的广泛交流和共享。因而文献信息资源共享将成为当今信息文化的必然要求。

第二,当代文化主体从区域文化走向全球文化,文献资源共享意识将普遍加强。信息文化的直接后果是把全球结成一个紧密的信息整体,现代化的信息网络使全球各区域之间的关联性大大增强,不同社会之间的频繁接触,使人们意识到只有相互交流、取长补短、协调合作,才能共同发展。这种全球意识的形成将会强烈冲击文献资源建设和利用中的保守、封闭、自给自足的小生产观念,从而消除文献资源共享观念上的障碍。

第三,当代文化发展由垄断性文化转向平等性文化,文献资源共享将更具有广泛性。在传统社会,文化结构呈金字塔形,文化往往被少数人垄断,广大人民群众则游离于文化享用之外。当代信息文化的发展迅速打破了这种文化垄断。全球一体的信息网络改变了文化结构。这一网络将声形色态语言文字图像融为一体,易于接受和理解,从而大大消除了由于文化水平偏低而形成的接受障碍。电子计算机及数据库的使用和联机检索网络使资料社会化,对任何人都一律平等。因此,文献资源共享将不再是少数专家、学者的"共享",文献将通过各种符号系统、各种载体形态走进千家万户,因而真正成为全社会共同享用的资源。文献资源共享的广泛性和普遍性,又将更加激发广大人民群众对利用文献的愿望和要求,使文献资源共享获得新的动力。

第四,当代文化由注重纵向传递转向加强横向交流,文献资源共享将在文化横向交流中发挥重要作用。文化的传递交流是文化发展的必要条件。传统的文化传递比较注重纵向进行,即前代向后辈的文化传递,而忽视文化的横向交流,体现在文献工作中,则是注重对文献的收集、保存,而忽视文献的现实利用。在信息文化条件下,信息量激增,信息更新频率加快,文化的横向交流因而更受到重视,人们在频繁的横向交流中相互学习、借鉴,加速了社会的发展。文献资源共享作为文化横向交流的重要组成部分,将使文献资源得到广泛的利用,其现实使用价值得到充分的开发,从而大大丰富文化横向交流的内容,并使其具有永恒的魅力。

四、政治背景

文献资源共享作为一项社会性的事业,它的发展不仅和经济、科技、文化有关,而且不可避免地受到政治因素的影响。纵观历史,在任何专制政治的环境中,大多数人被剥夺了接受信息的权利,谈何文献资源共享?横看现实,当今世界各个国家、各种政治集团之间在信息垄断与信息共享问题上的争斗,何尝没有国家利益的干涉、政治因素的扰动?今天,文献资源共享毕竟成了时代的呼声和潮流。这无疑也是有其政治背景的。

其一,和平共处成为当今世界的主流。费孝通先生在《传统文化·改革开放·世界新格局》专题座谈会上有一段讲话:"虽然我们现在离实现全人类共同生存、荣辱与共的大同世界还比较遥远,但总得树立个信心向这方面前进。看来这里要有一个过程,中间免不了有一个全世界人类能和平共处的阶段。"冷战结束以后,这个"人类和平共处"的阶段正姗姗到来。尽管今天的世界还不安宁,局部冲突不断发生,但就总体发展趋势来看,和平共处正成为当今世界的主流。和平的国际环境,是全球性文献资源共享不可缺少的条件。

其二,民主、开放成为时代发展的趋势。文献资源共享是政治上民主和开放的产物,因为文献资源共享就是范围广泛的信息交流与共享,这是和专制政治下的"愚民政策"格格不入的。同时,信息的广泛交流与共享,也必然带来政治上的民主和开放。近年来,民主、开放成为许多国家革新政治体制的重要内容,这无疑推动了文献资源共享活动的开展。当然,这和某些国家以"民主"、"信息自由"为幌子,进行信息侵略和信息掠夺,干涉别国内政的行径是完全不同的。

第三节 当今文献资源共享面临的问题

文献资源共享成为强大的时代潮流,并已有了许多重要的进展。然而,当今文献资源共享也面临着不少问题。

一、南北信息差距:难填的沟壑

和其他经济资源一样,信息(文献)资源的分布和开发利用在不同的地区、国家之间也存在着不均衡现象,这就是"信息差距"。由于对信息资源的获取和开发利用与一个国家的经济科技实力、文化教育状况、社会开放程度等有密切关系,因而在当今世界,发展中国家与发达国家之间的信息差距越来越大,这些信息差距主要表现在:

在信息源占有上的差距。北美和欧洲的发达国家以及日本等国,其人口只占世界总人口数的30%,但它们拥有的信息资源却占世界信息资源总量的85%—95%。比如,它们拥有电话机总量的91%,收音机总量的83%,电视机总量的80%,报纸发行量的78%,图书出版量的83%,邮件总量的95%。从西方国家进入发展中国家的信息流量,超过从发展中国家流向西方国家的100倍。发展中国家与发达国家在信息源占有上的差距还在继续扩大。

在信息处理能力上的差距。发达国家由于经济、科技实力雄厚,在信息处理能力上具有明显的优势。据《时代周刊》报道,目前,Internet上的计算机有三分之二在美国,15个发达国家所拥有的网上计算机占总数的95%。美国DIALOG情报检索系统的存贮容量已达10万兆之多。美国OCLC所存贮的数据3000多万条,馆藏记录达5.6亿条,1995年已有超过760万次的馆际互借请求。从数据库生产来看,1991年初,全世界共有联机数据库5037个,其中美国就占有了3000个,西欧1200多个,日本300个。发展中国家由于经济落后,科技水平低,信息工作基础结构不完善,因而在信息系统的建设上困难重重。一些发展中国家无力建立独立的数据库,只好把自己的信息资源纳入发达国家数据库作为其中很小的一个份额。发展中国家与发达国家在信息处理能力方面的差距也在日益拉大。

在信息产业发展上的差距。西方发达国家信息产业发展迅猛。截至目前,它们的信息产业占国内生产总值的比重,美国为65%,日本为57%,而作为发展中国家的印度则为38%,巴基斯坦49%,中国只有26%。1990年发达国家在世界信息市场销售额中所占的份额,美国为34%,日本19%,德国7%,法国6%,英国6%,意大利4%。由此可见,发展中国家与发达国家在信息产业的发展上也存在较大差距。

南北信息差距的扩大,不仅会导致南北国家经济、科技差距的进一步扩大,而且会危及发展中国家的信息自主权乃至国家主权。因此,发展中国家应尽快采取各种措施,以缩小这种差距。毫无疑问,发展中国家积极参与全球性的信息(文献)资源共享是缩小南北信息差距的重要途径。然而,资源的共享是相互的,是以自主、合作为基础的。正如英国著名物理学家 C. F. 鲍威尔在论述发展中国家接受别国援助时所说的"共有应该是以合作为基础的,而不是一种慈善的援助。"①国际关系中的互利原则决定了发展中国家只有本国的信息事业有一定发展,才有可能在国际交往中享有互惠。于是发展中国家又陷入了一个怪圈:信息事业落后,难以参与国际信息资源共享;不能参与资源共享,信息事业发展更加落

---

① (英)C. F. 鲍威尔著;赵红洲等译. 科学的科学——技术时代的社会. 科学出版社,1985

48

后。如何缩小南北信息差距,是当今信息(文献)资源共享面临的一大难题。

二、信息垄断:发达国家的痼疾

尽管文献资源共享已成为时代的强烈呼声,尽管许多发达国家向以"信息自由流动"相标榜,然而在发达国家,信息垄断竟有增无已。一方面,垄断集团的信息大量过剩、闲置、失效、浪费,以至酿成信息危机、信息污染,另一方面,包括中小型企业在内的组织和个人则陷入信息匮乏之中。例如,"日本的信息传播规模之大、数量之多、范围之广、时速之快、效率之高举世公认。但信息业操纵于 9 大综合商社之手。它们各自拥有遍及世界的情报信息网,每天可以收到几万、几十万份电传、电话和信函,1—2 分钟就可掌握全国同行业信息,4—5 分钟便可得到世界主要地区的市场动向……但所有这些信息只供内部使用,概不外借。莫说中小企业,就连日本政府也不能不受信息垄断的掣肘。"[①]在"信息为社会服务,为大众共享"口号最响的美国,"本国的信息系统几乎不可能是为了大众利益服务的","先进的信息技术,从不传播对垄断集团不利的信息"。"美国的信息高速公路,也将造成贫富差距的不平衡发展。美国贝尔大西洋公司 2000 年前计划在华盛顿建设的信息高速公路,就将黑人占多数的贫民区排斥在外。……一些持批评意见的人说这是'信息隔离'和'电子歧视'"[②]。在美国,公众通过 Internet 获取信息仍很有限,"只有 20% 的公共图书馆以某些方式与 Internet 相联,而只有 9% 的公共图书馆的读者能利用

---

① 冯建伟,徐小南. 东西方信息优势比较研究. 情报理论与实践,1994(5)
② 冯建伟,徐小南. 东西方信息优势比较研究. 情报理论与实践,1994(5)

网络从 Internet 获取资源和服务"①。

事实表明,信息垄断这一西方资本主义国家的痼疾,并没有因为信息社会的到来而"痊愈"。它已成为实现信息(文献)资源共享的一大障碍。

三、信息技术:一柄双刃剑

现代信息技术,特别是先进的电子计算机网络和远程通信技术,使信息的传递畅通无阻。人类对文献资源共享的追求,已不再是梦想,而是有了现实可能性。然而,信息技术在为资源共享创造条件的同时也带来了不少严重的社会问题,诸如:

知识产权问题。信息技术的发展使人们复制知识和信息产品变得轻而易举,特别是数据库和计算机软件,极容易被多次复制和扩散。大量的侵权复制使知识产权保护制度面临新的挑战。

信息安全问题。在现代信息技术网络中,纵横交错的网络结构使信息的保密变得十分困难。这固然为共享资源大开便利之门,然而国家机密的保护、商用信息的安全、个人隐私的保密等问题,却变得格外棘手。

国家主权和利益问题。信息技术的发展使信息交流已跨越国界而成为全球性的活动。于是,某些发达国家便把"信息交流"、"信息共享"作为向其他国家推行自己的价值观和意识形态,甚至干涉别国内政的手段。1994 年 3 月,美国副总统戈尔在世界电信发展大会上的基调发言中,要求各国政府和美国合作建立"全球信息高速公路"(GII)。他明白地说,GII 可以让世界上每一公民能够自由地不受国界限制地从任何地方获取任何信息,并能自由地不受任何限制地表达自己的观点,从而大大促进世界"民主政

---

① Charles R. McClure. "Public Access to the Information Superhighway through the Nation's Libraries". Public Libraries. MAR/APP 1995.

治"的建立①。美国所谓"信息革命"的政治目的,昭然若揭矣。

由此可见,如何在充分利用先进的信息技术推进文献资源共享的同时,避免信息技术产生的负效应,已成为一个必须重视的问题。此外,对文献资源共享而言,信息技术的发展亦非尽善尽美。例如,文献资源共享中有效的书目控制问题,文献工作标准化问题,都是亟待解决的。

四、经济问题:各家都有难念的经

经济实力是实现文献资源共享的物质基础。首先,文献资源共享必须有丰富的足够共享的资源。其次,为了让全人类都能分享这些信息、知识资源,就必须具备许多必不可少的基础设施,比如建立统一的数据库,还需要有大量的现代化手段,包括计算机设备、贮存设备和通讯设备等,这些所需的经费是极为庞大的。近一二十年来,西方发达国家接连不断地遭受经济衰退的打击,因而不得不一再缩减对文献情报事业的投入。虽然这在一定程度上可以迫使图书情报机构合作进行文献资源建设,但经费匮乏毕竟给文献资源共享带来严重困难。

当然,经费匮乏问题在发展中国家更为严峻。很多发展中国家因经济实力弱,对情报事业投入甚少,只占科研经费的1%—2%。经济落后给发展中国家带来的另一个问题是需求动力不足。由于经济增长缓慢,而且经济增长中科技进步含量低,因而社会对信息需求量小,信息吸收能力不强。目前,多数发展中国家正处在致力于加快发展本国尚不发达的民族经济阶段,因而这种情况短时间内将无法改变。

---

① 冷眼看待信息高速公路计划. 人民邮电. 1994. 5. 4

五、文化障碍:发展中国家步履维艰

这里所讲的文化障碍,一是指人的文化素质方面的障碍,二是指社会文化观念的障碍。

文化素质是衡量人类进步的一个重要尺度,也是影响文献资源共享的一个关键性因素。从目前发展中国家的人口文化素质来看,世界上98%的文盲集中在发展中国家,尤其是那些比较贫穷的国家。在占将近4/5世界人口的发展中国家,文盲率占到全部人口的25%左右,最不发达国家多达67.6%。这对发展中国家来说,是一个多么沉重的负担! 很难设想,在一个文盲充斥的国度,社会能形成较强的信息意识和信息能力,而信息意识的淡薄和信息能力的低下,谈何文献资源共享!

社会文化观念深受一个国家或民族传统文化结构的影响。尽管发展中国家有着各自的民族传统文化结构,但它们有一个共同的特点,即封闭性和保守性。长期的经济、文化落后使许多发展中国家有浓厚的民族保守主义,他们对国际间的信息交流存在一种恐惧心理,害怕在信息交流与共享中使自己的文化传统丧失掉。他们对某些发达国家的信息侵略不是积极地抵制,而是消极防御,将自己封闭起来,从而形成一种社会文化观念障碍,严重阻碍了国际文献资源共享的实现。

六、系统协调:一道难解的题

文献资源共享是一项由文献的生产、供应、采集、加工、贮存、传递、利用等子系统构成的社会系统工程。上面分析的几个方面的问题,主要涉及文献资源共享的社会环境问题。环境对系统运行有十分重要的作用,然而,要使系统功能得到充分的发挥,还必须使构成系统的各子系统协调运行。要解决这个问题并不容易。这主要是因为,构成系统的各子系统虽然根本目标是一致的,但各

子系统的局部目标却并不相同,它们有各自的利益,而这些利益往往是矛盾的。如文献的生产(出版)、供应(发行)部门,目标是扩大文献的销售以赚取利润,而文献的搜集、加工、贮存、传递(图书馆、情报中心等)部门,目标是分工合作采购文献,以减少重复,节约经费。要理顺各子系统之间的矛盾关系是相当困难的。各国在文献资源共享的实践中还没有探索出解决这一难题的理想模式。

七、理论研究:依然薄弱的环节

近一二十年来,文献资源共享的实践活动,在世界许多国家,特别是发达国家蓬勃展开,并日益发展成为一项全球性的活动。然而,关于文献资源共享的理论研究,却不免相形见绌。现有的理论探讨大多局限于对文献资源共享的意义、作用、方法等的泛泛之论,而对文献资源共享活动的本质缺乏深层次的理论思考。诚然,文献资源共享不是一个纯理论性、学术性的问题,但是,"没有理论思维,就会连两件自然的事实也联系不起来,或者二者之间所存在的联系都无法了解"①。对文献资源共享这一波及全球的现实运动,如果没有一种充满理性的思考和自觉的把握,那么它的失败是难以避免的。

后面几章将围绕上述几个方面的问题进行探讨。

---

① 恩格斯. 马克思恩格斯全集(第20卷). 北京:人民出版社,1957:299

第二章　文献资源共享的理论基础

　　文献资源共享以其特有的魅力吸引着千千万万的人们为之奋斗。这一壮阔的社会运动的理论基点和真实内容是什么？一切社会运动都要经历从自发到自觉的过程。与此相对应，只有当社会运动的主体对其身处其中的社会运动有了深刻的、本质的把握时，这一运动才有可能取得实质性的突破或决定性的成功。因此，从更深的理论层次上揭示文献资源共享的实质，对文献资源共享实践的发展，无疑是具有重要意义的。

第一节　文献资源共享：一种思想，一项运动

　　研究文献资源共享的理论基础，基本前提是确定文献资源共享概念的含义和它所包括的范围。以往人们对"文献资源共享"概念的认识不乏合理之处，但也存在一定局限性。因此，如何从新的视角、新的高度来界定文献资源共享，是进行文献资源共享理论研究的基础。

一、文献资源系统

1. 文献与文献资源

文献是人类文明的产物，它的产生已有几千年的历史。世界

上几种最早的文献是古代西亚的楔形文字文献、古埃及的纸莎草纸文献、古希腊克里特的线形文字文献和中国商代的甲骨文文献。这些文献的出现距今都已有3000多年以上。文献的发展,可谓源远流长。然而,关于文献的概念,至今还没有一个被普遍接受的定义。文史学界和图书情报学界从不同的角度对文献的定义进行探讨。文史学界重探本溯源,运用考据学的方法研究文献的定义。这些研究循着同一思路,将"文献"概念作为"文"与"献"概念的集合。而争议则集中于"献"的释义,或谓"贤人",或谓"器物",或谓"上献",或谓"献出"。本文不打算一一罗列这些论证,笔者认为,探讨文献定义、概念的溯源固无不可,而且从术语学的角度来看,这种研究也不无意义。但是,矻矻于古人的只言片语,而忽略对文献本质的探求,这种研究的局限是明显的。

在当今信息时代应该怎样认识文献,这应该是一个更重要的问题。图书情报界对此展开了讨论,人们将涉猎文献定义的各种表述归纳为三类:

(1)知识说。即认为文献本质上是它所记录的知识(或信息)内容。如《目录学概论》一书认为"文献是用文字、图画、符号、声频、视频等手段记录的知识。"①高崇谦、朱孟杰指出,文献是指"存贮在物质载体上按一定逻辑组织的任何知识内容的信息记录"②。"知识(或信息)说"在国外亦较有影响,如前苏联学者伏罗比耶夫认为"所谓文献,就是以某种语言表达的、用某种方法将其记录于某一物质载体内,以便在动态系统中进行流通的语义信息。"③

(2)载体说。即认为文献是知识(或信息)的载体。周文骏

①　武汉大学、北京大学《目录学概论》编写组编著.目录学概论.北京:中华书局,1982

②　高崇谦,朱孟杰.文献检索基础.北京:书目文献出版社,1983

③　转引自:高家望.文献的认识论有其定义.图书馆理论与实践,1988(1)

说:"文献是指以文字、图像、符号、声频、视频等为主要手段的一切知识载体。"①彭斐章等认为"文献,是指人们为了存贮和传递的目的而记录的社会情报的一切物质载体。"②国家标准《文献著录总则》以简明扼要的语言定义:"文献,记录有知识的一切载体。"

（3）知识与载体融合说。如朱建亮认为"文献是以字符、声像为信号的,以便于长期保存和广泛传播的物体为信道或载体的人类精神信息的固态品。"③

我们似乎不必刻意探求"知识说"、"载体说",抑或"融合说"之间的差别,评判其得失,其实它们只是提法的角度不同而已。我们不妨考察上述各类定义的共同点,即它们都揭示出构成文献的基本要素:

（1）知识或信息内容。这是文献的灵魂,是文献之所以成其为文献的基本依据。

（2）记录符号。是指语言、文字、图像、代码等符号系统。它是揭示知识、信息内容的标识,具有能够沟通信息交流双方——信源和信宿——的语义特征。这是文献能作为交流媒体的基本条件。

（3）物质载体。它是信息、知识内容存贮的依附体,也是信息、知识传播的媒介体,是知识、信息得以贮存和传递又一基本条件。

以上三个基本要素的统一,就是文献。文献产生后,随着人类社会的进步和科学技术的发展而不断变化。人们为了更迅速、更广泛地传播信息和知识,不断创造新的记录符号,发现和发明新的载体材料,因而当今文献呈现出多种多样的形态。但不论怎样变

① 周文骏.文献交流引论.北京:书目文献出版社,1986
② 彭斐章等.目录学.武汉:武汉大学出版社,1986
③ 朱建亮.文献信息学引论.北京:书目文献出版社,1992

化,构成文献的三个基本要素没有变。这就是本文对文献的认识。

"文献资源"一词始见于何时,尚无法确切考证。但"文献资源"这个概念频繁地出现在我国图书馆学情报学文献中,则始自80年代。资源,《辞海》的解释是"资财的来源",它本是经济学的范畴。何以将"文献"与"资源"联系在一起,构成"文献资源"这一概念呢? 我认为,主要依据是以下三点:

第一,知识成为经济与社会发展的主要驱动力,在当今社会已表现得十分明显。知识是人类在改造自然、改造社会的实践活动中,对获得来自客观世界的各种信息,经过大脑的加工、提炼、转化而来的。知识这种观念形态的东西一经形成,并与劳动着的人结合起来,就会大大提高劳动者的劳动能力,使潜在的生产力变为现实的、直接的生产力,创造出日益增加的财富和价值。人类的物质财富,单靠自然资源(包括人的体力)的投入来增长,总是有限的,但靠智力、靠科学知识的投入来增长,则是无限的。这已越来越为现代社会的发展所证明。美国明尼苏达大学的舒赫提供的资料可以验证这一点:从20年代到70年代中,美国的农业产量的增加是在自然资源部分没有增长的情况下实现的,即完全是提高生产率的结果,而生产率的增长主要归功于新的知识和信息。所以,知识已成为现代社会一种重要的资源,正如美国著名企业管理学者彼得·德鲁克所说:"知识生产力成为生产力、竞争力和经济成就的关键因素。知识已成为最主要的工业,这个工业向经济提供生产所需要的重要的中心资源。"[①]

第二,文献作为知识、信息资源的主要形式,在经济和社会发展中具有特殊意义。马费成在《情报经济学》中,从信息资源管理和开发的角度,将信息资源划分为四种类型:记录型信息资源、实物型信息资源、智力型信息资源、零次信息资源,并且认为记录型

---

① (美)约翰·奈斯比特著;梅艳译. 大趋势. 中国社会科学出版社,1984

信息资源是信息资源的主要形式,是信息资源的主体。所谓记录型信息资源,就是文献资源。包括由传统介质(纸张)和各种现代介质(如磁盘、光盘、缩微胶片等)记录和存贮的知识、信息,如图书、期刊、各种数据库等等。文献使知识物化,脱离创造主体,跟随载体运动。这样,知识和信息的贮存、传播就突破了时空的限制,从而为人类文明的延续、传播和进化创造了必要的条件。这是文献对人类社会的独特贡献,是其他资源不能替代的。波普尔著名的"思想实验"①就是为了说明文献在人类社会发展中的特殊作用。

第三,资源问题是人类生存和发展的基本问题。当今世界面临着物质资源日益短缺的困境,如何开发出新的资源,建立一种新的经济格局,越来越引起世界各国的重视和关注。人们很快发现,在物质生产过程中加大信息、知识要素的投入,就能大大降低能源和原材料的消耗。于是人们找到了这种新的资源——信息和知识。而作为信息和知识的载体的文献,自然成为重要的资源而受到人们的重视。在发达国家,文献资源已跻身于能源、材料之列,成为当今社会经济和科学技术发展的三大支柱。

以上分析表明,"文献资源"概念的提出,既是社会信息化发展的必然结果,也表明人类对文献的属性和功能认识的深化。

2. 文献资源系统的构成

千百年来,人们不断地生产、收集、贮存和积累文献,形成丰富的文献资源。它们广泛分布于社会上各种不同的文献工作机构和个人手中。各文献机构功能是不同的,但它们的工作是相互联系的,功能也是相互补充的。这些相互联系的文献机构,共同构成了国家的文献资源系统。需要指出的是,私人藏书也是社会文献资源的组成部分,但由于私人藏书是一种个人行为,具有很大的随意

---

① 参见:(英)卡尔·波普尔. 客观知识. 上海:上海译文出版社,1987

性,因而对这部分文献资源的开发、利用、共享几乎没有规律可循,所以我们不把它纳入国家文献资源系统加以研究。

构成国家文献资源系统的子系统是:

(1)出版、印刷、发行部门文献资源子系统

这是担负文献生产和分配职能的文献资源子系统,包括各出版社(报社、杂志社)、印刷机构和图书发行机构。它是文献资源的"源头",只有从这个"源头"不断流出"活水",才能汇成文献资源的"大江大海"。

(2)图书馆文献资源子系统

图书馆是担负文献资源的收集、整序、贮存、传递等重要职能的文献资源子系统。作为一个国家文献资源的主要集散地,图书馆以最完整、最系统、最集中、最持久的方式贮存和积累着人类文明成果。图书馆拥有的文献数量,是一个国家知识储备和科学能力的重要标志之一。图书馆又是文献交流的重要机构,它收集、加工、整理、贮存文献,目的是使文献资源得到充分有效的开发利用。为此,它向读者(用户)提供文献的借阅、复制、咨询、检索及定题情报服务。实现文献资源共享,是现代图书馆的崇高目标。

图书馆作为文献资源系统的一个子系统,其本身又是由许多子系统组成的,在我国,通常将图书馆类型划分为:国家图书馆、公共图书馆、高校图书馆、科学专业图书馆及其他类型图书馆。不同类型的图书馆在文献收集、贮存、传递、交流方面有不同的功能和作用。

(3)情报机构文献资源子系统

情报机构也承担着文献资料的搜集、加工、传递的任务,但它的主要职能是通过编制二次文献和三次文献(包括生产各种数据库),进行咨询、检索等情报服务活动。它往往将资料的搜集与传递活动结合为一体,其主要组织形式包括:①综合性的国家情报中心,如中国科技情报中心、日本科技情报中心;②承担定向任务的

国家专业性情报中心,如标准情报中心、专利情报中心等;③情报分析中心;④数据情报中心;⑤情报交换中心;⑥基层情报服务机构,如企业、研究单位的情报机构。

(4)政府信息部门文献资源子系统

政府和社会公共服务机构的信息部门,也是国家文献资源系统的重要组成部分。尤其是有关行政、管理、统计方面的资料、法律情报、政策情报、调查报告、专家报告等情报资源,主要是从政府和社会公共服务机构的信息部门获得。在我国这些部门主要是指:①国家信息中心;②国家统计局;③部、委信息中心;④省、市、自治区信息中心;⑤地级市和县信息中心。

(5)档案机构文献资源子系统

档案是文献族系中的一种类型。作为一个国家的历史、文化和知识的宝库,档案的作用主要有两个方面,一是凭证作用,二是参考作用。实际上,这些作用也就是情报作用。因此档案是一种重要的情报源,它的内容广泛、形式多样、数量庞大,是一个国家文献资源系统的重要组成部分。我国的档案机构有全国性综合档案馆、地方性综合档案馆、专门档案馆,以及各机关、企业、事业单位的档案馆(室)。

(6)其他类型的文献资源子系统

除以上各文献资源子系统,还有一些机构的文献资源,如各种类型的科学学会、协会、大众传播部门等,都应该纳入国家文献资源整体系统。

二、文献资源共享的含义和范围

文献是社会发展的重要资源,已成为当今人们的共识。共享人类这一共同的资源,是当今人们的愿望和追求。"资源共享"(Resource Sharing)或"图书馆资源共享"(Library Resource Sharing)频繁出现在近些年来国内外图书馆学情报学文献中,然而,人们对这一概念的表述和理解都存在着差异。

在《图书馆学情报学百科全书》(Encyclopedia of Library and Information Science)中,美国匹兹堡大学教授 Allen Kent 给"图书馆资源共享"的定义(definition)是:"'资源'这个术语可以指一个人在需要帮助时所求助的任何人、任何事物或行为。'共享'这个术语则指调配、分配或献出一个人的所有物以使他人获益。'资源共享'则在很大程度上指交换、交流,意味着这样一种伙伴关系,其中每一个成员都要承担一定义务,如有需要,每一成员都愿意也有能力承担这一义务。""图书馆资源共享意味着一个国家图书馆的功能由若干图书馆共同承担的一种运作方式。它的目标是提供积极的效益:(a)能够为用户提供更多的资料或服务;(b)对图书馆预算而言,可以在少花钱的情况下提供同等的服务,或花同样的钱提供较多的服务。"[①]

Kent 对"资源共享"的解释有两点值得我们注意:第一,他认为资源共享是在图书馆之间进行的,是图书馆之间的交流、合作;第二,他界定的"资源"概念,外延相当宽泛,指"一个人在需要帮助时所求助的任何人、任何事物或行为"。

美国学者 Malcolm Smith 的观点与 A. Kent 相似。"ALA World Encyclopedia of Library & Information Service"中"Resource Sharing"词条中指出:"资源共享活动的范围实际上包含了整个图书馆的功能。""共享不仅意味着图书馆给出或获得一部分资源,而且意味着图书馆应该参考决定资源如何共享以及对资源进行分配的工作过程。被共享的资源可以是实物、人员或资金,它包括馆藏资

---

① Kent, A. "Resource Sharing in Library". Encyclopedia of Library and Information Science, vol. 25, 293 – 307. Marcel Dekker, Inc., New York, Baael 参见:吴慰慈译. 图书馆资源共享的目标. 大学图书馆学报,1989(6)

料、图书馆目录、工作人员的专长、存贮设施和诸如计算机等设备。"①

　　英国图书馆学家 Philip Sewell 对资源共享则有另一番见解。他认为,"资源共享"与"图书馆合作"不是同一概念,虽然两者实际上包括了许多相同的活动,但在问题处理上存在着本质的差异。图书馆合作以图书馆的现有形式为基础,通过相互合作以完成其使命。资源共享则将"资源"抽象地概括为物质的、智力的、概念的和人的群体范畴,将图书馆视为物质的、智力的、概念的和人力的资源的有机整体,并以此作为共享的对象和内容。Sewell 的这一看法实际上说明了资源共享不应局限于某些具体的合作行为,而应作为一种提高图书馆整体功能的系统方法。这一观点颇具新意。

　　国内对"图书馆资源共享"定义也不尽一致。《中国大百科全书·图书馆学、情报学、档案学》中定义:"图书馆资源共享:图书馆的职能由一些图书馆共同分担的运转方式。目标是提高图书馆的经济和社会效益,即读者可获得更多的资料和服务。各馆可用最少的经费提供尽可能多的资料和服务。共享的资源可以是实物、人员或资金,包括馆藏资料、图书馆目录、工作人员的专长、存贮设施和计算机等设备。"而在汉语大词典出版社 1990 年出版的《图书情报词典》中,"资源共享"的定义是:"某一图书情报机构的资源为其他图书情报机构共同享用的活动。共享的资源为文献、书目数据、人员、设备等,而尤指文献资源。"

　　综观国内外文献关于"图书馆资源共享"的定义,有两点是值得思考的。

----

　　① Smith, M. Resource Sharing. ALA World Encyclopedia of Library Information Services, 2nded, 1986, 704 ~ 707. American Library Association Chicago Adamantine Press Limited London.

第一，可供"共享"的"图书馆资源"主要是什么？上述定义几乎都认为，图书馆的一切资源都可以被共享。但事实上，"在目前阶段，世界各国还没有包括图书馆全部功能的资源共享网络的先例"①。台湾图书馆界著名学者沈宝环教授也认为，"资源"主要是指图书馆的知识载体，如图书、目录、报刊等②。因此，应该说，图书馆资源共享的主要对象是文献资源。文献是图书馆存在的依据。通过对文献的收集、贮存和传递满足社会的文献信息需要，是图书馆的社会价值所在。所以文献资源共享是图书馆资源共享的核心，图书馆其他方面的资源共享是以文献资源共享为目的的，是促进文献资源共享的条件与手段。

第二，资源共享是否只限于图书馆之间，是图书馆之间的一种合作？这是值得商榷的。作为共享对象的文献资源是广泛分布于社会各类文献工作机构的，它们共同构成了社会文献资源系统，图书馆只是这个文献资源大系统的一个组成部分（尽管它是十分重要的组成部分）。要充分有效地开发文献资源，实现资源共享，就必须有整个文献资源系统的参与。因此，资源共享不能局限于图书馆之间，而是文献的出版、印刷、发行部门、图书馆、情报机构、政府信息机构、档案机构等文献资源子系统之间开展的广泛的合作和文献信息交流。

从上述两点思考可以看出，"图书馆资源共享"这一概念没有准确地反映事物运动的真实内容和本质特征。因此，笔者认为，用"文献资源共享"（Documentary Resource Sharing）取代"图书馆资源共享"是有必要的。

所谓"文献资源共享"，其含义是十分明确的。文献资源，如前所述，是人类生产、收集、贮存和积累的文献的总和，是物化了的

---

① 吴慰慈，邵巍.图书馆学概论.北京：书目文献出版社，1985
② 沈宝环.图书馆学与图书馆事业.台湾学生书局，1988

信息和知识财富的存在方式,它广泛地分布于社会,形成了庞大的文献资源系统。而"共享",则是文献资源系统的各子系统间开展广泛的合作,共同开发和利用文献资源的活动,目标是充分发挥文献资源的社会效益和经济效益。

更进一步分析,文献资源共享有两个层次的含义。

首先,文献资源共享是一种观念,一种崇高的理想。在人类历史文化的长河中,人们一直在追求文献资源共享的理想境界。在漫长的古代社会,落后的社会物质生产条件限制了社会知识的创造和生产。因而文献的增长和社会拥有量十分有限,加上封建专制政治对思想的桎梏,文献不可能成为一种社会资源供人们"共享"。但是,人们仍然通过抄写、买卖、交换、互借的方式获取文献。贯穿于这些不同追求方式之中的核心思想,就是文献资源的共享,是人类对文明的不懈追求。到近现代,社会物质生产能力和生产水平的极大提高,既活跃了科学知识的创造传播,又促进了文献生产大规模社会化的发展,社会教育的兴起,社会知识交流规模的扩大,使"知识为万民所有",成为一种新的观念。1927年日本《岩波文库》有一名句:"真理为万众所需即吾之所欲,艺术为万民所爱即吾之所望。昔为使人愚昧,将学问、艺术锁于最狭窄之堂宇,今则自特取独占者之手夺下知识与美,此实为进取的民众之切实要求。"[1]这一观念,是近现代文献资源共享重要的思想基础。20世纪40年代以后,科学技术突飞猛进,人类智力成果的增长超过了历史上人类所创造的知识的总和,文献信息已成为社会的重要资源,全球性的知识资源共享更日益成为一种普遍的社会需要。美国、英国、加拿大等国学者认为:"知识的利用,不应因个人的财力、地理位置的差异和所属社团协会的不同而严重的受到限制。

---

[1] (日)小野泰博著;阚法篾,陈秉才译. 图书和图书馆史. 北京:北京大学出版社,1988

知识应视为人类全体的经验,知识的利用应以一个国家所有个人和机构的总体需要作为考虑。"①这一资源共享的哲学思想正普遍被接受。诚然,由于各种政治的、经济的、文化的原因,文献资源共享还存在种种障碍,全球文献资源共享的实现也许还是十分遥远的,但是作为一种崇高的理想,它始终在鼓舞着人们朝着这个方向前进。

其次,文献资源共享是历史和现实的运动,是人类一项伟大的实践。如果说,文献资源共享作为一种观念,多少还带有理想化色彩的话,那么作为一场运动,它却实实在在地存在于人类的实践之中。"最古老的和最普通的资源共享活动无疑是提供可供借阅的馆藏资料"②。随后,馆际交换与互借成为初期文献资源共享的主要内容,各种形式的编目活动,尤其是联合目录的编制,极大地促进了文献资源共享活动的开展。对文献的合作采购、合作加工、合作贮存,为广泛的文献资源共享提供了强大的物质基础。各种类型和层次的协调、合作组织的产生,大大支持和推动了文献资源共享的发展。特别是近几十年来,随着现代信息技术在文献工作中日益广泛和深入的应用,文献资源共享的时空限制在逐步减少。电子计算机网络的产生,使文献资源共享实现了质的飞跃。关于文献资源共享活动的历史、现状与发展,前一章已详细阐述。在这里,作者只是想说明,文献资源共享,伴随着人类利用文献的活动而开始,经历了从低级向高级的发展过程。这一实践活动在不断丰富,规模日益扩大,最终必将汇成波澜壮阔的历史潮流,奔向人类千百年来为之奋斗的目标。

---

① 转引自:印永清.从中西文化的异同看我国文献资源共享的政策.华东师范大学学报(哲社版),1993(5)

② 转引自:印水清.从中西文化的异同看我国文献资源共享的政策.华东师范大学学报(哲社版).1993(5)

第二节 文献资源共享的信息学基础

　　自然资源日益短缺正成为困扰当今人类社会的一大问题。人们为占有物质资源而相互争夺,有时甚至不惜大动干戈。然而,人类的另一种资源——文献资源,却非但没有枯竭,反而在高速生成,呈现出几何级增长的态势,并且越来越广泛地为人类所共享。这就自然地提出一个问题:文献资源究竟是一种什么类型的资源?它为什么不会耗尽,而且可以"共享"? 本节将从信息理论的角度来探讨这些问题。

一、文献与信息

　　"信息"一词,据学者考证在我国唐代诗句中即已出现,但信息作为一个科学概念来使用,则是在本世纪 40 年代末,美国科学家 N. 维纳的控制论和 C. 申农的信息论著作问世以后。今天,"信息"概念的使用相当广泛,但关于信息的定义,却众说纷纭,不同的学科范畴有不同的信息定义,多达数十种。

　　从信息的本原上分析,信息是被反映的事物的属性,这是易为人们接受和理解的观点。世界是物质的,物质具有质量和能量,物质也具有信息。无论是无机自然界、生物还是人类社会活动,信息伴随着一切物质过程,因而,信息是物质的一种普遍属性。但是,事物的各种属性还必须"反映"出来,即在另一个事物上再现,才能成为信息。可见,作为反映的形态,信息与一定的物质载体是不能分离的,不依附于一定的物质载体的信息是不存在的。

　　就人类而言,信息就是事物的属性在人脑中的反映。人类在实践过程中,将客观事物的多方面属性,通过自身的感官系统反映到大脑,从而获得和接受有关事物的信息。人脑具有思维功能,它将获取的信息，通过认知、加工、转化、组合、提炼，从而形成一种系统化的观念信息，即知识。可见，知识也是一种信息，它的第一载体便是人的大脑。

在社会发展早期，文字产生以前，人类只是通过自身的器官——大脑来获取信息，创造、贮存和传播知识的。但是，人脑作为信息知识的贮存与交流载体必然受到各种生理因素的制约，使信息和知识难以在广阔的空间和持续的时间内积累、传播。随着社会生产力的发展和人类自身的进步，人类终于打破了自身的束缚，将信息、知识化为一些有规律的符号并在人的体外找到了新的依附体。这种记录人类信息和知识的物质载体就是文献。

文献虽然是信息知识、记录符号和物质载体的统一体，但它的内涵是知识与信息。卡尔·波普尔说："几乎每一本书都是这样，它包含着客观知识，真实的或虚假的，有用的或无用的。"[①]信息和知识不仅是文献存在的价值依据，而且也是文献生产、文献消费的主要目的。人们利用文献主要就是利用文献中内含的信息和知识。所谓文献资源共享，实质上也就是人类知识资源、信息资源的共享。

二、信息基因复制原理与文献资源共享

信息和物质、能量共同构成人类赖以生存和发展的三种基本资源，然而信息却具有一种与物质、能量迥然不同的品性，即它不遵循物质和能量守恒定律。根据物质守恒定律，甲有 10 个苹果，如果把 10 苹果分给 10 个人，每人一个，甲就没有了，而信息则完全不同，它具有无限共享性，同样的信息大家可以共同使用，信息不会因此而发生量的减少和质的变化，信息这种可供分享的机理

---

① （英）卡尔·波普尔. 世界 1,2,3. 自然科学哲学问题,1980(1)

就是信息基因的复制原理①。

所谓信息基因，是指对多层次的信息结构进行层层划分，直至最小、最基本的功能单位。它具备完整的功能，可以作为信息复制的基本单位。信息基因复制原理概括地说就是在分离信息时，信息分享者根据自己所拥有相关信息对信息进行识别，并以所需分享的信息为模板，重新组合排序而产生出与所需分享信息相同或相似的信息（子信息），而原被分享的信息（母信息）依然存在，仍可供继续复制分享。信息基因复制的过程如下：

1. 识别。识别就是信息分享者对客观物质所显现的属性的反映和接受过程。物质显现的属性，即信息，在其信息场内总在向外辐射，凡处在该信息场的范围内，受到该信息辐射的人和物，都有可能共享这一信息，但要真正分享这一信息，首先就必须具有识别这一信息的能力，即具有该信息一定程度的相关信息，而且相关信息相关的程度越高，识别信息的能力就越强。假设某一信息具有 $a, b, c, d, e, f, g, \cdots\cdots n$ 几个信息基因，而人脑中的 b', d', e', f' $\cdots\cdots m$ 个相关信息基因，则对该信息的认识程度为 $K = m/n (m \leqslant n)$。

如果一个人不具备与该信息相关的知识，那么他是不可能识别出该信息的，这正如一个毫无股票知识的人，到了证券交易所，看到公布的股票指数，却识别不了其显示的信息内容，自然也就不可能复制出股市涨落的信息。所以识别信息是复制信息的前提。

2. 复制。识别了信息若不加以复制，信息是不能共享的。根据不同的复制方式，可以分为主动复制和被动复制。

主动复制是指信息分享者在识别后，主动释放相关基因进行复制，以便本身所利用。其过程可描述如下：若某一物质信息的几

---

① 此处引用胡崇奎同志的研究成果，请参见：胡崇奎. 信息共享性的理论基础——信息基因复制原理. 情报科学，1990(2)

个信息基因 a、b、c、d、e、f、g 按一定的秩序构成一条基因链,人们通过其大脑所贮的 b′、d′、e′、f……m 个相关基因对该信息进行 K = m/n 程度的识别后,便在智能的作用下,释放出相关信息基因 b′、d′、e′、f′……,以物质信息基因链 a、b、c、d、e、f、g 为模板进行复制,最后得出所需要分享的信息(子信息),而原来的信息(母信息)却依然存在。这种复制,从内容上看,并未损耗该物质原有的信息,它仍然可供其他人复制出一系列复制产品 b′、e′、f′、b′、f′、g′,a′、d′、e′、g′等等,并且所得复制产品还可以充当模板以供进一步复制出 b″、c″、a″、e″、f″等一系列下一级的复制品,这种复制可以依此继续不断地进行,这就是信息共享性的机理所在。

被动复制是指信息分享者并不主动释放出相关信息基因,复制的目的也不是为自身利用,而是在外界某种因素影响下,信息拥有者以自己所拥有的有关信息为模板,复制出子信息以供人分享。在这一复制过程中,信息拥有者的信息内容也不会受到损耗,这种复制方式的复制效果(共享效果)完全取决于信息拥有者对信息的识别与信息分享者需求的耦合程度,耦合程度越高,共享效果就越明显。

对图书情报工作来说,信息的被动复制方式是一种常用的信息分享方式,同时也是图书情报工作中重要的主动服务方式。

信息基因复制原理揭示了信息共享性这一特殊现象的本质,从而为文献资源共享提供了理论基础。信息的无限共享性决定了文献资源开发利用的共同性和多次性。而文献资源共享,实质就是让文献中所包含的信息、知识被尽可能多的人开发利用,这种开发利用不仅不会造成文献资源的枯竭,相反,它会引发新的文献资源的不断生成,从而使文献资源得到极大的丰富。

三、信息交流理论与文献资源共享

一部人类的文明史,就某种意义来说,也是一部信息、知识交流的历史。马克思主义认为,人类的一切活动最终可以归结为认识世界和改造世界,认识世界的目的是为了改造世界,而要改造世界就必须去认识世界。所谓认识世界,实质上就是人类在社会实践中不断地获取客观世界的信息,通过大脑的思维作用,加工、创造知识的过程。因而每个人的知识就其本源来说都是来自直接的实践活动。但是社会要不断向前发展,人们的实践活动就不能是在与前一代人的同一起点上的简单重复,而是在前人的基础上取得更高的起点,因而任何个人的社会实践活动都是在继承前辈人的认识成果基础上进行的。这种继承实质上就是不同时间的人们之间的信息交流与知识成果的共享。由于客观世界极其广袤复杂,任何个人的实践活动,条件和范围是有限的,因此,从亲身实践活动中所获得的信息、知识也是有限的。对个体实践活动之外的信息、知识,人们只能通过直接的交往,或者通过信息知识的载体——文献来获得。这种活动实质上就是不同空间的人们之间的信息交流和知识成果的分享。人类为了使信息、知识的纵向交流和横向交流能够准确无误地进行,不断创造并改进信息符号和信息载体。从而提高了信息交流的效率,使之成为人们获取知识,提高实践能力,有效地改造客观世界的基本条件。

基于上述分析,我们可以这样定义信息交流:信息交流(就人类社会而言)是指不同时空的人们借助于共同的符号系统,相互交换信息的过程。

信息交流对人类的生存和发展具有极为重要的意义。马克思恩格斯说:"某一个地方创造出来的生产力,特别是发明,在往后的发展中是否会失传,取决于交往扩展的情况。当交往中限于毗邻地区的时候,每一种发明在每一个地方必须重新开始。……只有在交往具有世界性质,并以大工业为基础的时候,只有在一切民族都卷入竞争的时候,保存住已创造出来的生产力才有了保障"①。马克思恩格斯在这里讲的"交往",实际上就是信息交流。如果说正是信息交流的停滞、阻塞导致了自然经济社会发展缓慢的话,那么广泛而活跃的信息交流则是现代社会文明的重要标志。信息交流的加强,增进了人类的相互了解、相互合作,创造知识财富,同时使各种新理论、新发明、新工艺及时迅速地扩展、传播,成为人类共有的思想财富。信息交流有力地促进着科技的发展、生产的提高、经济的繁荣、文化的兴盛、政治的清明、社会的进步。

信息交流有很多不同的形式,一般地归结为两种形式。

一是直接的信息交流,即由信息传递者向信息接受者的直接传递。一般以口头方式面对面的进行,如传受双方的个人交谈、面授,以及会议、演讲、参观访问等等。直接交流形式虽然有其优点,如缩短信息传递间隔时间,避免信息内容情报价值的衰减,交流具有双向和交互性,可及时反馈信息,提高交流效果等等。但直接交流的局限性是明显的:①信息传递范围受到限制,尽管现代通讯技术在一定程度上弥补了这一缺陷;②信息传递只能是即时性的,即使是重要信息也只能靠脑记忆,而人脑具有遗忘、篡变信息的特点,且记忆量有限,难以大量积累、贮存信息;③信息交流内容缺乏可靠性检验,在传输过程中容易失真。

正因为这些缺陷,人类就一直在力图改进信息交流方式,创造另一种信息交流方式,即间接的信息交流。

间接的信息交流主要借助文献来进行,即信息传递者将信息首先记录在文献上,而在以后的某个时间内,接受者通过对文献的利用获得这种信息。和直接交流方式相比,这种间接交流的方式有明显的优点:①信息传递的范围进一步扩大。由于文献脱离了

---

① 马克思,恩格斯.马克思恩格斯全集(第3卷).北京:人民出版社,1957:61~62

创造主体,能随着载体自由转移,完全突破了信息传递的空间限制,现代通讯技术的运用更为这种空间传递增添了羽翼。②信息传递交流的时间得以延长。文献作为人类的体外信息载体,是个"社会记忆系统",它可以大量贮存、积累信息,而无遗忘、篡变之虞,从而实现信息的间时性交流。③信息交流的效率得以提高。文献成了信息交流的重要工具,许多以提高文献信息交流效率为目的的中介环节应运而生,如图书馆、信息中心、情报机构等。在当今社会信息知识激增,社会信息需求又十分复杂的情况下,要准确地将不同的信息与不同的需求匹配起来,靠信息传递者与接受者个人是很困难的,而图书馆、信息中心、情报机构等作为信息交流的一种社会保障,可以比较有效地匹配信息传递者的信息与信息接受者的需求。

由此可见,间接信息交流是一种具有更好的传递交流效果的信息交流形式,而间接信息交流是借助于文献这一工具进行的,其表现为文献的交流。所以,文献交流,从形式上看是文献客体的传递和流通,而从本质看,则是文献中所包含的信息知识内容的交流。"交流意即共享。当两个或两个以上的人交流时,便成了共享体"①。因而,文献信息交流实质上就是文献信息资源的共享。

信息交流伴随着人类社会的形成而出现。但在缓慢发展的古代社会,人们在生产劳动中更多地是依靠体力,信息和知识在人类实践活动中的重要性并未引起人们的重视,因而信息、知识交流的规模和范围是很有限的。以文献为工具的信息、知识交流更显得微乎其微。及至近代,科学的兴起和技术的应用,使社会生产力得到迅速发展,机器的出现逐渐取代体力劳动,却对人的智力提出了越来越高的要求,信息和知识在生产发展中的作用显得越来越重

---

① Shera, J. H. "Introduction to Library Science". Littleton. Colo. Libraries Unlimited. 1976:46.

要。这种社会需要决定信息知识交流的规模和范围不断扩大,交流的方式和手段也要更有效。于是,文献作为信息知识交流的手段日益受到人们的重视,并逐渐成为信息交流的主要形式。到本世纪中叶,随着社会信息化进程的加快,人们已越来越清楚地认识到,信息是当代社会重要的资源,而文献则是信息资源最重要的组成部分。广泛而迅速的文献交流是社会发展必不可少的前提。于是人们响亮地提出"文献资源共享"的口号,其实质就是渴望范围更加广泛、规模更加宏大的信息交流,这是时代的呼唤,也是历史的必然。

第三节　文献资源共享的文化学基础

文献资源共享在近几十年中受到特别的关注是有现实原因的:文献数量的急剧增长和经费的相对短缺使单个的文献情报机构无法实现对文献的完备收集,广泛而复杂的社会文献需求又难以在单个的文献情报机构得到全面满足,于是,合作协调,资源共享成为文献情报工作的一种现实选择。然而,当我们把文献资源共享这一思想放到人类文明史的发展进程中加以考察的时候,就会领会到它更深层次的文化学意蕴。

一、文化与文献

什么是文化? 这是一个十分复杂的问题。19 世纪以来,中外学者对文化概念的界定,仁者见仁,智者见智,据有人统计,关于"文化"的定义竟多达 200 多种。归结起来,大体有两类:狭义的文化,是指与政治、经济、军事等并列而为人类社会活动之一部分,即关系人类社会生活中的文学、艺术、科学、哲学、道德风尚等精神方面的内容;广义的文化,则包括人类社会生活中的物质和精神两个方面的内容,即物质文明和精神文明的总和。实际上,定义的不同,往往是由于学科研究的角度不同所致。笔者从探讨"文献与文化"关系的角度倾向于对文化作广义的理解,即认为文化是人类创造的物质文明和精神文明的一切成果。

文献是信息知识内容与物质载体的统一体。文献的物质载体,即文献的物质组成及记录方式,是文化的创造物,也是在文化发展的动力作用下不断更新的。文献的载体材料,从龟甲兽骨、竹木缣帛到纸张,到各种光、电、磁、化材料,文献的记录符号,从结绳刻木到图形文字,到声频视频符号及各种数字代码,它们的不断变化从一个侧面体现了文化的不断演进。所以文献载体本身凝结着文化,是人类创造的一类文化实体。近年来兴起的"书文化"研究,就是将文献载体作为一种文化现象加以研究的。

至于文献所包含的内容,它本身就是一种文化信息,是人类在社会实践过程中,通过自身的感官系统,对客观事物的各个方面、各个层次、各种运动形态的信息的获得与接受,并经由人脑的思维功能进行加工、转化、提炼而成的一种观念型文化信息。这种观念型的文化信息,只有物化成固态的物质型信息,才能在时间和空间双重意义上保存下来,并得到传播利用,使文化得以延续和发展。因此,人们将文化信息通过文字、图像、符号等形式记录在一定的物质载体上,这种记录有文化信息的物质载体就是文献。

从上述分析,可以得出结论:文献就是文化的载体。

对于文化与文献的关系,我们还可从以下两个方面作进一步阐释。

1. 文献以其特有的方式记录、积累和传播着文化

人类社会要不断地向前发展,不仅要不断地创造文化,而且还要不断地进行文化积累、传播和利用活动,即还要不断进行文化的再生产活动。人类经过长期的探索而选择创造了理想的文化信息载体——文献,其目的就在于通过文献记录文化、积累文化和传播

文化。文献由于其本身特有的功能,使这一目的得以实现:第一,文献以一定的符号系统和一定的载体形式,记载了人类文化发展的历程及对未来文化的探索,汇集了人类已有的一切认识成果。因此它是记录文化的工具。第二,文献一经产生便完全脱离人脑而独立存在,突破时空限制多次被利用并流传下来。由于历来人们对文献的搜集、整理、贮存,大部分文献得以代代相传,成为积累文化的重要手段。第三,任何文化都不可能在孤立、封闭的状况下进行,文化交流是文化发展重要条件,文献作为文化的主要载体,在一个文化系统的内部及多个文化系统之间的文化传播和交流中起着媒介作用,因此,文献又是文化传播交流的媒介。

2. 文化的发展与文献存在着极为密切的关系

首先,人类文化的进步是文献产生发展的渊源和动力。"只有社会生产发展到可以提供文化活动和生产文化物质的时候,典籍的产生方为可能"[①]。原始社会后期,社会生产日益发展,社会分工日益复杂,各种意识形态形成,各种文化、艺术、教育活动出现,正是这些社会文化条件促使文献的产生。同时,"社会生产发展了,人类文化活动逐步由低级达到高级阶段,典籍记载的内容呈现多样性"[②]。而文献的载体也越来越多样化,由此可见,文献是人类文化发展的产物。

其次,文献的产生和发展促进了人类文化的进步。恩格斯认为,人类社会从野蛮时代过渡到文明时代的标志是文字的发明并用于文献记录。文献作为一种记录知识的形态,记载着人类对自然规律和社会规律已有的认识成果。它不仅是同代人相互表达思想、交流经验的重要工具,而且它反映与再现人类社会往昔的面貌,为人们提供在前人基础上认识自然和社会,从而获得发展的部

---

① 谢灼华.中国图书馆与图书馆史.武汉:武汉大学出版社,1987

② 谢灼华.中国图书馆与图书馆史.武汉:武汉大学出版社,1987

75

分前提条件。文献在人类文明发展历程中起着不可估量的巨大作用。

二、文化的积累、贮存与文献资源共享

我们今天拥有丰富多彩的文化,这种文化并不是人类一下子发明、创造出来的,而是人类长期积累的结果。所谓文化积累,乃是"指旧文化的保存和新文化增加的发展过程"①。

人类文化积累与语言文字及文献的产生与发展是分不开的,人类社会进化史表明,在语言文字没有出现以前,人类几乎没有什么文化积累。人类创造了语言,并以语言为工具交流思想、传授知识和经验,使文化在一代代绵延中得以保存和积累。文字及其载体——文献的出现,则更使文化的保存和传递跨越了时空的限制,人类文化积累的进程因而大大加快,文化发展的基础越来越厚实。随着文献生产的社会化发展,人类文化积累的数量、质量都进入了一个全新的阶段。如果没有人类文化的长期积累,当今科学、技术及物质文化创造的惊人发展,是不可思议的。

人类的文化积累,必须有文化储存作为保证。文化储存就是对文化收藏、保存,以维持文化生产的连续性。一个民族、一个国家所创造的文化,所以能延续下来,一个很重要的原因就是文化储存的作用。文化储存是通过对文献的收藏实现的。而图书馆就是文献收藏这一社会需要的产物。在我国,图书馆发端于殷商时代对甲骨文典籍的收藏,在西方,古代埃及图书馆和巴比伦王室图书馆是古老图书馆。几千年来,图书馆通过文献的收藏对人类文化的储存起着不可估量的作用。即使到今天,图书馆仍然是文化储存中心。随着现代信息储存技术的发展,对信息的大容量储存,高速度存取,长时间保存成为现实,人类文化储存出现了划时代的

---

① 司马云杰. 文化社会学. 济南:山东人民出版社,1987

变化。

人类进行文化积累和文化储存,目的是为了使用,是为了进行文化再生产,人类创造文献,是为了使个人知识的贮存和交流突破自我记忆及时间、空间的限制,进入社会传播渠道。正如法国学者埃斯卡皮在《文学社会学》中所说的那样,"书籍作为一种文化传播交流手段,无论是手抄、印刷还是影印,其目的都是让说过的话重复无数次,也是为了让说过的话保存下去,一本书为一个人写,那就没有任何意义。"人类保存文献,目的则是提供日后多次反复的利用,变少数人利用为多数人利用,实际上就是让文献这一人类的智力资源为更多的人所共享。由此可见,文献资源共享正是人类生产、保存文献进而储存文化的初衷。

然而,在绵延的历史文化长河中,文献资源共享并没有实现。人类保存文献本来是为了让更多的人利用,但是人们却以种种人为禁锢的手段限制对文献的利用。以中国古代而言,私人藏书"秘而不宣","有储书贻后而责以鬻及借人为不孝者,有深藏秘阁饱书虫靳不借阅者"①。即使官府藏书,也藏于"秘阁",不要说寻常百姓,就连普通士大夫也无缘问津。于是人类陷入了一种"文化悖论",即手段对于目的的悖谬,实质上,也是"文化价值、功能上的自我相关的矛盾和不合理性",是"文化建构的人的价值思维方式上的悖谬"②。因此,排除悖论,走向理性,让人类积累和存贮的文献资源真正为全人类所共享,应当成为当代人的一项历史使命。

三、文化传播与文献资源共享

文化传播是人类社会交往活动所产生的文化互动现象。自人

---

① 吴晗. 江浙藏书家史略

② 司马云杰. 文化悖论. 济南:山东人民出版社,1987

类创造文化之日起,就伴随着文化的传播。随着人类社会的发展,文化传播更加丰富多彩,其社会作用日益突出。美国文化社会学家奇·库利在《人类本性和社会秩序》一书中认为,文化传播是人类社会关系赖以存在和发展的机制,或者说是连结社会秩序的一种手段。文化传播作为人类的一种社会行为,人类通过它进行社会交往,交流思想和感情,传递经验和知识。文化传播提高了人类的社会化程度,打破了人们所处社会生活的孤立状态,使整个人类活动愈来愈依靠社会。尤其是在现代社会中,人们的社会活动依靠文化传播的程度越来越高,其社会化程度也越来越强。文化传播还具有社会整合的功能,它能增强社会的凝聚力,加强社会自我组织能力,促使各种社会机制正常地发挥作用,以保证社会的文明和进步。

文化传播需要有传播媒介。文化传播媒介是多种多样的。人、物、社会组织等,都可以成为文化传媒。而在各种文化传媒中,最具影响力的则是包括各类型文献在内的大众传播媒介。单就文献而言,当今世界每年出版图书达 80 万种,期刊 10 多万种。据我国有关部门统计,1995 年我国出版图书达 10.3 万种,62.6 亿册,期刊 7500 多种,20 多亿份,报纸发行近 200 亿份。这些传播媒介,跨越时间、空间,将各种文化信息传播到世界每一个角落,人类真正进入了信息时代。

传播是人与人之间信息的传递与分享。文化传播就是人们共享文化的过程,文化的价值也只有在文化的传播、共享中才能被人们认识、理解,文化传播的范围越广,它的价值就体现越充分。文献资源共享正是一种范围广泛的文化传播活动。它的最终目标,是无论何时何地都能最大限度地满足读者对文献最广泛的需求。这种跨越时空的文化传播,将使人们愈来愈打破彼此孤立、隔绝的文化状态和封闭体系,而处于开放的、多元的社会文化体系之中,因此也愈来愈使人们共享对彼此都有价值的文化,尤其是科学、技术一类的文化。

文化传播并不是无目的行为，相反，无论是传播者还是受传者，都是一定社会文化背景下的活动者，都是有一定需要、目的和动机的。所以，文化传播不是文化价值机械的传递，而是人们根据自己的经验和价值观重新认识文化的心理过程。人们在这个过程中不仅估价和确定某种文化的价值，而且还要增殖和繁衍出新的价值和意义，这就是文化增殖现象。文献资源共享不仅是人们有目的、有意识地开发利用人类知识资源的文化传播活动，而且由于这种文化传播跨越时空障碍，因而其文化增殖效果可以得到无数倍的增加。它对新文化意识的形成，对人类文明的发展所起的作用是非常巨大的。

四、文化的世界性与文献资源共享

文化有没有世界性？马克思、恩格斯认为："资产阶级，由于开拓了世界市场，使一切国家的生产和消费都成为世界性的了。……过去那种地方的和民族的自给自足和闭关自守的状态，被各民族的各方面的互相往来和各方面的相互依赖所代替了。物质的生产是如此，精神生产也是如此。各民族的精神产品成了公共的财产。"①（着重号系笔者所加）从马、恩的论述可以看出，文化生产，无论是物质文化生产还是精神文化生产，都是世界性的。现在实践已证明世界文化的存在。标准化生产、跨国公司、国际市场等等物质文化的生产都是具有全球性、世界性的。至于精神文化生产，更是没有国界。人类正是在相互借鉴、相互学习、相互交流中，共同创造着人类精神财富的。本世纪 60 年代，英国著名科学家 Alexander King 深刻分析了自 18 世纪以来科学的社会属性，他的

---

① 马克思,恩格斯.共产党宣言.见:马克思恩格斯选集(第 1 卷).人民出版社,1972

结论是,科学是属于世界的,它不承认任何人为的疆界①。文化之所以为私人及各种社会群体、集团所占有,乃是私有制的结果。自然,它也会随着私有制的最终消亡而真正成为全人类自由支配的共同财富。

文献是人类创造的精神文化产品,就文献本身的价值来说,它是一种社会共同的财富。因而,文献的交流和利用是不应该受到任何人为疆界限制的。文献资源共享是文献资源根本的社会属性决定的。

当然,在私有制社会,文献资源共享没有也不可能真正实现。在当今社会,由于种种政治歧见、经济竞争、文化冲突,文献资源共享仍然受到种种人为因素的阻碍。因此,文献资源共享的真正实现或许还是遥远的目标。然而,随着社会的不断进步和开放,人类毕竟在向这一目标前进。我们相信,人类的理性和智慧之光,终将照亮文献资源共享之路。

第四节 文献资源共享的经济学基础

文献的存在已有几千年历史,但过去人们并不把它当作一种资源,也没有从经济学的角度去研究它。近几十年来,随着信息技术的迅猛发展,信息与知识的产生和利用规模急剧扩大,信息对生产要素的增殖作用不断创造出新的经济财富,蕴藏着信息与知识的文献因而也被认识到是一种重要的资源,其经济特征与经济价值引起了人们的关注。因此,从经济学的角度来探讨文献资源共享的理论问题是十分必要的。

---

① King, A. 著;赵红洲等译. 科学的科学——技术时代的社会. 科学出版社,1985

一、作为信息资源主体的文献资源的经济特征

我们在第一节已经指出,在各种不同类型的信息资源中,记录型信息资源即文献资源,是信息资源的主体。我们正是把文献资源作为一类信息资源来探讨其经济特征的。这些特征,为文献资源共享提供了经济理论依据。

以文献为主的信息资源属于经济资源的范畴,它具有经济资源的一般特征:

1.作为生产要素的人类需求性。经济资源是指在人类所需求的一般资财中,作为生产投入要素的那部分资财,包括人类生产的物质原料、劳动工具及劳动力等等。信息资源也是一种十分重要的投入要素。实际上,任何一个生产过程,除了投入物质资源、能量资源、资本资源、劳动力资源以外,还必须投入信息资源。例如将钢铁变成机器的加工制造过程每一步都需要信息。机器不但是劳动的贮存更是信息的贮存。任何物品或原材料,在投入信息后就会具备增值的条件:信息作用于资本,可以提高资本的有效利用率;信息作用于技术将提高效益,产生创新;信息作用于人(受教育),则使人具备有效利用资本和技术的能力。这方面最典型的例子是人们熟悉的硅,它是一种极普通的材料,价格之低无法与黄金相比,但用硅制成计算机芯片后,它却为世界创造了用黄金无法创造的财富。然而使硅具有如此巨大增值作用的不是劳力、资本的投入,而是信息的大量投入。由此可见,信息资源作为生产投入要素,是产品增值的主要因素,它为人类创造的财富是无法估量的。

2.资源的有限性。经济资源总是有限的,否则就不存在稀缺,也不存在分配问题。如果一种资源具有有用性,但不稀缺,而是取之不尽的,则不属于经济资源讨论的问题。如阳光、空气,是人类生产、生活不可缺少的资源,但由于其广泛而丰富地存在于地球,

并不存在分配问题,因而不视为经济资源。人类的智力、知识物化为文献后,在一定时间空间范围内是有限的,对一个国家或一个地区而言,不仅在一定范围拥有的文献资源有限,而且可获取的文献资源也是有限的。因为在市场经济条件下,对于自己不拥有的资源,只能以相对富有的另一类资源去交换。而交换的可能性,是以自己拥有的财富或资源为极限的,没有这种代价,就不可能获得别国、别单位或个人的资源,因此,在一定时间、空间文献资源是有限的。

3.使用方向的可选择性。经济资源具有用途的可选择性,如果一种资源既有用又稀缺,但其用途是唯一的,无法选择,这样就不存在分配问题,故不属于经济资源。文献资源使用方向的可选择性体现在同样的文献可用于不同对象及不用的用途,从而产生不同的效益。

文献作为一种经济资源,与其他类型的经济资源相比,又有诸多的特异性。正是这些特异性,使文献资源成为人类可以共享的特殊资源。

首先是文献内含信息的非消耗性和再生性。物质资源在消费和使用中是以自身的消耗和磨损为代价的,它的独立的物体形式和使用价值都将随着人类对它的消费和使用而消失,因而是不可再生的。而文献中所含的信息则完全不同。信息在使用和消耗过程中表现为内容从一种物质载体转移到另一种物质载体(比如从文献载体转移到人脑载体)。这种转移丝毫不会使信息失去原来的使用价值,相反,它会引发新的信息的诞生,扩大信息的附加值,而且对信息利用得越多,其效用发挥就越充分,产生的新信息就越多。这就是信息的非消耗性和再生性。信息的这一特性,决定了文献资源开发利用的多次性,即文献可以反复多次地、广泛地开发利用。人们对文献的消费、利用越多,创造出的信息、知识财富也就越丰富。文献资源共享,实质上就是对文献资源的多次开发利用,它不仅不会造成文献资源的枯竭,相反会使文献资源得到极大的丰富。

其次是文献内含信息的共享性。物质资源的消费是以对物质的占有和消耗为特征的。一个人要消耗某一物品,就必须占有它,并消耗其使用价值,其他人也就不能再消费同一物品。而信息则完全不同,信息的消费并不表现为对信息的占有,也不损耗其使用价值。人们要阅读某一本书而获得信息,并不表现为对这本书的占有,这本书的内容也不会因为他的阅读而受到损害,其他人仍可继续阅读,这就是信息的共享性。即使是信息作为商品进入市场,交换的结果也是信息的共享。一件信息产品售出,购买者获得了其中的信息,而出售者失去的只是包含信息内容的物质载体,他仍然掌握着信息中的语义内容,亦即持有该信息商品的使用价值。因而信息可以反复交换、反复使用。信息的这种无限共享性决定了文献资源开发利用的共同性和广泛性。文献资源共享就是让文献中所包含的信息、知识被尽可能多的人开发利用。无论是作为知识产品进行广泛的交流,还是作为信息商品进入市场流通,都是文献资源共享的不同形式。共享的结果,是使文献资源得到充分有效的开发利用。

再次是文献信息价值的社会性。尽管信息的价值(能够满足人们某种需要的属性)是固有的、客观的,但却是潜在的。文献信息只有在传播过程中被人们利用才能实现其社会价值。信息传播的范围越广,利用的人越多,其价值的发挥就越充分。信息价值的社会性揭示了文献资源共享的社会意义。人类不断地生产、积累了丰富的文献,这些文献只有经过传播和使用才能使其社会价值得以实现。文献的传播对其内含信息的隐性价值的实现尤其具有重要意义。人们之所以没有意识到自己对知识的需求,很多情况下是由于这种知识的易得性太小或对该知识了解(或理解)不够。如果这种知识能获得最大限度的扩散和传播,那么它的使用价值就可能最大限度地呈显性状态。因此,文献资源共享作为一种广泛传播文献的活动,对于充分开发利用蕴藏在文献中的信息知识资源,最大限度地实现信息知识的社会价值,无疑具有重要意义。

二、文献资源共享的实质是资源的合理配置问题

从经济学角度来看,文献资源共享实质上是要通过一定的调控手段,来实现全社会文献资源的合理配置,以取得最大的经济、社会效益。

什么是资源配置?

"资源配置是指一定量的资源按某种规则分配到不同产品的生产中,以满足不同的需要。"[1]

"Allocation of Resource: apportionment of productive assets among different uses."[2]

上述定义,似乎没有揭示出资源配置的基本要素。我们在谈到一种资源配置时,一般总要回答这些问题:该种资源在何时、何地和何种部门使用了多少数量,因此,时间、空间、用途、数量是资源配置问题的要素。所谓资源配置状态,"是指各种不同的资源在时间、地点、部门的量的分布关系"[3]。

我们提出文献资源共享实质上是文献资源的合理配置这一命题,就是基于这一认识:文献资源共享就是要通过一定的调控手段,协调文献资源在时间、空间、部门、数量上的分布关系,使有限的资源产生最大的效益。

文献资源配置的时间因素是非常重要的。时效性是信息的重要特征之一,与其他资源相比,信息的时效性更强,过时的信息,可

---

① 梁东黎,刘东. 微观经济学. 南京:南京大学出版社,1991

② The New Encyclopedia Britannica. vol. 9. 104.

③ 史忠良,肖四如. 资源经济学. 北京出版社,1993

能一钱不值,而一条及时的信息可能价值连城。信息物化于文献后,文献信息虽然可以长期反复利用,但其信息内容仍然是有时效性的,若不及时开发利用,就会降低乃至丧失它的开发效益,这就是所谓"知识老化"。因而文献资源在不同的时间使用产生出来的效益是不一样的。文献资源共享的目标之一,就是实现文献资源在时间上的合理配置,即让文献在其有效期内为尽可能多的人所利用。

文献资源配置的空间问题是文献资源共享要解决的主要问题,它有两个方面的含义。其一,是文献资源在空间的合理布局问题,即通过一定的调控手段,协调区域间文献资源的分布状况,遏制区域间文献资源高度富集和极度贫乏的资源极化现象。解决文献资源的共建问题,这是文献资源共享的基础和前提。其二,是指文献资源的传递、利用应该跨越空间的限制,使不同空间的文献信息用户能够没有障碍地获得他们所需要的文献资料。这是文献资源共享的主要目标。

文献资源共享追求文献资源在部门间的合理配置。文献资源由于它的有限性和用途的可选择性,作为一种生产要素,它会流向各种可被选择的用途,并在各种用途上发挥着资源的效率,实现资源的价值。当然,由于用途不同,资源效率的发挥和价值的实现程度是不同的。我们说文献资源在部门间的合理配置,是指文献资源在部门间的交流达到了这样一种状态:就整个社会而言,文献资源的供给与需求达到平衡,没有发生资源的短缺和闲置。同时选择一种最为优越的配置方式,使文献资源向最能发挥其效益的部门流动,从而实现资源配置效益的最优化。

文献资源在时间、空间(地区)和部门的合理配置必然都要涉及文献资源的数量分布问题。文献资源共享并非以文献资源的数量分布在各地区、各部门的绝对均衡为目标,而是要通过一定的调控措施,使文献资源拥有量不同的地区和部门能平等地分享这些资源。

协调文献资源在时间、空间、部门、数量上的分布关系,即实现文献资源的合理配置,目的是使有限的资源产生更大的效益。前面已经指出,在一定范围内,文献资源的量是有限的,如何通过最有效的政策杠杆和技术手段,对有限的文献资源进行合理的安排、组合,使现有的文献资源能得以充分的开发利用,同时又使社会的文献需求能得到最大限度地满足,这就是文献资源共享追求的目标。

三、文献资源共享的经济学意义

首先,文献资源作为人类信息资源的重要类型,是现代社会的重要战略资源。以文献为主体的信息资源共享是当代社会经济发展的必然要求。

人类文明发展的每一阶段都是以一定的资源为基础的。恩格斯曾在《家庭、私有制和国家的起源》一书中引用了人类学家摩尔根的一句名言:"人类进步的一切伟大时代是跟生存资源的扩充的各时代多少相符合的。"①农业社会是以对自然物质资源的开发为主要基础的,工业社会则以对物质资源和能量资源的开发为主要特征。进入现代社会以来,各种形态的信息以前所未有的速度增长、积累,并为人类创造着越来越多的物质财富和精神的财富,而其中信息资源具有更重要的作用。谁掌握了相应的信息资源,谁就能最有效地利用物质资源和能量资源,从而在国际竞争中取得主动权。信息资源的重要性,正随着社会与经济的发展日益增加。

文献资源是信息资源的主要类型,它在现代社会经济发展中举足轻重的作用使世界上许多国家都把文献资源的建设与开发作

---

① 马克思,恩格斯. 马克思恩格斯选集(第 4 卷). 北京:人民出版社,1972

为一项重要国策。然而,面对如潮水般涌来的文献,任何个人、机构、乃至国家都不可能全面地占有文献资源。因此,文献资源共享是当今社会经济发展的必然要求,这是不以人的意志为转移的。当然,文献资源共享并不是无条件的,由于经济利益的制约,在国与国之间还有政治因素的影响,包括文献在内的信息资源共享必然和各种利益机制结合起来,资源共享是以合作为基础的。尽管目前实现信息资源的国际共享仍有相当大的困难,但是各国迫于竞争和发展的需要,这种共享是必然要进行的,只是形式会多种多样。

其次,文献资源共享是开发利用信息资源的有效途径,具有明显的经济效益。

信息既然作为一种重要的资源,那么也就有一个开发利用的问题。信息资源的合理利用联系着一个基本的经济学法则:用有限的信息成本获取尽可能大的信息报酬。

所谓信息成本,即用于信息资源建设的资金投入。以我国文献资源建设的投入为例,1995 年我国对公共图书馆的投入已达62829 万元,国家用于进口外文书刊的经费 1993 年为 7000 万美元。从全国性的科技情报体系来看,每年用以购买各类情报资源的费用约占整个情报事业投资的 1/3。同时还要花大量人力、物力和财力对这些资源进行处理和存贮,就我国目前财力而言,对文献资源建设的投入并不算很低。

信息报酬,即信息投资的产出或效益,严格地说,信息投资的效益是指信息资源被利用后引起生产要素增值的部分。由于这种增值是一个十分复杂的过程,有很多因素在起作用,因而信息投资的效益具有很大的模糊性和难计量性。但是有一点是毫无疑问的,即信息资源的效益与开发程度和使用频率成正比,即信息资源开发利用越充分、越广泛,其效益发挥的可能性就越大。从我国目前的情况来看,文献资源的利用程度是相当低的。据统计,我国各类型文献情报机构的外文书刊利用率平均仅为 10%，中文文献利用率一般只有 30%—40%。这就是说，耗资巨大的文献资源并没有得到充分的开发利用，没有发挥应有的效益。

由此可见，提高文献利用率是提高信息资源建设投入产出比的关键。提高文献利用率的途径很多，如改进服务方式，加强宣传等等，但最有效的途径是实行广泛的文献资源共享，即打破单位之间、地区之间、乃至国与国之间人为的疆界，使文献在尽可能广泛的范围内交流、传递，得到充分的利用。这种共享，将使文献资源的利用率数倍、数十倍地增长，其经济效益显然是十分可观的。

有一种理解，认为文献资源共享就是文献收藏单位无偿地向全社会甚至世界提供文献资源，这是一种误解。当然，由于文献本身的属性，它不可能全部成为商品，文献情报单位有义务向社会无偿提供这些文献或文献服务。但是，文献资源借助于市场秩序进行合理流动，这正是市场经济条件下文献资源共享的一种有效形式。因为文献资源和其他资源一样，合理流动的基本标志是文献资源向最能产生价值或财富增值的方向流动，使文献生产者和传递者获得相应的补偿，并能鼓励全社会重视文献资源的开发利用，从而实现文献资源在全社会的运动。相反，如果文献的利用对文献情报部门的投入缺乏一种合理的、借助于市场的回报，那么文献情报部门的投入就会失去动力和活力，文献资源共享也就成了空中楼阁。因此，文献资源借助于市场秩序的合理流动，将会有助于文献资源共享的实现。

第五节　文献资源共享的系统论基础

文献资源共享是一项十分庞大的社会工程，它不仅本身有一系列复杂的组织管理问题，而且与社会政治、经济、科学、教育、文化环境有极为密切的关系。对这项规模庞大、联系复杂的社会工程，不借助现代科学理论与方法，是难以取得成效的，而系统理论与方法，对解决这类复杂的问题，有其独特的作用。

一、系统方法与文献资源共享

系统方法是随着系统科学的崛起而形成的一种科学方法，"所谓系统方法，就是把对象放在系统形式中加以考察的一种方法，具体地说，就是从系统的观点出发，始终着重从整体与部分（要素）之间、整体与外部环境的相互联系、相互作用、相互制约的关系中综合地、精确地考察对象，以达到最佳地处理问题的一种方法"①。系统方法具有传统科学方法所不具备的一些新特点、新功能。它立足整体、统筹全局，把整体和部分辩证地统一起来，把确定目标和实现目标两种认识功能有机地结合起来，把定性分析和定量描述科学地联系起来，在科学研究和社会实践中发挥了重要作用。美国从事系统分析的专家 R. F. 迈尔斯说："系统方法只不过是平常的常识，每个概念、每个步骤在常识上都是合理可行的。系统方法的价值就在于它使你能够把所有这些常识性的思想汇集起来，协调一致，集中解决复杂环境中的复杂问题。……系统方法所做的是许可你以一种合乎逻辑的合理方法着手解决问题。"②系统方法广泛运用于自然科学、社会科学和思维科学各领域，解决一切复杂的科学、技术、经济和社会问题，显示出极大的生命力。

系统方法既然有如此"神奇"的作用，那么，它是否能够为文献资源共享提供一些思路和启示呢？回答是肯定的。

现代系统论认为，客观世界的一切物质都存在于一定的系统之中。所谓系统，是"由相互作用相互依赖的若干组成部分结合

① 转引自：吴元樑. 科学方法论基础. 北京：中国社会科学出版社，1984
② （美）迈尔斯，F. R. 著；杨志信译. 系统思想. 成都：四川人民出版社，1986

而成的具有特定功能的有机整体,而这个'系统'本身又是它所从属的更大系统的组成部分"①。一个国家的文献资源也是这样一个系统,它具有普通系统所具有的基本性质:

第一,它是由若干要素和子系统按一定方式组合而成的。文献出版发行部门、图书馆、情报机构、档案机构及其他文献机构的文献资源,都是构成这个系统的要素,各要素按一定的方式组成若干层次的子系统,然后由这些子系统组成全国文献资源整体系统,同时文献资源系统又是整个社会大系统的一个组成部分。

第二,文献资源系统内的各要素、各子系统间相互依存、相互制约,这种依存和制约的关系是通过大系统这个整体相联系的。

第三,整体的文献资源系统具有一定的特性和功能,这些特性和功能并非各要素、各子系统特性和功能的简单迭加,合理建立起来的文献资源系统,其整体功能应该大于各子系统功能的算术和。

第四,文献资源系统存在于社会大环境之中,并与环境进行物质、能量和信息交换。一方面,文献资源系统受到社会经济、政治、科学、文化、教育各种因素的影响和制约,另一方面,它又向社会提供文献信息,以其特有的作用促进社会的发展。文献资源系统的客观存在及其特征,正是我们运用系统理论和方法认识和解决文献资源共享问题的基础。

二、系统的整体性原则是文献资源共享基本的方法论依据

从系统论观点来看,文献资源共享的目的就在于充分发挥文献资源系统功能的放大作用,使大系统的功能大于子系统功能之和,这是系统的整体性原则决定的。

整体性原则是系统科学方法论的首要原则。系统的整体性有一个显著的特征,即系统在整体水平上的性质和功能不等于其组

---

① 钱学森等.组织管理的技术——系统工程.文汇报,1979.9. 27

成部分孤立状态时性质和功能的迭加。这种效应,就是系统的整体效应。整体效应是一切系统所普遍具有的,如计算器是由继电器开关组成的,却显示出与继电器开关截然不同的计算功能;细胞是由生物化学分子组成的,却具有根本不同于生物化学分子的生命本质。同样,一个国家文献资源整体系统的功能,并不等于各文献资源子系统功能的简单迭加。这是不难理解的。因为系统各个部分(子系统)有自己的功能,这些功能是整个系统功能的基础,但系统通过自身广义的内聚力即各个组成部分的相互作用,作为整体所显示的功能又大于各子系统功能之和。对于这种系统的整体性效应,马克思曾有过论述。他说,许多人协作、许多力量溶合为一个总的力量,造成一个"新的力量","这种力量和它的一个个力量的总和有本质的差别"①。

怎样才能充分发挥文献资源的整体效应呢?我们知道,系统之区别于各孤立部分之和,在于系统内部的各要素存在联系,而孤立部分是没有联系的。事物之间的联系,从本质上看,就是物质、能量和信息的交流。大系统中各子系统在物质、能量、信息的合理流通中,向着有利的方向发展,便促使系统的属性和功能的增加。因此,要充分发挥文献资源整体系统的功能,关键在于物质、能量、信息的合理流通。也就是各子系统即各级各类文献机构要统筹兼顾、密切联系、分工协调、资源共享,向整体化方向发展,这就是系统的整体性原则为文献资源共享所提供的重要的方法论依据。它的具体要求是:

第一,必须建立文献资源共享体系。一个国家的文献资源共享涉及到各类型文献机构,必须将这些机构组织起来,使之相互联系,建立文献资源共享体系,以充分发挥这个系统"整体大于部分之和"效应。着眼于整体效应,对我国文献资源共享有特别重要

---

① 恩格斯.反杜林论.北京:人民出版社,1970

的意义。长期以来,我国各类型文献部门——出版、发行、图书馆、情报机构、档案机构、政府信息部门等等——分别隶属于不同的行政主管部门,即使是同一类型的文献机构,如图书馆,也分属于不同的系统。各类文献机构各自为政、孤立规划、分散发展、彼此间缺乏协作与协调,致使我国文献资源体系整体功能不强,满足社会文献需求能力低。因此,运用系统理论来认识和解决文献资源共享问题首要目标是建立一个具有文献的出版、发行、搜集、整序、存贮、传递等基本功能的国家系统。组成这个系统的各文献机构,要密切联系、分工合作、协调发展,共同研究解决文献出版和供应渠道存在的问题,制定国家文献采访方针和国家收藏计划,建立国内书目报导体系、文献检索系统和馆际互借网络,并采用现代技术,实现管理自动化。合理建立起来的文献资源共享体系,其整体功能将大于各子系统功能之和,产生良好的整体效应。

第二,文献资源共享体系必须有明确的系统目标,并能保证系统总体的最优化。我国文献资源共享系统的整体目标,就是要尽可能全面地收藏国内外文献资料,最大限度地满足整个社会的文献信息需求。显然,在当今文献激增、需求复杂的情况下,任何一个文献机构都不可能实现这一目标。因此,必须对这一总目标进行分解,将比较复杂的整体大系统目标分解成若干相对简单的子系统目标,也就是说,要从整体目标出发,对全国的文献资源共建与共享进行统筹安排、科学规划。各文献机构要根据整体目标的要求与本部门的特点,承担相应的文献资源共建的任务,然后通过各单位在不同层次上的协调与合作,开展广泛的文献资源共享活动,使文献资源系统整体及各子系统,都能充分地发挥它们的功能,达到最佳的整体效应。

文献资源共享体系所追求的目标是系统整体的优化。因此,强调局部效应服从整体效应的原则是十分必要的。系统的整体效应和局部效应往往并不一致。有时局部效应较优,整体效应也较优,有时局部效应较优,整体效应却不一定优,有时局部效应不优,整体效应却可能优。这种情形,在文献资源共享中显然也是存在的,比如片面追求各子系统的"最优",搞"大而全"、"小而全",对某个文献机构来说,可能有局部的好处。然而,由此造成各单位文献的平行重复,却影响了文献资源共享的整体功能。因此,在文献资源共享中,必须特别强调系统的整体优化,强调局部效应服从整体效应的原则。

第三,文献资源共享体系的运行必须与社会环境相适应。系统与环境相适应,并保持一种良性的循环关系,是系统生存和发展的必要条件。文献资源体系是在社会大系统中运行的,因此,它必然受到社会政治、经济、科学、教育、文化等环境因素的影响和制约。如何从我国国情出发,确定我国文献资源共享的模式及实现途径,是关系到文献资源共享能否达到预期目的的关键。

与我国文献资源共享相关的国情主要有这样几个方面:①经济环境。国民经济的持续高速增长,既激发了社会对文献的需求,对文献资源共享形成强大的动力,同时也使国家有可能逐年增加对文献情报事业的投入。但我国财力仍然有限,不可能大幅度增加对文献情报事业的投资,同时,我国经济发展不平衡,各地区文献需求存在着明显的差别。②政治环境。党和政府对文献情报事业已相当重视,与文献资源共享有关的政策、法规与举措陆续出台。但文献资源共享的政策、法律环境还很不完善,管理体制改革亟待进行。③技术环境。近年来信息技术的快速发展,为文献资源共享创造了良好的发展机遇,但总的来看,我国地域辽阔,交通、通讯及电子计算机技术仍比较落后,文献信息的快速传递还存在一定困难。④文化环境。我国国民整体文化素质偏低,对文献资源的利用缺乏迫切、广泛的需求,对文献资源共享形成无形障碍。这些基本国情,决定了我国文献资源共享既要加快发展,又不能急于求成。一方面,文献资源共享的进行要和社会环境相适应,同时又要积极创造条件,改善社会环境,促进文献资源共享的健康发展,这也是系统整体性原则对文献资源共享的重要要求。

第三章　文献资源共享系统分析

文献资源共享是一项庞大而复杂的系统工程,它涉及到文献的生产、供应、采集、加工、贮存、开发利用等环节,即子系统。只有当各子系统相互联系、协调运行时,文献资源共享系统才能发挥其最佳的整体效益。本章将通过对文献资源系统各子系统的功能分析,探讨其协调运行的内在机制。

第一节　文献的生产与供应子系统

一、文献的生产与供应及其在文献资源共享中的地位

文献是人类精神生产的主要产品,文献生产,实质上就是人类精神生产。"作为精神生产的一种具体形式,它是人们创造知识(广义知识,即社会信息)并将知识记录为文献的形式,有时并在标准化、批量化的制作中转化为社会产品,以适应社会的精神需要的过程"[①]。这就是说,文献生产过程包含着两个阶段。第一阶段是"创造知识并将知识记录为文献形式"的阶段,即人们为了表达自己的精神创造而独立进行创作、著述,并将其精神成果外化(如

---

① 卿家康. 文献社会学. 武汉:武汉大学出版社,1994

撰写成手稿)的阶段。但仅仅经过这一阶段的外化的精神生产成果,还不是一种社会产品。于是就需要进行第二阶段的工作,即由社会精神生产组织运用社会化生产工具将前一阶段形成的精神成果"在标准化、批量化的制作中转化为社会产品"。只有经过第二阶段以后,终极的、正式的文献产品才得以形成,成为社会的精神财富。

文献生产过程的两个阶段前后相继、相互联系,但就文献资源共享的研究而言,更多地是注意第二阶段,即文献的社会化生产阶段。因为文献资源共享实际上是运用社会控制手段广泛利用文献资源的活动,而文献生产过程的第一阶段是"相对自由的个性化劳动","没有一般的社会生产程序,因而一般的社会可控性较弱"①。当然,文献资源共享也涉及到文献产品的质量问题,从这一点来看,它又是和文献生产过程的第一阶段有关的。

文献供应在这里是指以商品销售形式传递各种正式出版物的活动,在我国称之为文献发行,国外一般称为文献贸易。文献经过一个完整的生产过程形成为社会产品以后,一般都要作为商品投放市场,读者(个人、团体)或文献情报机构则通过各种文献发行渠道,以商品交换的形式获得文献。在商品经济条件下,文献发行是获得文献所有权的必不可少的环节。

在文献资源共享系统中,文献的生产与供应是一个重要的子系统。就文献生产而言,它是文献资源共享活动的物质基础。没有文献资源这一物质前提,也就无所谓共享。文献资源共享的广度和深度,首先取决于文献产品的数量。只有文献生产达到一定的规模,社会所需要的文献能源源不断地生产出来,而且品种多样,结构合理,文献资源共享才能在各个层次上广泛而深入地开展。资源共享的广度和深度,同时也取决于文献产品的质量,只有

---

① 卿家康.文献社会学.武汉:武汉大学出版社,1994

高质量的文献产品才有广泛传播、多次利用的价值,才有共享的意义。

文献供应作为文献产品的社会分配机制,也是文献资源共享的物质前提之一。如果说,文献生产解决的是文献产品"有没有"的问题,那么文献供应解决的则是文献产品"能不能得到"的问题。要解决这个问题,首先必须有足够的分布合理的文献发行网点。网点不足且分布不合理而产生的发行阻滞,是出现文献分配性匮乏的主要原因。其次,必须有高效、灵活的文献发行体制,有先进的文献发行技术手段,以保证文献供应渠道畅通,文献资源共享有充分的物质支持。

二、国内外文献生产与供应现状分析

1. 国外文献生产与供应状况

文献的生产与供应作为社会生产与服务大系统的组成部分,它的发展状况是与社会经济、科技、教育的发展密切相关的。近几十年来,尤其是 80 年代以来,世界出版业不断发展、繁荣,主要是基于下列背景:

——世界经济的快速增长。战后几十年来,尽管世界经济发展时有反复,但总的趋势是快速发展。从发达国家来看,1950 年—1990 年的 40 年中,美国经济增长了 3.1 倍,德、日经济分别增长 6.2 倍和 18.8 倍。发展中国家和地区的经济也有了较快的发展,1981—1989 年,发展中国家经济年增长率为 3.1%(中国达 9%以上),人均国民收入由 680 美元增长到 720 美元。冷战结束后,世界主战场由两个超级大国的对抗和军备竞赛转为全球性的以经济和科技实力为基础的综合国力的较量。因而无论是发达国家还是发展中国家,都越来越重视经济的发展。

——文化教育事业的发展。经济的增长,为文化教育事业提供了雄厚的物质基础,同时,经济发展的激烈竞争,又增加了发展文化教育事业的紧迫感。美国 80 年代初用于教育和培训的经费高达 2200 亿美元,占国民生产总值的 8.8%,以后又逐年追加。英、法、日、德等国的教育投资在国民生产总值的比重,在 70 年代都已达到 5%—9%。近年来,世界各国都十分重视劳动者文化素质的提高,把发展教育、培养人才作为增强科技竞争、经济竞争实力的重要手段。许多发展中国家也把优先发展教育视为强国富民之路。

——科学技术的进步。几十年来,科学技术以惊人的速度发展,特别是电子信息技术,作为新技术革命的先导,在带动着各产业发展的同时,也带来了产业结构的重大变化。信息产业得到快速发展,信息经济正在形成,电子信息技术在经济发展中的"倍增"作用日益明显。

正是在这样的背景中,世界出版业得到迅速发展。

(1)世界出版业规模不断扩大

根据原联邦德国绍尔公司出版的《国际出版社指南》统计,全世界的 152 个国家和地区共有各种类型出版社 126606 家。从 50 年代到 80 年代,全世界出版的图书,从 20 万种增加到 80 万种,平均每 10 年增加 20 万种,全世界的期刊,基本上是每 10 年翻一番,目前已有约 15 万种。

其中,发达国家出版业尤为发达。资料显示,1992 年世界主要发达国家的图书产量为:英国 86573 种,德国 67277 种,美国 49276 种,法国 45379 种,西班牙 41816 种,意大利 29351 种,俄罗斯 28716 种。一些新兴的发展中国家,出版业发展也出现良好势头,如韩国,1992 年出版社数量达 7390 家,出版图书达 27889 种。①

(2)现代科学技术给文献生产带来革命性的变化

①　1995 the Bowker Annual: Library and Book trade Almanac 40th ed. R. R. Bowker

近几十年来,以电子计算机为核心的信息技术,以强劲的势头向全世界各地区、全社会各领域渗透。在作为信息产业重要部门的书刊出版业,电子计算机技术的应用也日益广泛。在西方,电子计算机从 60 年代开始进入出版界,到 80 年代中后期,在出版业比较发达的欧美各国得到广泛应用,并迅速扩展到其他国家的出版业。据法兰西《图书周刊》1990 年初报道,全世界进入交流流通的电子出版物已达 800 部,类型包括缩微制品、计算机软件、盒式磁带、录像带、录像盘、数据光盘和激光光盘等,CD – ROM 用户中拥有终端设备的台数已达 20 余万台。电子出版业的兴起,使传统出版物的概念发生了很大的变化,除传统书刊和电子出版物外,立体书、有声书和兼有期刊、图书功能的"周刊书",也开始跻身于出版物行列。电子计算机的广泛应用,不仅使出版形式多样化,而且使整个出版业正在成为一个由高科技武装起来的系统工程,极大地提高了编辑出版效率。如美国威斯特出版公司,出一本法律汇编,由备稿到成品打包寄出需时仅 10 天。

现代科学技术给文献生产带来的变化,还体现在印刷技术的革新与进步。印刷告别了"铅与火"的时代,已经或正在被电子照相排版所代替。在美、德、日等出版业发达国家,电子分色机普及率已达 95% 以上,而美国早已普遍采用胶印、照相排版和电子技术。印刷技术的进步,大大促进了出版劳动生产率的提高。

(3)书刊销售呈现旺势

国外书刊发行渠道有各种不同的模式,但其基本宗旨都是:通过各种方式,以最快的速度使图书与读者见面,使流通渠道畅通无阻,尤其是在当今世界图书销售市场激烈竞争的环境中,各书刊发行机构更是不拘发行形式,力争以最好的服务吸引买主。许多国家通过联营组织、批购关系、合作出版、销售合同等形式,组成了庞大的国内、国际销售网,并建立了行之有效的推销制度和推销方式,如独立的推销员制度、薄利多销原则、各种图书展销会、广告宣传攻势、电传电话购书、登门推销、直接邮购等,发行方式的竞争愈演愈烈,书刊销售量呈现旺盛势头。

（4）国际文献贸易十分活跃

随着世界经济、科技、文化的不断交流和合作,出版贸易已经成为世界贸易中不可缺少的组成部分。世界的出版大国美国,也是文献进出口大国。1994 年美国图书出口额由 1975 年的 2.69 亿美元增加到 16.97 亿美元,进口额为 10.92 亿美元[1]。出版业历来依赖国外市场的英国,二战以后,图书出口额以每 10 年增加 2 倍左右的速度增长。1985 年,英国图书出口销售额达销售的 32.8%。日本由于语言等方面的原因,对外文献贸易以进口为主,1986 年以后,每年进口书刊均超过 1 亿美元,现在也在致力于开拓海外市场。第三世界的出版贸易也日趋活跃,如印度书刊出口 80 多个国家和地区,目前已成为向东南亚和非洲出口英文图书的主要国家之一。巴西、阿根廷、埃及等国,在第三世界出版贸易中也占有重要地位。国际间的出版交流与合作,为出版业的发展开辟了广阔的市场。

国外的出版发行业在繁荣发展的同时,也面临着诸多矛盾与问题。

第一,发展中国家与发达国家出版业规模、水平相差悬殊。

与发展中国家和发达国家在经济、文化发展程度的差距相对应,发展中国家与发达国家在出版业的发展规模、水平上的差距也很大。由于发展中国家长期以来经济、文化、科学技术落后,出版业的发展也严重滞后,有的国家国内缺少完善的出版、发行系统,使文献的生产与供应遇到很大困难。据联合国教科文组织统计,1983 年,世界图书产量为 772000 种,其中发达国家为 581000 种,占世界总量的 75%,发展中国家为 191000 种,占 25%。1983 年每

---

① 1995 the Bowler Annuol: Library and Book trade Almanac 40th ed. R. R. Bowker

百万人口图书产量（种），全世界平均为 165 种，发达国家为 437 种，发展中国家为 55 种，其中非洲仅 25 种。非洲各国年出书量仅相当于欧洲的 3.1%，占世界总量的 1.7%。即使是文化教育及出版事业比较发达的非洲大国尼日利亚，人口过亿，但全国年出书仅 500 种左右。发展中国家与发达国家在文献生产与供应方面的巨大差距，一方面说明了文献资源共享的必要性，但同时也给文献资源共享带来了巨大的困难。

第二，少数出版巨头垄断世界图书市场，推动出版物价格猛涨。

80 年代，随着世界出版业的发展，出版市场也出现了出版商之间的大肆兼并，一些出版商因此而迅速膨胀，成为图书出版市场的垄断巨头，垄断了世界大部分图书出版市场。如英国的出版巨商罗伯特·马克斯韦尔从 80 年代初开始，先后吞并麦克唐纳出版社、霍利斯集团、比罗普斯盖尔信托公司（后售出）、菲利普·希尔投资公司、镜报集团、麦克米伦出版公司等国际性大公司。法国的阿歇特出版公司先后出资 4.48 亿美元和 7.18 亿美元，兼并美国两家出版公司。目前，世界上已有 7 家出版公司的年度营业额在 30 亿美元以上，其中雄居首位的时代沃纳公司（美国）和排名第二的贝特尔斯曼公司（德国）的年度营业额分别为 76.4 亿美元和 66 亿美元。排名第四的新闻有限公司（澳），其年度营业额为 47 亿美元，控制着澳大利亚出版、电视市场的 60%，控制着英国出版、电视市场的 33%，拥有美国哈珀罗出版公司 50% 的股份，它的目标是建立一个"全球型出版王国"。

图书出版垄断市场和垄断巨头的形成，使"书刊出版商有使价格不公平的足够垄断力量"，出版巨头追求的"出版利润就成了书刊价格上涨升级背后的推动力"①。世界图书市场的不正当竞争和垄断行为,拉大了发展中国家和发达国家在文献生产与供应方面的差距,书刊价格上涨,加剧了世界性的图书馆经济危机,给文献资源共享带来十分不利的影响。

2. 我国的文献生产与供应状况

40 多年来,随着我国经济和科学、教育、文化事业的发展,我国的出版发行业也有了较大的发展。特别是中共十一届三中全会以来,我国进入改革开放国民经济高速发展的新时期。1995 年我国国内生产总值达 53045 亿元。"八五"期间累计国内生产总值达 179612 亿元,年均增长速度为 11.7%,在经济总量上提前完成了比 1980 年翻两番的战略任务。随着经济的发展,国家对科学、教育、文化事业的投资也有了较大的增长,这些,为我国出版业的发展提供了良好的基础。

70 年代末以来,我国出版发行事业的发展体现在:

(1)书刊出版蔚为大观

我国的出版社,已从 1978 年的 105 家增加到 1995 年的 563 家,全国图书出版数以较快的速度逐年增长(见表 3 - 1)。

表 3 - 1 1978 年—1995 年我国出版图书种数

年份	1978	1980	1982	1984	1986	1988	1990	1992	1993	1994	1995
出书种数	14987	21621	31784	40072	51789	65961	80224	92910	97606	104700	103000

出书品种和发行册数均已名列世界前茅。出版物的品种构成,已涉及到哲学、社会科学、自然科学、工程技术和文学艺术各个学科门类、不同学术观点和流派的大量著述和译作,以及更大数量

---

① Dougherty, R. M. and Johnson, B. L. Periodical Price Escalation:A Library Response. Library journal, 1988. 113(9) 27～29

的普及读物。我国的期刊和报纸的出版也发展迅速,数量庞大(见表3-2)。

表3-2　我国期刊报纸的出版情况

类别	单位	年份			1984 比 1979 增长(%)	1994 比 1984 增长(%)
		1979	1984	1994		
报纸	种类(种)	69	458	97.2	564	112
	总印数(亿份)	130.82	180.76	186.70	38	3.2
杂志	种类(种)	1470	3904	7175	166	83.7
	总印数(亿份)	11.84	21.82	22.50	84.3	3.1

资料来源:中国统计摘要(1995)

我国文献出版数量的迅速增长,为我国文献资源共享提供了丰富的物质基础。

(2)印刷技术的进步,提高了出版劳动生产率

印刷是文献生产中的重要环节。改革开放以来,我国印刷行业逐步改变了设备陈旧、技术落后的状况,印刷能力大为增强。据统计,我国现有各类印刷厂6万多家,其中主要从事书报刊印刷的企业4500多家,年排字590亿字,印刷5800多万令,彩色胶印(平版)印刷6300多万色令。在印刷技术方面,汉字激光照排技术取得重大突破,且已大量推广应用,它使书刊排字能力提高40%,书刊印刷和装订能力也相应增长。全国已有激光照排系统1000多套,激光照排和胶印书量占书刊排版及书刊印刷总量的比重,已由1985年的12%分别上升到30%和40%,报纸照排胶印已上升到65%,电子分色图像制版已达图像制版量的60%以上。编印工艺的革新与进步,极大地促进了出版劳动生产率的提高,为我国出版业的大发展提供了坚实的技术基础。

(3)多渠道的图书发行活跃了图书市场

80年代以来,我国的图书发行体制进行了一系列改革,现在已初步形成了以国营书店为主体,多种经济成分、多种流通渠道、

多种购销形式、少流转环节的图书发行体制,至 1994 年,全国各种经济形式的图书发行网点已达 99233 处,全行业销售图书 62.24 亿册,销售金额达 134.55 亿元。丰富多彩的图书交易市场蓬勃兴起,各种书市、图书展销会、看样订货会异常活跃。图书发行体制改革使图书的生产经营活动由主要依据计划转向主要依据市场,产销关系发生了明显的变化,图书流转加快,提高了图书的有效供给率,促进了出版繁荣。

我国的文献生产和供应在取得巨大成绩的同时,也存在许多不容忽视的问题:

1. 出版物品种结构不尽合理

衡量一个国家的文献生产状况,不仅要看它的出版物数量,而且要看出版物品种的构成状况。因为不同品种的出版物,如通俗读物和学术著作,所包含信息的量和质都是不同的。我国出版的图书品种结构存在不合理的现象。1978 年以来,我国各类图书以文教类增长最快,以 1994 年的销售册数为例,文教类占 29.6%(中小学课本占 53.3% 不在内)、社科类占 2.4%,科技类占 3.3%,工艺类占 4.4%。可以看出,文教类(不包括学校课本)图书的销售额远远超过其他三大类的总和,这一结构不能认为是合理的。我们可以比较美国的情况。美国出版商协会分 23 类对图书种数进行统计,下表是 1988 年美国出版的 55483 种图书中占比重最大的前十类图书。

表 3-3　1988 年美国出版图书品种结构

类别	1.经济学社会学	2.小说	3.儿童读物	4.医学	5.科学	6.历史	7.宗教	8.技术	9.综合	10.文学
百分比%	15	10	9	7	6.7	5.9	4.9	4.8	4.5	4.8

资料来源:林穗芳. 关于加速我国图书出版业现代化问题. 中国出版,1993. 11

除综合类外,经济学、社会学和科技类(1,4,5,8)占33.7%,其他(2,3,6,7,10)占33.9%,两者比例大体相当。还需说明的是,美国政府出版物每年有几万种,相当大一部分是科技图书,不在上述统计数字之内。

我国的期刊品种结构也不尽合理,存在着同一层次重复办刊,内容雷同的刊物并存等现象。例如化工类期刊仅省级以上就有70余种,中学生数学一类刊有近30种,图书馆学情报学类期刊竟达98种。这种重复办刊,造成了人、财、物的浪费,也导致期刊质量下降。

出版物品种结构的不合理,原因是多方面的,但主要原因是近年来出版部门受经济效益的驱动,对印数少、成本高的学术著作(包括学术期刊)不愿出版,而不惜打破原来专业分工,竞相出版那些以学生为对象的印数大的通俗作品和辅导读物(如考试复习题之类),以及媚俗的"热门书"、"畅销书",甚至是迎合某些读者不健康心理的庸俗读物。这种状况,已引起了社会各方面人士的担忧和关注。

2. 出版物质量不高

出版物的质量,包括了出版物的选题质量、书稿的政治质量及学术质量、编辑加工质量、校对质量、装帧设计水平和印刷装订质量等方面,从"资源共享"的角度来讨论这个问题,则主要是指出版物的学术质量。勿庸讳言,目前的出版物中有不少劣质产品,且不说那些内容粗俗、胡编乱造的"地摊读物",就是不少所谓"学术著作",也存在内容雷同、相互抄袭、东拼西凑、谬误迭出的现象。我国的期刊也存在质量不高的问题,1992年,我国正式出版的期刊6700种,而被世界权威检索系统所选用的期刊仅380种,占我国期刊总数的17.6%。从科技论文收录来看,目前国际公认的四种权威检索工具《SCI》(科学引文索引)、《ISTP》(科学技术会议录)、《ISR》(科学评论索引)和《EI》(工程索引)近年来收录我国

105

科技人员在国内外期刊上发表科技论文的情况是:1993年20178篇,占世界科技论文总数的1.82%,1994年为24584篇,占2.08%。这个比例是较低的。这其中虽然有一些技术性问题,但主要还是因为论文质量不高,信息含量不大,这是不容忽视的。

3. 文献出版(或发表)周期太长

有资料显示,80年代中期,我国图书从发排到出书,全国平均长达200天左右,北京、上海地区更长达一年到一年半。而学术著作尤甚,如科学出版社出书周期平均为419天,有的甚至长达900天。这种情况,近几年尚无多大改观。科技论文发表周期也过长,平均为14.1月,而国外科技期刊为7—12个月。首届全国优秀科技期刊评比中的统计显示,参评学术类期刊中的绝大多数,其发表周期超过300天,一部分期刊甚至长达500天以上。文献出版或发表滞后时间过长,降低了文献的信息、知识价值,十分不利于国际间科技信息的激烈竞争,不利于学术交流和信息资源的共享。

4. 图书发行网点仍然不足,发行体制仍未理顺,卖书难与买书难现象依然存在

1993年我国图书发行网点总计99233处,平均每个售书点为12312人服务,国外的一个图书发行网点平均服务人数是:日本1.6千人,前苏联2.1千人,法国3.2千人,美国6千人。相比之下,我国的图书发行网点偏少,而且近年来还有所下降。近年来的图书发行体制改革,打破了国有新华书店独家统购包销的单一模式,但新华书店的主渠道地位没有受到应有的保护。多渠道图书发行虽然活跃了图书市场,但往往是对有利可图的大宗书、畅销书,纷纷争抢,而对那些无利可图的图书,尤其是学术专著,则无人问津。新华书店陷入销售下降、库存上升、订货萎缩的困境,卖书难与买书难的矛盾依然没有很好地解决。

5. 文献进口缺乏协调

进口国外文献是改善我国文献供应状况,建设我国丰富的文

献资源的重要途径。长期以来,书刊进出口业务由中国图书进出口公司独家经营。近几年来,一批经营图书进出口业务的企业相继建立,但彼此之间竞争激烈而又缺乏协调,一方面进口的书刊重复,而一些重要的、有价值的书刊又没有引进。国外文献供应状况亟待改善。

三、以文献资源共享为目标取向的文献生产与供应系统优化

优化文献生产与供应系统是一个大课题,其目标取向也是多向的,既可以是政治的,也可以是经济的、文化的。这里主要讨论以文献资源共享为目标取向的文献生产与供应系统的优化问题。

1. 把书刊出版、发行业纳入信息产业的整体发展战略,加快其发展

出版物是商品,出版、发行业属于信息产业,这在世界上市场经济发达国家的产业划分中早已定位。近年来,我们对此问题亦逐步形成共识。中共中央、国务院关于加快发展第三产业的决定中也明确地将出版业划为第三产业。将出版、发行业纳入信息产业的整体发展战略,要求第一是要逐步建立起适应社会主义市场经济的出版发行管理体制与运行机制,理顺政府、主管主办部门与出版发行单位的关系,使出版发行单位成为自主经营、自我约束的经济实体,按市场经济的法则加强经营管理,参与市场竞争。同时要把出版管理部门对出版发行的宏观管理与出版发行单位的市场取向有机地结合起来,实现出版资源最佳配置。第二是国家对出版发行业要实行扶植政策,在税收、财政、邮政、工商、进出口等方面给予优惠,使出版发行业在相对宽松的经济条件下运行。通过政策机制鼓励出版部门多出书、出好书、卖好书。第三是要加快培育统一的开放的图书市场,扶植、建立在社会主义图书市场上起主导作用的大型出版集团,参与世界出版业的竞争,使我国出版业成为第三产业中的重要产业,在出版物数量、品种、质量等方面都成

为名副其实的出版大国，为实现全国的文献资源共享和参与国际文献资源共享提供雄厚的物质基础。

2. 优化出版物品种结构，提高出版物质量

优化出版物品种结构，重点是要解决学术著作出版难问题。学术著作是科学研究的重要基础，是传播信息、知识的重要媒介，是培养高水平专业人才的重要工具，是加强我国与各国学术界、科技界联系与交流的重要渠道。学术著作的总体数量和水平反映着一个国家的科学技术水平和实力，是衡量国家综合国力的标志之一。世界上各发达国家无不重视学术著作出版。如日本在二战后复兴国家时期，把促进科技发展置于头等重要的地位，抓紧科技出版，当时许多出版社在纸张、印刷力十分短缺的条件下，一拿到科学书稿就立即出版。日本在总结战后科学技术在很短时间内得到恢复的经验时，充分肯定了出版学术著作的功绩。从文献资源共享的角度来看，人们需要共享的也主要是学术著作（论文）中所包含的知识与信息。

因此，优化出版物品种结构，缓解学术著作出版难问题，应该成为文献资源共享这一系统工程在文献生产环节所要解决的重要问题。解决这个问题，首先是国家和社会要建立起学术著作、学术期刊出版的保障机制，通过减免税收、贴补、建立学术著作出版基金等方式，保证优秀学术著作的出版。其次是出版部门要有远见卓识。君不见，大凡世界上著名的出版社无不以出版最新、最权威的学术著作相标榜而树立其国际声誉。出版优秀的学术著作，既是功被学林的善举，又是树立形象、提高声誉、争取长远社会效益与经济效益的良策，出版社应当作出明智的选择。

文献资源共享需要有高质量的文献产品。这就要求出版社、期刊编辑部要牢固树立文献产品质量意识，从调查研究、制定选题、选择作者、组织稿源、审稿、加工、装帧设计到发排校对、检查样书等各个环节，都要严把质量关，杜绝内容质量低劣、粗制滥造的

"著作"、"论文"出版和发表。

3. 建设充满活力的图书流通体系

通畅的文献供应渠道,是文献资源共享的重要保证。为此,要深化图书发行体制改革,一方面要按照市场经济的要求,引入竞争机制,发挥市场的作用,形成开放的、多渠道的、可以与国际接轨的图书市场流通体系。另一方面又要运用必要的行政、经济、法律手段,建立图书流通的社会效益保证系统,对一些流通渠道实行区别于纯市场导向的保护、扶植政策,以保证读者面窄、市场很小的学术著作、专业图书发行渠道的畅通,实现图书发行的社会效益目标。

4. 加速文献出版、印刷、发行的现代化建设

随着以电子计算机为核心的信息技术的广泛应用和日臻完善,文献的出版、印刷、发行的电子化、现代化已势在必行。电子计算机带来的图书出版过程一体化、印刷技术光电化、图书发行自动化,将大大缩短文献的出版周期,减少出版差错的可能性,降低出版、印刷、发行成本,提高文献生产与供应系统的效率,这对文献资源共享的实现无疑具有重要意义。

第二节　文献收集子系统

在文献资源共享这一系统工程中,文献收集是十分重要的环节。文献产品通过各种供应渠道进入社会,作为商品,一部分为社会读者所购买,成为读者个人藏书。在一般情况下,这部分文献不可能再被社会所共同利用。而一部分文献则进入了各种类型的文献情报机构,这些文献一经收集到文献情报机构,就意味着开始了有组织地、重复多次地、持久地和广泛地交流,并且可以通过一定的社会控制手段,使之成为可供全社会共享的信息资源。从文献

情报机构来看,只有通过文献收集活动,形成一定量的文献积累,才有可能实现文献资源共享。

一、完备性:资源共享对文献收集的基本要求

文献资源共享的基本前提是各类型文献情报机构必须拥有可供共享的足够的文献,因此文献资源共享对文献收集的基本要求是文献收集的完备性。所谓完备性,从绝对意义上讲,是指文献收集要覆盖全世界出版的所有文献。很显然,这是任何一所图书馆,乃至任何国家都不可能做到的。因此,完备性只是相对意义上的。对一个国家的文献资源整体而言,这种相对完备性首先是要求各国对本国的出版物应能保证全面、无遗漏的入藏,应能满足本国及国外读者对本国出版物的需求,这是在本国和国际间实现文献资源共享的出发点。对于外国出版物,相对完备性的含义是指什么呢? 前苏联图书馆学家捷廖申的研究值得我们借鉴。捷廖申在探讨藏书的完备性时认为,藏书的完备性,一是指文献的完备性,二是指情报的完备性。这二者并不相等,并非每篇文献都含有有价值的情报,即文献多于情报,图书馆收藏的应是文献里含有的情报,而不是文献本身。研究认为,含有有价值情报的文献约占文献总数的 25%,因此,图书馆只要收藏这 25% 的文献,就可以基本保证情报的完备性,满足 90% 以上的需求①。捷廖申的这一研究结果,可以作为我们考察对外国出版物收集完备程度的参考。

二、出版物缴送制度是国内出版物完备收集的保证

出版物缴送制度是全面、完整、系统地收集本国出版物的重要措施,是编印国家书目、发行统一编目卡片、编印回溯性书目的基

---

① (前苏)捷廖申著;胡世炎译.图书馆藏书完备性的理论及其实现途径.高校图书馆工作,1984(4)

础,是开展馆际互借、国际互借,使国家图书馆更好地履行资源共享与文化交流职能的重要条件。

出版物缴送制度最早起源于法国,已有四百多年的历史。现在世界上大多数国家都实行了这一制度。但由于各国的情况不同,制定的呈缴制度在缴送出版物的范围、负责缴送者、接受缴送者、缴送数量、期限、约束程度等等方面的规定各不相同。如法国,缴送制度不仅历史悠久,而且要求缴送的范围广泛,数量大,时间要求短,并设有专门机构负责处理缴送本;英国的缴送制度规定出版商不仅要向不列颠图书馆缴送全部样本,还要向其他几个图书馆缴送部分样本,并且英国的缴送制度不仅规定在版权法中,也规定在图书馆法中;美国的缴送制度有一特点是将呈缴出版物与版权登记挂钩,不缴送者不予进行版权登记,实际上是不予版权保护。各国的缴送制度虽不尽相同,但它们的核心问题都是按一定的法律或行政规定,以缴送的方式收集本国所有的出版物。

我国的出版物呈缴制度比发达国家要晚近 400 年。新中国成立前,1916 年、1927 年和 1930 年,有关当局曾先后颁布、修订图书呈缴条例。新中国成立后,人民政府很重视图书呈缴制度,由政府有关部门先后于 1952 年、1953 年、1955 年、1956 年、1979 年、1991年制订或修订了出版物呈缴条例,使出版物呈缴制度不断趋于完善。其中 1991 年由国家新闻出版署发布的《重申〈关于征集图书、杂志、报纸样本办法〉的通知》是对 1979 年颁布《办法》的补充,主要是扩大了缴送出版物的范围,即增加了音像制品;规定了缴送出版物的期限;制定了对不执行缴送制度者的处罚办法。

我国出版物缴送制度的制订,从根本上保证了版本图书馆对我国出版物的入藏与保存,保证了北京图书馆对我国出版物的全面入藏和提供国内外读者借阅使用。但是,我国出版物缴送范围还仅限于出版社正式出版物,不含机关团体、厂矿、高校的出版物。因而从这个意义上来说,它仍不能保证对我国所有出版物的全面

收集。更重要的是,出版物呈缴制度建立后,并没有得到认真执行,且看:

中国版本图书馆馆长许绵通过新闻媒介呼吁:图书、杂志、报纸样本要及时缴送。他说:"近几年来,一些出版单位特别是一些新建单位不了解版本图书馆的作用,不认真缴送样本,有的出版社公开提出不报缴或不缴。有些出版社敷衍了事,送些残次品或一些价格便宜的小册子、小人书之类,价格较高的精装本,怎么也不肯送。……致使 1991 年版本图书馆只收到 6 万种样本,而全国实际上出书在 7 万种以上。"①(1991 年全国出版图书 89615 种——笔者注)可见,向版本图书馆呈缴出版物的情况是不能令人满意的。

向北京图书馆漏缴的现象也很严重。1992 年底,全国有正式注册的出版社 519 家,如果新成立的 15 家暂不统计,把其余 504 家出版社中图书缴送登到率占 80% 的作为好、占 60% 的作为中、占 30% 以下的作为差,那么好、中、差的比例分别为 40.7%、23.6% 和 35.7%。②

上述情况表明,目前我国出版物缴送的现状是令人担忧的,造成这种状况原因很多,但归根到底是因为缴送制度在我国还缺乏法律保证。现行的缴送条例还只是一种行政法令,缺乏法律约束力。为此,国家立法机关应考虑将出版物呈缴制度上升到法律高度,以法律形式出现,或者制定专门的呈缴本法,或者将呈缴制度写进"出版法",以保证出版物缴送制度的顺利实施。

三、文献交换是文献收集和资源共享的重要方式

文献交换是图书情报单位进行文献收集的一种重要方式。图

---

① 光明日报,1992.2.28
② 崔彤.图书呈缴制度及其在我国的实施.北京图书馆刊,1993(3—4)

书馆之间很早就借助交换关系来充实馆藏。文献交换就其范围来看,有国内交换和国际交换,其中国际交换具有更重要的意义。因为通过国际交换可以使图书情报单位收集到从别的途径无法获得的文献资料,如各种非卖品文献、无法用外汇购买的国外文献以及往年的出版物等,从而提高了图书情报机构文献收集的完备程度,而且,国际交换可以不受外汇限制,节约经费、节约时间,为图书情报机构提供了一条快速经济针对性强的非商业性文献收集渠道。因此,国际交换在图书情报机构的文献收集工作中具有不容忽视的地位,以下数据可证实这一点:

美国国会图书馆 1976 年通过国际交换获得的图书资料达489893 件;英国图书馆 1978 年通过国际交换获得的图书资料达440345 件[①]。

日本国立国会图书馆 1974—1983 年间通过国际交换来的图书平均每年为 22521 册,占同期该馆外版书每年平均进书量56000 册的 40% 。期刊为 3740 种,占每年平均进刊种数 13305 种的 30%[②]。

据 1992 年统计,我国的北京图书馆已于 106 个国家和地区的1292 个单位建立了稳定的图书资料交换关系[③]。

许多国家对出版物国际交换十分重视,成立了专门的机构负责这项工作。国际上著名的出版物交换中心有美国的期刊和图书交换服务中心(USBE)和英国图书馆外借部的赠送交换组(原来的不列颠国家图书中心 BNBC)。USBE 现有会员 2000 余个,已发展成为一个世界各国图书馆的复本交换中心。中心由一个董事会

① 姜炳炘编译.国际图书馆资源共享计划由来和发展.见:国际图书馆协会联合参考资料.北京图书馆图书馆学研究部.1982

② (日)明尾界.日本的国际出版物交换.IFLA 第 51—53 届大会论文选译.北京:书目文献出版,1991

③ 黄宗忠.论我国国家图书馆.图书情报知识,1993(1)

管理,董事会成员由学术研究图书馆协会、史密森学会、美国国会图书馆的代表组成。通过该中心的服务,图书馆就不必花时间去建立交换关系,他们可以把不需要的复本寄往中心交换所需要的资料,而且只需支付自己获得资料的手续费和转运费。中心定期将库存的目录寄给参加这个复本交换中心的成员馆,以便他们挑选。中心的期刊来自世界各国,内容包罗万象,且从创刊号到最新一期都有,并且还有一批绝版书或各学科专著。国际间还就出版物交换签订了不少多边或双边协议协约,如布鲁塞尔协约(1886年)、墨西哥协约(1902年)、布宜诺斯艾利斯协约(1936年)以及1958年问世的联合国教科文组织关于国际出版物交换的协约和关于国与国之间官方出版物和政府文献交换的协约等。联合国教科文组织长期以来一直关注着国际出版物交换事业,它出版的介绍国际交换的手册,对那些准备建立国际交换的图书馆,有着难以估量的价值,它介绍了不同的交换形式,并阐述交换双方的职责,以四种文字同时出版,以方便世界各国图书馆使用。

文献交换不限于在国家图书馆之间进行,不少科学专业图书馆、高等学校图书馆、大型公共图书馆都和国外建立了书刊交换关系。如中国科学院文献情报中心,目前已同60个国家和地区的6000多个学术机构建立了书刊交换关系。武汉大学图书馆通过国际交换,每年能收集到外文图书一千余册,期刊100多种,占整个订购品种的五分之一,成为补充馆藏的重要渠道。

应该指出的是文献交换不仅是文献收集的重要方式,而且它本身就是一种文献资源共享的活动。文献情报单位之间互相交换各自的书刊,以互通有无、调剂余缺、丰富馆藏,这正是资源共享的一种表现形式。正如英国图书馆于1948年颁布的"图书馆法规"所指出的:"应大力促进各国图书馆在各个知识领域中进行广泛的合作,以利于科学文化知识的交流和传播……出版物的国际交换是进行文化交流和促进国际合作不可缺少的方式之一,它可以在最大范围内使各国出版物为世界各国读者所利用。"①

文献的国际交换也存在不少困难和问题。有经济方面的因素，目前不少国家，由于通货膨胀、书价上涨、图书情报机构经费不足等因素而影响到国际交换工作的开展。有政策方面的因素，几乎所有国家对涉及本国政治、经济、军事、科技秘密的文献都禁止或限制其出口，这是不可避免的。此外，各国文献的国际交换立法还很不普遍。国际图联一次关于各国出版物交换的法规及其执行情况的调查表明，向122个国家交换中心发出的信件，只有20个交换中心作出了反应，其中仅有6个国家的图书馆制定了出版物交换的国家条例。这些困难和问题表明，文献交换虽然是文献收集的一种重要方式，并且在保证文献收集的完备性方面起到一定作用，但它毕竟只是一种辅助性的方式。

四、从资源共享看文献采访

文献采访通常被认为是一个广义的概念，包括文献的订购、采购、交换、受赠和征集等，这里对它作比较狭义的理解，主要指文献的订购和采购。

前面论及的出版物呈缴制度，虽然能保证一个国家对国内出版物的全面收集，但接受呈缴的毕竟只有国家图书馆等单位。文献交换对文献收集来说，也只是起辅助作用。因而文献收集最常见的方式和经常性的渠道是文献采访。在商品经济条件下，各类型文献情报机构（除版本图书馆外）主要是通过购买的方式实现对文献资料的拥有。

作为文献收集的基本方式，文献采访的目标是多向的。但从文献资源共享的角度来看，文献采访的主要目标是文献收集的完

---

① 姜炳炘编译.国际图书馆资源共享计划由来和发展.见:国际图书馆协会联合参考资料.北京图书馆.图书馆学研究部,1982

备性。诚然,就一个具体的图书情报机构来说,是不可能全面完整地收集所有文献的。但是,一个图书情报机构在其选定的某些专业、某些学科范围内,尽可能地提高文献收集的完备程度,是可能而且应该做到的。只有每个图书情报单位都在若干个学科、专业领域有比较完备的文献收藏,才有可能形成全国完备的文献资源体系(当然,这里存在着如何协调的问题,这将在后面论及)。因此,各图书情报机构根据本单位所担负的服务任务、原有文献收集基础、资金设备条件及藏书协调情况等,确定某些学科、专业,努力提高其文献收集的完备程度,是文献资源共享对文献采访的基本要求。

然而,近年来文献采访工作出现了严重危机,给文献收集的完备性带来十分不利的影响。这一危机的集中体现就是世界性的书刊价格持续大幅度上涨和图书情报机构经费的严重短缺。

近十几年来,世界各国书刊价格出现持续大幅度上涨。据美国学者 K. Marks 的一项长期研究,世界各国的科学出版物价格从1968 年到 1980 年基本上没有很大变化,但到 1980 年以后,美国、加拿大、英国、法国、澳大利亚、荷兰、瑞士、德国、日本、奥地利等国的科学出版物价格开始猛涨。以美国为例,1977 年以后美国的书刊价格变化情况如下表:

表 3-4 1977—1995 年美国书刊价格变化情况

平 均 价 年 份	期刊	连续出版物	硬皮书	纸皮书
1977	\$ 24.59	\$ 142.27	\$ 19.22	\$ 5.3
1993	123.55	466.57	35.00	20.56
1994	135.37	489.76	42.96	20.05
1995	149.46	522.01		

(资料来源:1995 The Bowker Annual: Literary and Book Trade Almanac 40th ed. R. R. Bowker)

欧洲国家的出版物价格上涨幅度也很大,如英国的学术图书平均价格 1985 年为 19.07 英镑,1994 年达 35.44 英镑①。

我国的书刊价格近年来也呈急剧上涨趋势。据新闻出版署公布的统计数字,1990 年我国书籍平均每印张为 0.33 元,1995 年为 0.77 元,而据 1996 年的随机抽样调查,平均每印张达 1.4 元②。全国公共图书馆购书平均每册单价,1985 年为 3.1 元,1990 年为 9.5 元,1995 年达 30.4 元,十年上涨近 10 倍③。我国期刊的平均价格,1984 年为每种 3.97 元,1994 年达 21.38 元。

书刊价格在急剧上涨,而图书情报机构的经费却相对短缺,尤其是购书经费严重不足。由于受经济衰退的影响,各国对图书情报事业的投资出现减缓势头。如美国,1991 年美国政府缩减了对大学图书馆计划拨款的 70%,经费预算从 1.36 亿美元减少至 0.39 亿美元,同时,美国大学图书馆的经费已从 80 年代初占大学教育总预算的 3% 下降到目前的 2.6%。至于许多发展中国家,由于经济恶化,外债增长等原因,用于发展图书馆事业的经费就更是微乎其微了。

与国外情况不同的是,近十几年来,随着我国经济的快速增长,国家用于图书馆事业的经费也有较大增长,增速甚至超过了国民生产总值和国家财政收入的增长速度,如公共图书馆系统,1978 年,国家对县以上公共图书馆的投资为 5487 万元,1984 年为 11849 万元,1988 年为 23021 万元,1991 年为 34388 万元,1995 年达 65829 万元,相当于 1978 年的 12 倍。高校图书馆 1978 年国家投入图书购置费 5216 万元,1987 年为 14708 万元,1992 年为 19500 万元,相当于 1978 年的 3.7 倍。然而,国家对图书馆事业

① Lee Ketcham. "1996 Periodical Price Survey". Library Journal, Apr. 15,1996
② 光明日报,1996.9.15
③ 中国文化报,1996.8.25

117

投资的增长幅度仍赶不上书价上涨的幅度,而且,由于事业规模扩大,人员费用增加,购书费在总支出中的比重逐年下降,如公共图书馆系统,1980 年购书费占总支出的 41.4%,1985 年为 31.1%,1990 年为 28.9%,1995 年为 25.5%。因而,购书经费严重短缺,1995 年公共图书馆经费 65829 万元,其中购书费仅 16788 万元,全国人均购书费仅 0.14 元。1992 年,全国有 1347 个公共图书馆购书订刊费不足 5000 元,344 个馆全年无购书费。

书刊价格的持续大幅度上涨和图书情报单位购书经费的短缺,带来的严重后果是图书情报机构新书入藏量逐年减少,文献收集的完备性、系统性受到严重影响。

先看新书的入藏情况,我国公共图书馆从 1985—1988 年的四年中,入藏新书减少 500 万册,每年平均减少 125 万册。进入 90年代,新书入藏量仍逐年下降:1990 年为 895 万册,1991 年为 771万册,1992 年为 740 万册,1993 年为 625 万册,1995 年降至 551 万册。1995 年与 1985 年相比,入藏图书量下降近 60%。全国普通高校图书馆 1986 年入藏图书 3107 万册,1991 年入藏 1024 万册,入藏量下降 67%。就一个图书馆的情况来看也是如此,据笔者对武汉大学图书馆的调查,1982 年入藏新书 12 万册,1987 年为 8.3万册,1992 年为 19348 册,1995 年为 14325 册,外文原版刊 1991年订有 656 种、1992 年为 558 种、1993 年为 479 种。另外如华中理工大学图书馆,1986 年订外文原版刊 817 种,1994 年下降为235 种;清华大学 1993 年只订原版刊 505 种;南开大学 1986 年订1500 余种,1994 年削减为 400 多种。据教图公司统计,各高校订购外文期刊量从 1991 年以来,逐年下降,1994 年的订刊量为 1990年的 37.46%。科学院系统图书馆的情况也大致如此,如中科院系统 1985 年订购外文原版期刊 15698 种,1990 年降至 8765 种。中科院文献情报中心 1984 年订购外文原版刊 4969 种,1994 年减至 1140 种。从目前情况来看,文献入藏的下降趋势还很难得到有效的遏制。

文献入藏量的普遍下降,必然影响文献收集的相对完备性。全国文献资源调查结果表明,全部266个学科和专题领域的研究级文献,只有27.4%达到完备水平,47.4%达到基本完备,两者之和也仅为74.8%,另外25.2%的学科专题领域的文献处于极其薄弱甚至空白状态。外国文献引进的明显不足,是影响文献资源完备性的重要因素。还是在1986年,全世界出版图书80余万种,我国引进10万种,约占13%。出版报刊10万种,我国引进2.6万种,约占26%,出版科技报告、专利、标准等2300万件,我国引进50万件,约占2.2%,而在1986年以后,我国引进的外国文献数量在逐年下滑。即使在我国文献资源富集的北京地区,收集占全国40%—50%的外文文献,但其订购的外文期刊仅占国外公认有价值期刊的30%。在本来已贫乏的文献资源中,还存在着大量的重复现象。据中国科技情报所统计,全国外文原版科技期刊的重复度为:自然科学7.2,农业6.1,医药卫生5.8,工程技术5.5,平均重复度6.0,北京地区3.3,订价1万元以上的期刊,北京地区的重复订购份数竟达1856份。据地矿信息研究院对全国订购的776种外文原版期刊的统计,平均重复度为8.27,最高的重复量达95份。重复必然造成引进品种的减少,对各学科外文书刊覆盖面狭窄,完备程度降低。这种情况,已在对读者需求的满足率上表现出来。据报道,通过检索工具获得的外文文献线索,竟有40%—50%左右在国内找不到原始文献。某大学一外籍专家为研究生做毕业论文开了200多本参考书,在该校图书馆只找到6本。这些情况表明,我国文献资源的完备程度是较低的。

要提高文献收集的完备程度,无疑需要增加对文献资源建设的经费投入。但事实已经证明,面对世界文献生产量的不断扩大和出版物价格的不断攀升,仅仅依靠增加经费来提高文献收集的完备程度,作用是十分有限的,因此根本的出路在于建立起一个国家的文献资源保障体系。具体地说,就是通过协作建立完备的国内文献收藏,同时有重点地分工协作收集国外重要文献,这样就能较大幅度地提高我国文献收集的完备程度,最大限度地满足全社会的文献需求。

五、建立国家文献资源保障体系是资源共享的基础

建立国家文献资源保障体系,就是通过一定的社会调控手段,协调各图书情报机构的文献收集活动,整体规划国家的文献资源合理布局,从而在全国范围内建立起相对完备的国内外文献收藏。这是文献资源共享的基础和保证。

在文献资源建设中开展协作协调是图书情报界面对书价上涨、经费不足、文献入藏量递减、满足需求能力降低的困境所采取的对策,这一对策无疑是积极而有效的。开展协作协调,使各图书情报单位可以将有限的经费集中购买本单位分工入藏的那些学科与类型的文献,并保证其相对完备性,从而可以避免将经费分散在不属本单位分工入藏的那些学科与类型的文献上,实际上,这是通过优化整体结构来解决经费短缺的困难。实行协作协调,要求各图书情报机构克服本位主义和"自给自足"的藏书观念,将自己的藏书看作整体文献资源的一部分,加以规划与建设,从而避免了各图书情报单位在文献收集中的重复和遗漏,提高了整体藏书的完备程度和情报容量。

然而,这类局部的、对某些文献品种进行的协作协调活动仍然存在着一些弱点。由于这类协作协调往往以参加单位的需要、可能和自愿为条件,而这种前提条件是比较容易发生变化的,一旦需求发生变化,或经济有困难,就难以承担分工的任务,结果会形成一些断续、零碎、残缺不全的收藏。同时在这种协作中,鉴于经费条件,对一些价格昂贵而又不太常用的资料,在协调过程中常常难以找到承担者,因而仍会造成某些学科文献收集的空缺。因此,要

从根本上改变我国文献资源贫乏局面,提高文献收集的完备程度,还必须进行文献资源整体布局。所谓文献资源整体布局,就是将文献资源在全国各类型图书情报机构中统一进行合理配置,有计划、有步骤地对分散、庞杂的文献资源进行整序,逐步使全国各类型图书情报单位的文献资源形成一个整体,从而建立起完备的国家文献资源保障体系,使全国的文献资源对于整个社会的情报需求达到一个满意的保障程度。文献资源整体布局是藏书协调的高级形式。

藏书分工协调和文献资源整体布局在发达国家已受到高度重视。近几十年来,他们已进行了许多探索,积累大量的经验和成功的先例,也已建立了一定的理论。如本书第一章中所述及的美国1942—1972年的法明顿计划,目前仍在实行的480号公共法案、研究图书馆中心和拟议中的"国家期刊计划",英国以集中为主的藏书协调模式,原联邦德国协调采购的"特别收集计划",日本的学术情报系统,以及斯堪的纳维亚的四国协调藏书计划等等。国际图联先后提出了 UBC 计划和 UAP 计划,联合国教科文组织提出国际科技情报系统(UNISIST)和国家情报系统(NATIS),后来又将这两项计划结合为综合情报计划(PGI)。从这些国家和国际性的计划和活动可以清楚地看出,进行文献资源整体化建设不仅已成为当代国际的共识,而且已取得实践成果。

我国图书情报界开展藏书分工协调活动始于50年代,从1957年至1965年藏书协调工作取得了很大进展。后因"文革"而中断。进入80年代以后,藏书协调工作逐渐恢复,地区协调、系统协调都有了不同程度的发展,特别是80年代中期以来,文献资源整体布局引起了图书情报界的极大关注,无论在理论研究还是实践活动方面都取得重大进展。这些已在本书第一章作了详尽阐述。然而,不容乐观的是,我国的文献资源整体化建设仍然是低水平的,存在着许多亟待解决的问题。

第一,国家对文献资源建设宏观控制的内在机制尚不完善。文献资源建设是一项社会整体性事业,需要国家实施强有力的宏观控制,方能取得成效。然而,我国的文献资源整体化建设事业一直处于弱宏观调控状态,宏观控制的内在机制还很不完善,表现在:其一,法律机制不完善。我国至今尚未以立法形式对有关文献资源建设社会地位、经费保证、各图书情报机构的权利和应尽的义务,政府及其他社会组织应起的作用等等,作出明确的规定。其二,组织机制不完善。我国图书情报事业管理体制长期存在的弊端是多头领导,条块分割,各自为政,而目前,全国尚无一个跨系统的全面协调文献资源建设的权威性机构,对文献资源建设的分工协调和整体布局进行统筹规划,纠正分散多头、各自为政的局面。其三是目标与政策机制不完善。我国文献资源建设还缺乏明确的总体目标和长期、近期规划,没有制定一个全国性的文献资源建设政策,一些系统和地区的协作协调活动,大多是比较松散的、自发的,缺乏长远目标。协作各方的特色不明显,优势不能充分发挥。

第二,管理水平低。藏书分工协调和文献资源整体布局是一项庞大的社会系统工程,涉及面广,制约因素多。各系统、各地区的图书情报机构存在着复杂的关系。目前,这些关系还没有理顺,缺乏必要的利益制约机制,一些参加协调合作的单位付出较多,而受惠太少,因而缺乏积极性。如何提高管理水平,通过制定正确的政策,保证每个参加协作的成员馆都能得到实惠,以调动各方的积极性,是需要迫切解决的问题。

第三,技术设备落后。先进的技术设备,是进行文献资源整体布局和广泛开展藏书分工协调的重要条件。特别是电子计算机技术和远程通讯技术的应用,直接关系到馆际间协作和网络化建设能否开展。而我国的文献情报工作自动化尚在起步阶段,计算机在文献情报工作中的应用主要是为本馆的文献资源利用与自身管理服务,文献情报机构之间的联机采购基本上是空白,联机检索也仅仅存在于少数几个大城市之间。我国现代化远程通讯也较落后,相距数百里乃至数千里的文献情报单位之间,其业务合作与联系大部分仍依赖于传统的邮政通信。缺乏先进技术与设备的支持,是我国文献资源整体化建设进展缓慢的重要原因,本书将在第四章进行详尽剖析。

第四,观念滞后。表现为文献情报界仍有不少人固守"自给自足"、"万事不求人"的小生产观念,缺乏现代社会分工协作意识,对文献资源共建持消极态度。表现在社会各界,特别是政界,是一些领导仍然没有认识到文献资源整体化建设巨大的社会效益和经济效益,因而未能将其作为现代化建设的一项重大工程给予高度重视。

由此可见,我国的文献资源整体化建设仍然走在一条艰辛的道路上。

第三节 文献服务子系统

文献服务是指文献情报机构将收集来的文献资料,经过加工、整序,提供给读者利用,以满足读者文献需求的过程。文献服务是沟通文献和读者的桥梁,作为文献资源共享系统的一个关键性环节,它最直接、最鲜明地体现着文献资源共享思想。

一、作为资源共享基本形式的文献借阅服务

文献情报单位将自己收藏的文献借给读者阅读,这可算是文献资源共享最基本的形式。文献借阅历史悠久。它伴随着图书馆的产生而出现,并随着社会的进步、图书馆的发展而发展。借阅者的范围由狭小到广泛,借阅的方式由闭架到开架,借阅的手段由手工操作到自动化管理。千百年来,图书馆主要通过借阅方式让人

类的知识资源为社会所共享。时至今日,尽管文献服务的形式已经多种多样,但借阅仍然是文献情报单位重要的文献服务形式。在发达国家,图书馆的藏书年借阅量是相当大的,如英国公共图书馆1982年藏书1.2亿册,全年借出图书5亿多册次,1985年达6.4亿册次,图书流通率超过500%。美国公共图书馆1994年藏书6.426亿册,年借出图书15亿册次以上。美国国会图书馆1994年满足了140多万人次的文献借阅需求,并于1996年2月恢复了1993年因经费削减而中止的"全球外借计划"(Global Lending Program)。前苏联1980年公共图书馆藏书18亿册,读者1.4亿人,出借图书24亿册次。可见,借阅作为文献资源共享的基本形式,仍然发挥着重要作用。

我国自改革开放以来,文献情报单位的读者服务工作有了很大变化,越来越多的文献情报机构变被动为主动,变封闭为开放。不少图书馆、情报中心延长了开放时间,改单一的阅览服务为藏、阅、借三位一体的开架式服务。据统计,我国县以上公共图书馆1990年接待读者12435万人次,借阅书刊20242万册次。近年来,在我国沿海发达地区迅速崛起的乡镇图书馆,以其生机勃勃的活力,创造了极高的书刊流通率,如苏南地区的乡镇图书馆,书刊流通率高达410%—690%。一些高校图书馆也深入挖掘读者服务工作的潜力,如深圳大学图书馆1990年每周开放108.5小时,全年开放365天,图书利用率达113%。

虽然我国一些地区和图书情报单位在文献借阅服务中创造了佳绩,但从总体来看,当前图书情报界面临借阅人数逐年减少,借阅量不断下降的严峻局面。1995年全国2615所公共图书馆借阅书刊11814万册次,比1990年下降41%。另据辽宁省调查统计,1990年辽宁省各大图书馆阅览图书的读者为643万人次,1993年为161万人次,借阅图书由1130万册下降到195万册次,三年间,读者减少75%,外借图书减少82.7%。上海图书馆在80年代初、中期,每天有读者 5000 人,1991 年平均每天只有 2000 人,1993 年该馆决定扩大发放一万张借书证,其中 5000 张发给具有高级职称的知识分子,经过一年的奔波,仅发出 2500 张。首都图书馆自 1985 年以来读者人数一直下降,1992 年,平均每天来馆读者仅 200 人次。湖南图书馆 1984 年新馆开馆时,登记领取借书证的读者达 5 万多人,1992 年下降到 1.3 万人,1993 再次降到 7000 人。公共图书馆如此,科学专业图书馆情况也不佳,如具有 38 年历史,藏书 165 万册的中科院武汉文献情报中心,一个可容纳数百人阅览的图书馆,长时间以来每天光临的读者仅 30 人左右。

图书情报机构读者人数减少,借阅量下降的局面,原因之一是外部环境使然。例如,随着社会信息化的发展,人们学习知识,获取信息的形式更加多样,各种大众传播媒介和信息咨询服务机构为人们不断提供各种动态的实用的信息,在一定程度上满足了读者的信息需求,从而分流了一部分图书情报机构的读者;社会文化消费结构变化,众多形式的消闲文化吸引了一部分文化层次不高的读者;读书风气低落,人们价值观念发生裂变,一部分人热衷于炒股、下海,从事第二职业,挤去了读书时间,等等。其次,也有图书情报单位自身的原因,例如,图书情报机构长期经费短缺,藏书无法不断更新、充实,提高质量,因而缺乏对读者的吸引力;读者服务的管理和运行机构不能适应和满足读者的阅读需求,如开架范围小而使读者感到不便、服务态度差而产生种种人为拒借现象、任意扩大有偿服务范围而侵犯读者权益、挤占和出租读者活动场所而影响图书馆阅读环境等等。

无论由于何种原因,门可罗雀毕竟是图书情报机构的悲哀。读者,是文献资源共享的主体,没有读者,文献资源共享从何谈起?诚然,目前这种读者借阅人数减少,借阅量下降的局面,不是图书情报界所能彻底扭转的。然而,图书情报界也决非无所作为。这里的关键是要图书情报界树立自强精神和竞争观念,有了这种精神和观念,就能够在新的社会环境中寻找发展的契机。1994 年"中国十大杰出青年"之一,河南郑州的张少鸿创办"读来读去读书社",从 7 年前白手起家到今天发展成为注册资金 1000 万元的河南省最大私营企业,拥有近 50 名职工,遍布全市的 10 个连锁分店,1400 多种 70 多万册的各类期刊,每年接待读者约 8 万人,几乎相当于河南全省公共图书馆读者总数的四分之一。其成功的经验,对公共图书馆不无可借鉴之处。图书情报界只要有了自强精神和竞争观念,在如何加强文献资源建设,如何开拓读者服务领域,如何优化、深化借阅服务等问题上,总是可以想出办法的。

二、馆际与国际互借

馆际与国际互借,是文献借阅这一服务方式的延伸和发展。因为,既然任何图书馆、情报中心都不能做到"自给自足",满足其读者对出版物的需求,那么,图书情报机构之间相互利用对方的文献,以满足读者的需要也就成为必不可少的文献服务方式了,这就是馆际互借。由于本国读者对国外文献的需要往往难以在国内得到全部满足,因而各国都需要依赖其他国家图书馆的文献资源,国际互借便由此而产生。随着历史的发展和技术的进步,馆际与国际互借的方式、方法发生了很大的变化,但其基本含义仍然没有变化。馆际与国际互借是文献资源共享最直接、最具体的体现,因而人们都把它列为文献资源共享最基本的内容。

馆际与国际互借的重要意义还在于它与文献资源建设中的分工协调与资源整体布局是紧密相关的。因为藏书的分工协调和文献资源整体布局,就意味着必须对单个图书情报机构入藏文献的学科范围、文献类型等进行有目的的限制,这自然也就限制了这些图书情报机构从广阔的角度和多样化的方面满足读者需求的能力。因此,如果没有相应的馆际与国际互借相配合,藏书的分工协调与文献资源的整体布局就失去了意义。

126

70 年代以来,"资源共享"的观念逐渐为人们所接受。世界上许多国家,都十分重视馆际互借的开展,并把建立卓有成效的馆际与国际互借系统作为实现文献资源共享的主要目标之一。

1. 国外的馆际互借

论及国外的馆际互借,不能不首先提到英国图书馆外借部(BLLD)。1974 年由国家中央图书馆与国家科技外借图书馆等合并而成的 BLLD,是全国的互借中心,它所具有的完善的互借功能,是世界上其他国家的图书馆无法相比的。据统计,它目前馆藏超过 1500 万册(件),与该部建立互借和复制关系的有 6432 个国内文献情报机构和 122 个国家的 7000 多个文献情报机构,英国全年处理的互借量多达 325 万件,而 BLLD 占其中 80% 以上。同时本馆满足率高达 89%,总满足率为 94%,其余未满足部分外借部通过国际互借来满足。因而,BLLD 的馆际互借量是世界上最高的,同时,它也是世界上公认的国际互借中心,每年来自国外的互借委托单 50 多万件,满足率也在 80% 以上。在全世界各国的馆际互借业务中,英国图书馆外借部所占的比例是很高的,同时它供应速度快,西欧各国的图书馆只要 5 天就能获得外借部的复印件,北美和澳大利亚也只要 8 天。

美国的馆际互借也开展得卓有成效。1986 年至 1994 年间,美国的研究图书馆订购期刊量下降 4%,购买图书量下降 22%,每个学生拥有的文献资源,期刊减少 10%,图书减少 32%。然而这期间研究图书馆对读者的满足率却有较大提高。1994 年比 1986 年对教师的满足率提高 16%,对研究生满足率提高 23%,对学生全体满足率提高 10%。入藏量减少而满足需求率提高,靠的是馆际互借发挥作用。1986—1994 年间,研究图书馆的馆际互借量增长 99%。据对美国 108 所大学图书馆的统计,1993—1994 年,馆际互借的借出量为 3305777 册次,借入量为 1634400 册次。美国的公共图书馆也普遍开展馆际互借。1994 年全美公共图书馆际互借量达 680 万册次,美国国会图书馆提供了 36000 多次的馆际互借。区域性和地方性图书馆网的建立,使各个不同类型的图书馆之间的互借工作得以进一步开展。其中三个大型图书馆网 OCLC、RLC 和 WLN 成为馆际互借的主要渠道。如 OCLC,1994/95 年满足了 760 万次馆际互借请求,通过它的馆际互借系统中的书目服务工作,任何一个成员馆都可以得到收藏在各地图书馆中的文献资料。近年来,OCLC 网络中建立了以州级或地方为基础的各自网络,以促进 OCLC 各成员馆提供的检索和互借等服务事项。1988 年底,美国又实现了三大类型图书馆系统的联网工作,使美国馆际互借系统的网络化得到了更大的发展。

在其他发达国家,馆际互借工作也广泛开展,并且从国内的互借发展到国际互借,如北欧四国的馆际互借,就是同它们的采购合作计划密切相关的。他们之间的国际合作走在世界的前列。

国际图联在推动国际互借方面起了重要的作用,早在 30 年代和 50 年代,国际图联就制定了国际互借规则。为了解决图书馆之间国际文献提供方面的困难和日益增多的问题,1975 年,国际图联执委会决定成立国际外借处。该处旨在促进和改善国际互借活动,它的工作是:向积极从事国际互借工作者提供实际帮助,收集与发表关心国际互借活动的人们所感兴趣的信息,指导并鼓励与国际互借有关的研究活动。该处成立 20 年来,制订了国际互借需求标准格式、国家级馆际互借条例,出版了《国际互借与复制中心指南》、《国际互借:行动方针与原则》和《国际互借文献综述》等,并在世界范围内进行过调查,发表了一些有价值的调查研究报告,建立了范围广泛的国家与国际资料库。

各国图书情报事业发展是很不平衡的,这必然在馆际与国际互借方面体现出来。许多发展中国家在开展馆际与国际互借方面,与发达国家存在着很大的差距。发展中国家面临的困难包括:"首先,也是最基本的,是严重缺乏资源——藏书、人员、房屋——

最终是钱。……如果缺乏资源的状况十分严重,任何互借系统都建不成。"①确实,以发展中国家的经济能力,难以支付国际互借费用的外汇。其次,复制设备少,技术落后,邮政服务差,文献供应速度慢,读者为商借图书资料所花费的时间平均要 3—4 个星期,有些书刊资料甚至要好几个月才能到达读者和用户手中。第三,办事效率不高,工作拖拉,馆际互借服务质量差,拒借率很高,使多数读者对馆际互借失去信心。第四,缺乏相应的书目情报,查不到读者要借的文献。最后,但也是最重要的,是社会发展、经济状况的落后造成的文献需求不足,馆际互借缺乏动力,没有被看成是图书情报工作系统中必不可少的活动,而被认为是一种额外负担。由此可见,就全球范围来说,资源共享"并不是一条平坦的康庄大道,而是一条荆棘丛生的崎岖小路"②。

2. 我国的馆际互借存在的问题及原因分析

我国的馆际互借开始于 50 年代。1957 年,《全国图书协调方案》出台后,随着全国性和地方性中心图书馆的建立,各类型的图书情报单位之间在进行文献采访分工协调的同时,馆际互借工作也得到很大的发展。这项工作后来因"文革"停顿,到 80 年代又逐渐恢复起来。首先,北京图书馆作为国家图书馆正在成为全国的馆际互借中心。和北京图书馆已经直接建立馆际互借关系的国内各系统图书馆、情报所已有 900 多个,每年处理的国内馆际互借一万多件。北京图书馆作为我国国家图书馆,已同英国图书馆外借部、美国国会图书馆等 50 多个外国图书馆建立了国际互借关系,成为我国国际互借中心。其次,国内不少地区或系统的图书情

---

① (英)莫里斯·B·莱因. 发展中国家的计划互借系统. 见:IFLA 第 47 届大会论文译文集. 中国科学院图书馆,1982

② 姜炳炘编译. 国际图书馆资源共享计划由来和发展. 见:国际图书馆协会联合参考资料. 北京图书馆图书馆学研究部,1982

报机构之间建立了馆际互借关系。除了馆际借书以外，一些地区还实行通用阅览证制度，即图书情报机构为科技读者发放本地区各大型图书馆的通用阅览证，读者持此证可到各图书馆借阅文献，这成为馆际互借的一种重要形式。

尽管近年来我国馆际互借工作有一定进展，但总的看来，这一工作还处于低水平阶段。主要表现在馆际互借与国际互借的规模、范围都很小。以北京图书馆为例，它的馆际互借国内用户数仅相当于 BLLD 的 1/7，海外用户尚不到 BLLD 的 1/100，年处理的互借量几乎与 BLLD 的日处理量相当。1985 年，北京图书馆处理的国际互借仅 300 多份，实在少得可怜。再看其他图书馆。据《中国高等学校图书馆简介》提供的材料，在 702 所高校馆中，只有 397 个馆提供了馆际互借数据，其余 305 个馆或是没有开展这项工作，或是没有统计数据，而 397 个馆的馆际互借量约 10 万册左右，其中借书量超过 2000 册的 9 个馆，在 1000—2000 册之间的 15 个馆，不足 100 册的达 174 个馆。馆际互借量在整个流通中的比例很小，清华占 0.8%，北大占 0.2%，而国外的高校馆际互借一般都达到 10%—20%。这些事实说明我国馆际互借的规模是很小的。同时馆际互借工作基本上还处于分散、被动状态，未形成系统更未形成网络，互借手续繁琐，效率低，文献供应速度慢，从而影响馆际与国际互借的开展。

我国馆际与国际互借处于低水平的主要原因是：

（1）在思想观念上，缺乏对馆际互借的重要性和必要性的认识。在文献资源建设中，固守"自给自足"的陈旧观念，企图以本馆藏书满足所有读者的全部需要，视协作协调、馆际互借为无关紧要之事，态度消极。在文献利用问题上，则深受传统藏书楼思想影响，视藏书为"镇库之宝"，秘不示人，不愿将藏书出借。

（2）在组织与制度方面，全国缺乏一个全面规划、统筹安排、有权威的协作协调机构来组织馆际互借工作，也没有一个统一的馆际互借规划,各馆按自己制订的规则办事,相互间缺乏约束力,整个馆际互借还处于一种自发的、松散的状态,难以形成一定的规模。

（3）在经费方面,现在国内的馆际互借一般不索费,无偿提供服务。各单位由于经费有限,无力单方面长期承担开支,更无力扩大规模。而国际互借一般均索费,且需用外汇支付,国内一般图书情报单位缺乏足够的经费向国外图书馆借书。

（4）在技术支持方面,存在几个问题:一是书目工作跟不上,缺少联合目录,无法查找文献的藏址,因而求借无门。二是复制技术薄弱,国外馆际互借的文献一般为复制品,而国内馆际互借中出版物比例偏大,复制设备不足,技术落后,收费过高。三是通讯和邮递设施落后,邮件积压传递时间过长,影响了馆际互借的效果。

3. 改善我国馆际与国际互借状况的若干对策

第一,必须强化对馆际与国际互借工作的宏观管理。将要制订的《图书馆法》应拟定必要的条款来保证馆际互借的实施。全国性跨部门的图书情报工作协调机构应该将组织馆际与国际互借工作作为一项基本职能,设立专门的机构和人员,负责设计全国馆际互借的模式,规划全国互借网络与国际互借网络,制订统一的馆际互借条例,明确各图书情报单位在馆际互借中的权利和义务,使馆际互借工作有章可循,走上规范化、制度化的轨道。各地区的图书情报工作协调机构,也应将组织领导本地区图书情报单位的馆际互借作为一项重要的工作内容。

第二,必须在馆际互借工作中建立起有效的利益制约机制。因为在馆际互借中,必然存在一些馆借出得多,借入得少。如果这些承担借出任务多的图书情报单位不能得到一定的补偿,长此以往,必不堪重负而失去参与馆际互借的积极性。因而应通过政策的调节作用,使参与馆际互借的各单位都受惠,才能调动各单位的积极性。

第三,必须尽快编制全国性和地区性联合目录,建立联合目录报导体系,并尽可能和联机检索网的建设结合起来。有效的书目控制是开展馆际互借必不可少的条件。

第四,必须加强对文献资源共享的宣传,让资源共享观念深入人心。不改变"自给自足"的小生产观念和"重藏轻用"的传统藏书楼观念,馆际互借就不可能成为人们自觉的行动。

第五,国家和社会各方面应为馆际互借、资源共享创造必要的条件。如增拨用于馆际互借方面的经费以添置相应设备,提高文献复制技术和能力;政府应考虑减少馆际互借书刊邮寄费等等。

三、以资源共享为目标的文献开发

如果说借阅、馆际互借是文献情报部门主要是通过对原始文献的提供来满足读者的需要,以实现文献资源共享的话,那么文献开发则是文献情报部门通过对馆藏文献的多层次加工、整理,将蕴藏在文献中有价值的信息、知识挖掘出来,提供给读者和用户,以实现文献资源共享的一种文献服务方式。文献开发把馆藏的静态的文献资源激活成为知识、情报、信息流,并以有效的途径,准、全、快、简地传递,从而最大限度地为读者和用户所利用。这既是文献服务的深化,也是文献资源共享更高级的形式。

以资源共享为目标的文献开发主要从以下几个层次进行:

第一层次:文献的揭示性开发。主要是通过编制完善的馆藏目录、联合目录、专题目录,出版系列性的检索类、报导类刊物,组织新书展览、专题展览等,广泛深入地揭示和开发文献资源,为广大用户提供查找和获得文献的途径。这是传统的文献服务的改善和深化。近些年来,我国各类型文献情报机构都在不同程度上加强了文献揭示性开发的工作。

第二层次:文献的聚变性开发。它是把散布在不同文献中的同一内容或同一主题的知识、信息,发掘、整理、集中、编辑成一种新的文献,实现文献的聚变,以满足读者需求。这一层次的开发形成的文献信息产品主要有专题文摘索引、资料汇编等等。由于它们提供的是更大范围的科学观念信息、技术成果信息、产品信息、商品信息等,因而在市场经济的发展中发挥了重要的作用。改革开放以来不少文献情报机构成立的文献信息资源开发公司生产的信息产品大多属于这一类。据报道,80年代以来,各级公共图书馆创办的"信息小报"就有500多种,如辽宁省图书馆的《产品开发信息》、常州市图书馆的《信息选编》、沈阳市图书馆的《产销信息》、哈尔滨市图书馆的《信息与服务》、金陵图书馆的《信息摘编》、牡丹江市图书馆的《决策之参考》等,都是这一类型的文献信息产品。

第三层次:文献的再生性开发。即在综合、消化各种知识的基础上创造新知识,形成再生性文献信息产品,如研究进展报告、综述、评论、专题文献调研报告,还包括跟踪、定题服务的信息综合成果。再生性开发作为文献资源开发的最高形式,在国家的重要决策、经济建设、科学研究等方面发挥了重大作用。不少大中型图书情报单位在文献的再生性开发方面卓有成效。如中国科学院文献情报中心为中央办公厅和国务院研究室提供的《国外高技术产业发展水平和趋势分析》、《国外高技术产业开发区的研究与借鉴》等调研报告,为领导制订规划、政策和进行决策提供了重要的信息。该中心为配合生物工程研究,编辑出版了《生物工程进展》、《生物工程信息快报》,建立了生物工程专家库、论文库,出版了生物工程会议录、调研报告等,从各个方面提供了有关生物工程进展、发展趋势和水平等情报。

上述三个层次,是一个文献资源开发的逐步深化过程。对文献资源的开发愈是深入,对文献的利用也愈是充分。同时它也使文献资源共享不仅从广度上,而且从深度上得以实现。因此,多层次开发文献信息资源,应当成为新形势下文献资源共享的重要课题。

四、数据库——联机检索:资派共享的最高形式

随着社会信息化进程的加快,传统的文献服务方式已难以适应社会广泛复杂、快速多变的文献信息需求,也影响了文献资源共享向广度和深度发展,因而近年来,电子信息服务发展迅速、工作范围也越来越广泛。采用电子计算机和现代通信设备把收藏在各个地方、各个国家的文献资料信息联结起来,使任何读者无论在任何地方都能通过其所在地的联机检索系统,查找并利用储存在本地的、外地的、全国的甚至国际间的数据库的数据资料,这是最完善、最先进的文献资源共享方式。

作为文献资源共享的最高形式,数据库——联机检索服务在国外发展极为迅速。到 1990 年,全世界可供联机检索的数据库共有 4465 个,数据库的生产者或编制者为 1950 家,提供数据库联机的主机共 645 家。1990 年,美国数据库服务业的产值为 90 亿美元,日本为 20 亿美元,西欧为 12.5 亿美元。美国的联机检索网络已迅速扩展为 Internet,成为美国信息高速公路的主干线。Internet 现拥有 400 万台主机,连接有 170 多个国家的 6 万多个网络,5000 多万用户。通过 Internet,用户可以免费检索世界 100 多个国家和地区的各类型图书馆的馆藏目录。同时,网络上越来越多的图书馆提供流通情况,用户可以通过联机提出借阅要求,图书馆便将所需的书寄给读者。网络化的文献类型除了图书馆目录外,还有参考工具书、全文资料及其他形式的文献和信息。这个全球性的网络正在改变着人们交流、存取信息和从事研究的方式。

近年来,我国的数据库建设和联机检索服务也有了长足的发展。据国家计委、国家科委和国家信息中心对全国信息资源的调查,至 1995 年 10 月底,我国已拥有具有一定容量、能够对外提供服务、国内单位自建的数据库 1038 个。数据库数量已占世界数据

库总量的 1/10 强,数据库容量约占世界数据库总容量的 1%,数据库产值约占世界数据库总产值的 1‰。与 90 年代初相比,我国数据库业的发展不仅体现为数据库数量的增长,而且有几个明显进步:其一,可用数据库大大增加。1991 年的 806 个数据库中,可用的不到 1/10,即只有几十个数据库可在一定范围使用,绝大部分数据库由于数据量少,覆盖面窄等原因没有什么使用价值,而现有的 1038 个数据库,有一半左右已在一定范围内提供不同程度的服务。其二,数据库容量明显扩大。1991 年的数据库容量在 10MB 以下的占 55.3%,而 1995 年调查的数据库容量在 10—100MB 之间的占 42%,容量在 10MB 以下的数据库比例下降至 33%,容量在 100MB 以上的数据库已占 25%。其三,数据库的内容,由科技领域为主转变为经济和社会领域为主。我国数据库业的发展,推动着信息网络的建设,促进了数据库与信息网络的结合。目前我国的信息网络大都以一定的数据库为依托,并通过网络提供联机服务。

在联机检索服务方面,我国信息部门自 1980 年起开展国际联机检索服务。经过 15 年的发展,目前国内开展国际联机检索服务的信息部门(联机检索终端站)已有 160 多家,分布在全国 50 多个城市,已经联通有服务的国际联机检索系统约有 20 个,可以检索的各种数据库在 1000 个以上,可以查找的文献总量已超过 4 亿篇。国内的联机检索,从 80 年代开始为用户提供服务,如北京文献服务处从美国引进 UNISYS 1100—70 计算机一台,检索软件为 BDSIRS,已建成文献库 9 个,包含 760 万篇文献,在全国建立分终端 45 个,遍及 19 个省市。此外,中国科技情报所、上海科技情报所等单位也自建了数据库,向国内用户提供联机检索服务。

从总体看,我国的数据库建设和联机检索服务仍处于低水平,目前亟待解决的问题是:

在数据库建设方面,我国大型数据库数量少,与世界数据库发展速度和水平很不协调,不能满足我国经济建设和社会发展的需要。而由地方或部门建立的小型数据库,则普遍存在储存数据和资料方式不规范、不统一的问题。这类缺乏标准化管理的数据库,难于运用计算机等现代化手段管理和服务,也难于形成各数据库之间的联机并网使用,因而数据库服务能力不强,影响力小,覆盖面窄,利用率低,资源共享性差。同时,数据库结构失衡,巨型、中型、微型数据之间的布局和比例,国内建库数与引进数据库及联机终端之间的布局和比例,科技、法律、经济等各专业类数据库之间的布局和比例,以及各类数据库内部文献数据库、数值数据库和事实型数据库的结构比例都存在不同程度的失衡问题。结构失衡使一些数据库成为"死库",发挥不了应有的效益。

在联机检索服务方面,目前存在的突出问题,第一是联机检索服务的规模小,潜在用户多,利用率不高。造成这种情况主要是因为对联机情报检索的宣传不够,许多科技人员不了解联机情报检索,或者固守手工检索的传统习惯,对联机检索持怀疑态度。同时也因为联机检索费用高,尤其是国际联机检索收费昂贵,超出了我国用户的经济承受能力。第二是国内对联机检索的原文支持能力不强。由于我国文献资源贫乏(情况已如前述),又存在严重的重复和遗漏,加之缺少联合目录,致使检索后在国内难以索取原文,由此便不愿利用终端联机检索。因此,解决索取原文难是目前联机检索中迫切需要解决的问题。

第四节　文献保存子系统

一、资源共享与文献保存

文献保存与文献资源共享,看似矛盾,实则两者关系密切。

任何图书情报机构不仅要收集文献,而且要保存文献以提供读者利用。因为读者虽然可以通过商业途径从书店直接购得新版图书,以满足即时性的文献需求,但新版图书过若干年以后就很难买到,这时读者对出版物的间时性需求则主要靠各类型的图书情报机构来满足。而图书情报机构也正是通过系统收集、长期积累和保存文献以满足读者的文献信息需求来体现它的社会价值。尽管不同类型的图书情报机构(如图书馆和情报所)保存文献职能的强弱程度有所不同,但既然要满足读者间时性的文献需求,文献保存就是必不可少的。从文献交流的角度来看,文献保存并不是静态的。正如周文骏先生所说:"文献保存是文献时间距离上传递的体现。"[①]因而实际上文献保存只是文献交流动态过程中的一个环节,其目的是为了使文献信息超时空地广泛而长久地交流。没有保存这一环节就达不到交流这一目的,而没有交流这一目的,保存也就失去了意义。因而文献保存与文献交流是相互依存,互为条件的。交流即共享。所以,文献保存归根结底是为了使文献资源能为更多的人长久地共享。文献保存是文献资源共享系统的组成部分。

---

① 周文骏.文献交流引论.北京:书目文献出版社,1986

二、文献保存中的文献保护

文献保存中的文献保护,是指在文献保存过程中采取一系列安全保护措施,最大限度地避免文献载体的变质和损毁。良好的文献保护,是文献得以长期保存和利用的保证。

现代文献的保护面临着严重问题。由于本世纪以来造纸业广泛使用酸性造纸法,使纸张的酸度很高,极易变质,保存几十年以后就发黄、变脆,再加上使用过程中的损毁,很多纸质文献迅速损失。为了防止大量文献的迅速损坏,应采取必要的补救措施,对破损的书刊要及时修订、裱糊、装订,书库要符合防火、防虫、防鼠等基本要求。对纸张变质问题,则应在图书馆内采取必要的延缓性保护措施,包括:一方面对文献收藏的环境加以控制,如防光、防污染、温度和湿度的控制与调节,以及有害生物的防治等,以减缓环境中的不利因素对纸张原有寿命的缩短。另一方面对已经变质的文献进行去酸、修复等,除去纸张内部的有害因素,加固纸张形体,延长其使用寿命。

对纸张已经脆化而其知识内容仍有保存价值的文献,图书馆还可以利用再生性保护措施,将文献的知识内容从已经脆化的纸张上转换到其他比较耐久的载体上,让原文献的知识内容保存下来。这种方法通常有重印和照相复制等。在我国正在进行一项大规模的图书抢救计划,即把那些珍贵的古籍、善本和面临损坏的旧书、刊、报纸进行缩微复制,以图能将文献保存下来,但所费甚巨,且工作量太大,人力和技术装备都有限,所以目前只能选择重要的、有损失掉危险的抢先进行。

对文献保护技术的研究,在许多发达国家都十分重视。如美国,从50年代起,首先在弗吉尼亚州立图书馆中建立了W.J.巴罗研究实验室,从事藏书的保护与研究。50年代末,美国图书馆协会建立了图书馆技术规划组织,为藏书保护做了很多基础性技术工作。60年代末,美国图书馆成立了专门负责藏书保护研究的单位——国会图书馆藏书保护办公室。近年来,诸如藏书病理所一类的研究藏书保护机构更是不断建立。由于这些藏书保护机构的努力,美国的藏书保护技术取得了很大进展。前苏联在文献保护技术研究方面也处于领先地位,有关藏书保护的研究机构遍及全国,并有一支实力雄厚的队伍。

我国的图书情报档案界对文献保护的研究起步晚、水平低、经费不足、人员匮乏,与国外先进国家相比差距很大。为此,我们必须提高对文献保护重要性的认识,增加经费投入,加强研究力量,引进先进技术,努力使我国的文献保护技术提高到一个新的水平,让我国的文献资源能够得到长久的、妥善的保存,为更多的人所共享。

三、建立贮存藏书系统是文献资源共享的重要内容

现代科学技术的迅速发展,各门类知识的不断增加,导致了各个知识领域内文献数量的急剧增长,同时,文献的有效使用期也在日益缩短,文献更新周期日益加快,这一趋势使图书情报机构面临着一个严峻的问题:一方面,收集和保存的文献数量急剧增长,数量庞大,而同时这些文献中或因知识内容陈旧,或因复本过多而滞留书库。长期无人借阅的文献,以及因为载体老化、破损,无法再利用的文献也在日益增多。如果将这些文献长期保存在书库中,不仅占用了有限的空间,而且因为这些利用率低的文献与常用文献混杂在一起,还影响了常用文献的流通。如果将这些文献剔除出去,又因为这些文献仍有一定的参考价值,将它们剔除后,一旦读者提出需求,就会造成不应有的拒借,能不能设立一个机构,在这些文献被剔除以后继续保存它们,以满足少数读者的偶然需求以及后人查考这些文献的需求呢? 正是为了适应这一需要,一种新的文献保存形式——贮存图书馆便产生了。它的任务就是集中

保存各图书馆剔除的藏书中利用率很低,但仍有一定参考价值的文献,以供需要这些文献的读者能够继续利用。

从文献资源共享的角度来看,建立这种贮存藏书系统是有重要意义的。

首先,贮存图书馆永久性的完整无缺地保存具有潜在的科学和文化价值的文献,并为读者的特殊需求提供文献保障,是国家文献资源保障体系的重要组成部分。

其次,由于有贮存图书馆作为最后保障,各图书情报单位可以毫无顾虑地从藏书中剔除陈旧过时及利用率很低的文献,从而精化藏书,提高藏书利用率,促进文献资源的共享。

再次,各图书情报单位剔除的文献中往往有这样的情况,即甲单位认为多余或无用的文献正是乙单位所需要的,贮存图书馆可以将各单位送交的剔除书刊在其成员馆内进行调拨分配,使"呆滞书刊"发挥应有的作用,从而促进文献资源的合理布局和利用,这本身就是一项重要的资源共享活动。

国外关于贮存图书馆的思想和贮存图书馆的建立,虽然可以追溯到本世纪初,但是贮存图书馆在各国的普遍建立,却是近 40 多年的事。

在世界上所有的贮存图书馆系统中,前苏联建立的全国统一的寄存图书馆体系是组织得颇为成功的。其体系分四级:全苏的、加盟共和国的、跨省的和省级的。全苏的寄存图书馆分别由 67 个综合性的与多科性的图书馆组成,其中也包括科技情报机构,它们的责任是充分地收集与保存国内出版物和有科学价值的外国出版物,并及时为读者提供各种罕用的文献资料。在每一个加盟共和国都有共和国级的寄存图书馆。在疆域广阔的共和国,有跨省的寄存图书馆,各省级寄存图书馆作为寄存藏书体系的基层机构,从而形成一个全国性的寄存图书馆体系。

美国的贮存图书馆是以若干图书馆自愿联合为基础建立的,

比较著名的是美国研究图书馆中心（Center for Research Libraries）。它建立于1949年，创办时只有10个成员馆，到60年代发展成为全国性的中心。它的职能是：贮存利用率低的图书资料，以节省各馆空间，合作收集、集中保管罕用资料并提供研究用，作为馆际互借所需资料的供应中心。除了研究图书馆中心这种全国性的贮存图书馆外，美国还有不少地区性的贮存图书馆，如罕布什尔馆际中心、纽约市医学图书馆中心等。

英国贮存图书馆的职能实际上由英国图书馆外借部担负着。1973年建立的英国图书馆外借部，将国家外借中心与全国性的新资料及各馆剔除资料的贮存中心职能合为一体。所以英国图书馆外借部实际上是一个以外借为首要职能的全国性贮存图书馆。

除了上述几个国家外，西欧的一些国家及日本也建立了不同模式的贮存图书馆。建立贮存图书馆已在世界上越来越多的国家受到重视。

在我国建立贮存图书馆系统的必要性，已逐渐为图书馆界所认识，但我国的贮存图书馆建设尚未起步。主要困难在于：第一，自上而下逐级建立贮存图书馆，需要较多的投资，以目前国家的财力，难以对此有较大投入；第二，还没有建立全国性的统筹规划图书情报事业的权威性机构，自发的、局部的协调又因为各种利益关系的掣肘，难以取得应有的成效，也不利于贮存藏书系统的正规化、网络化；第三，还有一些技术性问题，如贮存图书馆的收藏标准、藏书组织等问题不易解决。笔者认为，贮存藏书系统，是国家文献资源保障体系的一部分，贮存图书馆系统的模式，应该与我国文献资源整体布局和资源共享的模式相一致，本文的第六章将对这个问题进行讨论。

第四章　文献资源共享中的技术因素

文献资源共享作为一个系统,其功能的充分发挥不仅取决于系统内部各子系统的优化,而且受到外部环境的影响与制约。环境因素,既有技术方面的也有人文方面的,本章将讨论文献资源共享的技术环境问题。应该指出的是,技术问题,归根到底是人的问题,因为任何技术都是人创造、开发的,也需要人去掌握和运用,我们讨论所谓"技术问题",只是因为这些问题能够在一定程度上超然于政治、经济、文化等社会因素的影响之外,而更多地和客观物质条件相联系。

第一节　文献资源共享中的书目控制

一、书目控制:一种实用性的解释

1949 年,美国芝加哥大学图书馆学院的伊根(M. E. Egan)和谢拉(J. H. Shara)在《编目与分类杂志》上发表《书目控制绪论》一文,首先提出"书目控制"的概念。但伊根和谢拉没有对书目控制的含义作透彻的阐释,他们最初是这样描述的:"在力学中,控制器是这样一种装置,通过它可以以一种最经济的方式对机器的能量加以引导,以达到某一既定的目标。同样,书目控制器(Bibliographical Control)亦指那么一种装置,(在文献情报的获取过程中)这些装置被用来引导人的智能,使之能以最高的速度和经济效益从所有的记录信息中提取与某一特定任务相关的部分信息。……看来,书目控制器亦是我们现代文献交流系统中的诸种装置之一。"①显然,这并不是一个关于书目控制的严格定义。此后,国外文献中对"书目控制"有各种不同的表述,不过大多从文献的著录贮存和检索角度来定义。如1950年联合国教科文组织和美国国会图书馆在一个书目调查报告中指出:"书目控制的定义是指全部掌握书目提供的书写和出版记录,以达到书目原有的目的,书目控制与通过书目有效检索是同义的。因而医学书目控制也就是指通过书目有效地检索医学情报资料。"②美国图书馆协会(ALA)在1964年的一份专业考核提纲中说:"书目控制是形成和维持一个充分记录各种形式:出版的、非出版的、印刷的、视听的和其他形式资料的系统,这个系统增加了人类知识的总量。"③曾担任IFLA/UBC负责人的多萝西·安德森(D. Anderson)认为:"自从出版物大量出现以来——事实上是印刷术真正问世以来,图书馆员就面临控制这些资料的文献记录问题,在这个发展过程中形成了一系列书目工具,其目的是回答各种各样的问题。"④黑克(D. J. Hickey)对书目控制是指文献的贮存与检索的观点讲得更是十分明确,他说:"'书目的'(Bibliogrphical)应定义为包括处理各类文献资料的一切手段,无论这些文献资料是印刷的,还是以别的方式生产出来的;'控制'(Control)则用于描述一种程式(Procedure),依据这种程式,文献资料得以系统地处理,以达到能够重

① 转引自:石蔓.关于引用控制论进行目录学理论研究诸问题的思考.湖北高校图书馆,1987(2)

② Davinson, D. "Bibliographic Control". London:Clive Bingley, 1981

③ Davinson, D. "Bibliographic Control". London:Clive Bingley, 1981

④ Davinson, D. "Bibliographic Control". London:Clive Bingley, 1981

新获取它们的目的。'书目的'和'控制的'两者结合起来的涵义应是指处理各类文献资料的一些程式,文献资料经过这些处理而得于重新获取。在此定义下,书目控制则成为整个情报贮存与检索过程的一部分,只是专指有关文献资料自身的情报的贮存与检索罢了。"①

国外文献对书目控制的定义理解和表述各不相同,国内的研究也意见纷呈,其说不一。人们从不同的角度研究提出了不同的看法,诸多论述大体可以归结为两种倾向,一是抽象的理论上的探讨。如从机器控制角度解释,认为书目工作是一个"机器"系统,目录作为一种装置,用于控制和调节人类文献交流②。或者从文献交流学说出发,认为"目录控制就是通过书目系统对文献流的信息作用,以达到文献交流分布状态的行为"③。另一种倾向则是从书目控制的实际工作出发进行阐释,"书目控制就是通过建立书目集中管理体系,对文献流实行宏观控制,以便最有效地实施文献资源合理而充分的使用"④。黄俊贵将对书目控制具体方法的解释归纳为五种:①指文献处理工作中的一种程式,包括对文献进行收录、查考、稽核、著录等一系列技术问题;②指对一组文献著录款目进行组织和编排的具体技术;③指对各类型文献著录规则的发展和完善;④指文献的描述(著录)控制和开发(揭示)控制;⑤指通过书目的有效检索⑤。

由于伊根和谢拉提出"书目控制"的概念是在维纳创立控制

① 转引自:石蔓.关于引用控制论进行目录学理论研究诸问题的思考.湖北高校图书馆,1987(2)

② 转引自:石蔓.关于引用控制论进行目录学理论研究诸问题的思考.湖北高校图书馆,1987(2)

③ 高家望.目录控制与目录控制论.图书馆学通讯,1988(1)

④ 朱天俊.目录学研究中若干问题的思考.中国图书馆学报,1992(4)

⑤ 黄俊贵.书目控制简说.图书馆学通讯,1989(3)

论的第二年,于是许多人便认为伊根与谢拉的书目控制论是维纳控制论的具体运用,是控制论与目录学的交叉学科。然而,从我们上面列举的国外文献中关于书目控制概念的经典论述中,却似乎很难发现书目控制就是维纳控制论一般原理的直接运用。倒是国内的学者们更热衷于把书目控制与维纳的控制论直接联系在一起,认为是"控制论闪电般地渗透到了目录学领域"①。于是,不少文章罗列大量的数学演算、模式描述、系统构造等在书目控制研究中进行模拟,使书目控制问题变得深奥莫测,使本来可以说得通俗易懂的问题复杂化了。

笔者认为,书目控制从其起源和本质来看都是一个实践问题。国外学者在论及书目控制的起源时,或归结于 15 世纪铅活字印刷术出现的结果,如多萝西·安德森②,或追溯到 16 世纪文艺复兴时期格斯纳的博大著录观点,如美国的韦尔施③。在国内,有的学者认为宋代郑樵的《通志·校雠略》中提出"总天下之书为一书","纪百代之有无"的主张,是我国早期的书目控制思想④。有的则上溯到公元五世纪阮孝绪撰《七录》,"天下之遗书秘籍,庶几穷于是矣"⑤。还有人认为,自从有了一定数量的文献,也就有了人类对文献的书目控制,《隋书·经籍志》所说"古者史官既司典籍,盖有目录以为纲纪",实际上就是书目控制的思想⑥。

我们且不去评说这些上溯的合理性、科学性,但国内外学者的研究却使我们注意到了这样一个事实:用书目控制文献的思想和行为,

① 单波.控制论方法向目录学渗透的机制.四川图书馆学报,1985(2)

② Davinson, D. "Bibliographic Control". London:Clive Bingley, 1981

③ Wellish. "The Cybernetics of Bibliographic Control:Toward a Theory of Document Retrieval System". Journal of ASIS,1980,31(1):41~49

④ 彭斐章.概论书目控制论.图书情报论坛,1990(2)

⑤ 柯平.书目情报系统的理论研究.武汉大学博士学位论文,1994

⑥ 乔好勤.书目控制.图书与情报,1982(2)

是一定数量文献出现的必然产物。因此可以认为，凡是为解决文献群的增长与了解、使用文献的矛盾，用书目掌握和传递文献信息，达到以简驭繁目的的活动，无论过去还是现在，都可称之为书目控制。这既是确定书目控制思想起源的出发点，也是书目控制的实质。

随着科学的发展和科学研究方法的进步，人们运用先进的科学理论和方法来研究书目控制的实践活动，无疑是具有积极意义的。即使伊根和谢拉当年提出的"书目控制"概念与维纳的控制论只是学术上的巧合，或者只是蕴含一般控制论的某些精神，那么今天，当一般控制论已经发展、完善，并得到广泛运用的时候，人们运用控制论的原理来研究书目控制实践活动，这对于完善和提高以往对书目控制的研究和认识，从而发现书目工作领域的新规律，是十分有益的。但是，书目控制的理论研究不能脱离书目控制的实践活动。如果从纯思辨的角度对书目控制进行经院式的分析，不仅对书目工作的发展没有多大作用，而且会失却书目控制思想本来的意义。

基于上述认识以及本书主题的现实性要求，笔者倾向于对书目控制作一种实用性的解释，即书目控制就是通过书目完整系统地掌握社会生产的全部文献，并运用规范化的符号和语言使之有序化，以实现对文献准确而快速地存贮和检索的一种活动。

二、书目控制的制高点：UBC 及 NBC

实现完全的书目控制，即通过书目完整系统地掌握社会生产的全部文献，是多少年来人们所追求的一种崇高的文化理想。在中国，公元五世纪目录学家阮孝绪提出"穷天下遗书"的思想，12 世纪，宋代目录学家郑樵阐述"纪百代之有无、广古今而无遗"的主张，即表达了书目控制这一文化理想。在西方，被称为"书目之父"的格斯纳，立志记录、保存人类的全部知识财富。1545 年，他编成了《世界总书目》（1555 年又出版了补遗），收录了 3000 多名学者的约15000 种图书，将理想变成了现实成果。然而，限于当时的条件，"这

146

一书目不是真正意义的'世界'书目","收入的图书占1555年以前欧洲出版物的四分之一或五分之一"①。继格斯纳之后许多学者都曾作过编制世界书目的尝试,其中最突出的是19世纪末,奥特勒(Panl Otlet)和拉方丹(Henri La Fontain)在布鲁塞尔创建了国际目录学会,计划从事世界书目的编制,并从印刷目录、书商目录和图书馆目录中识别和作出世界出版物的款目,收集了1600多万条记录资料并按分类编排,为此组织了一个国际十进分类体系。但这一计划终于没有实现。其中固然有第一次世界大战影响的原因,但即使没有战争影响,这个计划也不可能实现,因为仅仅靠几个人或一个组织的力量来实现世界范围的书目控制只不过是一个幻想。

然而,实现世界书目控制的必要性并没有因为它的困难和前人的失败而减弱。相反,到本世纪五六十年代,一场世界范围的新科学技术革命浪潮汹涌而来,人类开始迈向信息社会。作为信息、知识载体的文献不仅以惊人的速度增长,而且类型多样,语种复杂,分散重复,老化加快,人们要迅速、准确、广泛地检索和获取自己的所需要的文献已变得越发困难。人们由于无法有效地获取文献资料而使研究工作重复所造成的浪费也更加严重。为了解决不断增长着的巨大文献量与人们对文献检索利用的低效率之间日益尖锐的矛盾,实行有效的书目控制也就变得越来越重要和迫切了。同时,60年代以来电子计算机和其他现代信息技术的迅速发展和广泛应用也为实现有效的书目控制创造了条件。正是在这一背景下,"世界书目控制(UBC)计划"便应运而生。

1971年,IFLA主席H.利亚贝尔斯博士在利物浦IFLA会议的开幕词中第一次提出了"UBC"这一新概念和有关UBC的一些建议。同年,F. G.卡尔特韦塞博士在《UNESCO图书馆公报》中第一次阐述了UBC这一全球性计划。1973年,UBC纳入IFLA计

---

① 杨威理. 西方图书馆史. 商务印书馆,1988

划,1974年形成了IFLA的"UBC正式声明"。该声明对世界书目控制所作的表述是"所谓世界书目控制(UBC),就是建立一个致力于书目情报交换与管理的世界系统,这个系统采用一种为世界各国所接受的形式,使人们能迅速而广泛地获得世界各国所出版的图书情报资料。"①1974年9月召开的著名的"国家情报系统会议",UBC计划获得了世界上许多国际组织的赞同,会议通过的有关UBC的计划指出:"UNESCO将与IFLA合作,把建立一个世界性的情报控制和交换系统作为一项主要的政策目标,共同促进UBC。UBC计划的成功依赖于高效的国家书目控制。因此,UNESCO将组织会议促进与UBC有关问题的研究,并将以通过评价现有的国家书目工作为基础来开展未来活动的第一步行动。"②

很显然,IFLA和UNESCO都已经理智地认识到,要编制一个涵盖世界全部出版物的世界书目,是不可能的。因为人们不可能把世界上所有出版物及时地集中到一处,因而编目便没有书目数据源。即使是能够集中所有出版物,要进行及时编目也是不可能的,因为这工程太浩繁。所以,IFLA和UNESCO所致力实现的,不是直接的实在的世界书目编制,而是建立一个世界性的书目情报交换与管理系统。这个系统是一个在国际兼容条件下,由各个国家的书目情报系统组成的国际书目网络,因此,1974年IFLA提出的UBC规划明确指出在各个成员国内实现国家书目控制(NBC)是实现UBC的根本保证。

建立世界性的书目情报交换与管理系统,目的是用国际上都能接受的方式,普遍而迅速得到所有国家出版的所有出版物的基本书目数据,为此,必须使各国所作的有关本国出版物记录在形式上同构,解决文献输入、存贮、输出过程的变异控制问题,亦即实现

① (美)安德森,D. 国际书目管理的现状与发展. 图书馆学通讯,1981(3)
② 程焕文. 世界书目控制:现状、趋势和策略. 中山大学学报(哲社),1990(2)

国际书目工作的标准化。多年来,IFLA、UNESCO 和 ISO 等国际组织一直为此进行着不懈的努力。

1974 年 3 月,IFLA 经过数年的拟订和修订工作,正式出版了供专著用的《国际标准书目著录》[International Standard Bibliographic Description for Monographs 简称 ISBD(M)]第一标准版,在世界各国产生了较大影响。随后,IFLA 又在此基础上制定了一系列的其他类型资料的标准著录格式文本:《国际标准书目著录总则》[ISBD(G)]、《国际标准书目著录〈连续出版物〉》[ISBD(S)]、《国际标准书目著录〈古籍〉》[ISBD(A)]、《国际标准书目著录〈图谱资料〉》[ISBD(CM)]、《国际标准书目著录〈非书资料〉》[ISBD(NBM)]、《国际标准书目著录〈机读文档〉》[ISBD(CF)]、《国际标准书目著录〈单元著录〉》[ISBD(CP)]等等。作为世界书目控制的一项主要活动,国际标准书目著录规则已经形成了一个较为完整的体系。ISBD 的实施,实现了文献著录标准的国际统一,使各国的文献著录项目及其排列顺序具有互换性;克服了语言障碍,使各国文献著录具有易识别性,即使不认识某种文字,也能通过标识符号系统,识别著录项目。同时,ISBD 也有助于将一般书目转换成机读目录形式。正因为如此,ISBD 一出现就得到世界各国的广泛接受,不少国家把它作为本国的国际标准,或作为修订本国文献著录规则的依据。

在 IFLA 积极研究和制订 ISBD 的同时,国际标准化组织第 46 技术委员会(ISO/TC46)也陆续通过了一系列关于书目工作的国际标准,如 ISO2108—1973《文献工作——国际标准图书编号》(ISBN)、ISO3297—1975《文献工作——国际标准连续出版物编号》(ISSN)、ISO2709—1973《文献工作——磁带上文献目录信息互换形式》等,对国际书目工作标准化起了积极的推动作用。

由于世界文献数量巨大、种类繁多、语种各异,因此,要实现 UBC,还必须解决文献的大批量的鉴别、加工以及存储和检索的速度问题。为此,IFLA 对国际书目工作自动化也给予了特别的关注。60 年代末,美国国会图书馆研制 MARCII 成功,为书目工作自动化开辟了道路,在世界各国图书馆界产生了重大影响。许多国家纷纷进行研究、规划、试验和建立自己的机读目录系统。IFLA 也非常重视 MARC 的应用研究。1973 年,IFLA 提出了以 MARC 为核心的 UBC 运动,要求各国负责收集本国的出版物并制成 MARC,希望通过在国际间交换 MARC,就可能得到世界范围的总书目。自 1975 年起,国家图书馆馆长会议为探讨机读目录网络化成立了"国际 MARC 网络研究筹划指导委员会"。在此基础上,由原联邦德国资助,国际书目控制办事处于 1982 年在法兰克福的德国图书馆着手国际机读目录工作,目的是将其他国家的图书馆目录数据直接和自动地输入国际书目控制。1983 年,IFLA 将国际 MARC 纳入核心计划,成立 IMP。1986 年,IFLA 执行委员会决定将 UBC 和 IMP 两项计划合并为"Universal Bibliographic Control and International MARC",即 UBCIM 计划。负责该计划的温斯顿·罗伯茨(W. D. Roberts)说:"书目控制是一个为记录和描述图书馆资料于目录或数据库中,以促进其在图书馆或文献中心便利使用的系统。"①UBCIM 不仅把书目控制与图书馆情报活动紧密联系在一起,而且把书目控制与机读目录结合起来了。

虽然各国在 LC – MARC 的基础上建立了本国机读目录,但由于各国采用的格式有差异,影响着国际资料交换。为了实现 MARC 内容标识符国际标准化,IFLA 成立了内容标识符工作组,研制了国际通用的机读格式,而 UNIMARC,作为各国建立自动化图书馆目录和国家书目的标准格式,并成为国际书目情报交换的

① Roberts, W. D. "Reflections on International Bibliographic Standards". In: International Symposium on Information technology Standard for Bibliographic Control. Bankok: thammasat University Libraries, 1989(3).

基础,1981 年起开始生效和实施。一些国家以此为基础建立 MARC 系统,生产并接受 UNIMARC 磁带。为推广应用,1987 年 UBCIM 出版了《UBCIM 手册》,说明其格式并加强其条文内容。1988 年,IFLA 第 54 届大会期间组织 UNIMARC 理论与实践专题研讨会。1991 年在佛罗伦萨召开了 UNIMARC/CCF 专题研讨会,同年出版了 UNIMARC/A。1992 年出版了《MARC 数据库和服务国际指南》(第三次修订版)。近年来,IFLA 的内容标识符工作组正在进行国际 MARC 网络建设,以期实现世界书目控制。

IFLA 在推进 UBC 计划的过程中,始终强调国家书目控制(NBC)是实现 UBC 的基础和前提。各国也在建立 NBC 系统方面采取了积极的行动。1974 年美国成立全国书目控制协调委员会,旨在促进各类型书目的标准化,连续出版物转换计划和协作性机读目录的实现,进而建立全国统一的书目数据库。前苏联在 60 年代就实现了全国书目工作的统一协调和分工,并且颁布了有关书目文献工作和术语的国际标准。英国自 1973 年起就开始实行在版编目,现行的《英国国家书目》已采用了国际书目著录标准。日本也正在努力建立以国会图书馆为中心的联机目录情报网络系统,以实现 NBC。近年来,NBC 的发展已遍及世界大多数国家,UBC 和 NBC 已经成为当今世界书目情报事业发展的大趋势。

三、书目控制与文献资源共享

书目控制的基本功能是以简要的方式记录文献的特征信息(形式信息、内容信息),并使之形成有序化的文档,从而全面、迅速地为人们提供所需文献的线索。但书目控制并不能保证人们获得所需要的文献。UBC 的提出,从时间、空间的维度大大扩展了书目控制的功能。UBC 的目标是试图使任何一个读者(用户)在任何时间、任何空间都可以广泛而迅速地得到他所需要的一切文献的书目信息。但 UBC 只是扩展而不是改变书目控制的基本功能。也就是说,人们可以在更大的时空范围内获得他所需要的文献线索,但仍不能保证获得所需要的文献(在我国,用户通过国际联机检索查到了所需文献线索而在国内找不到原始文献的事不乏其例)。因此,书目控制本身并不是目的,通过书目控制这一手段来更好地满足人们利用文献的需要,实现文献资源共享才是书目控制的最终目的。关于这一点,国外学者也有论述,Elizabeth. C. Tate 认为:"书目控制是为了检索、管理、交流和传播文献而组织世界上文献的工具和手段。"①Donald Davison 认为:"记录图书以便使潜在的读者注意到有这些文献的存在固然重要,但能直接检索利用文献显然更重要。当然在检索的同时也必须有使人意识到文献是否存在的方法,但获得和利用是最终目的。""编制书目本身不是目的,仅是达到其目的的手段"②。这些论述清楚地阐明了书目控制的目的是文献资源的利用、共享。正因为如此,IFLA 在1974 年正式提出实施 UBC 这一全球性计划以后,又于 1975 年提出实施"世界出版物资源共享"(UAP)计划。UAP 试图建立一种世界范围的文献利用体制,通过这种体制利用各国的出版物。任何用户在通过 UBC 获得世界书目信息以后,能够在任何时间、空间迅速地得到他所需要的文献。可见,UBC 和 UAP 是不可分离的,前者是手段,后者是目的,没有后者,前者就失去了意义。

同样重要的是,没有有效的书目控制,要实现文献资源共享也是不可能的。毫无疑问,用户要想随时随地获取自己所需要的世界上的每一种文献,一个最基本的前提就是了解世界有哪些文献,分别收藏在什么地方。而要做到这一点,就必须依赖对文献完备

---

① 转引自:程三国. 书目控制与 UAP. 见:出版物资源共享国内学术讨论会论文集. 北京:书目文献出版社,1986

② 转引自:程三国. 书目控制与 UAP. 见:出版物资源共享国内学术讨论会论文集. 北京:书目文献出版社,1986

详细记录和揭示报道的各类型书目。尤其是在当今社会,文献数量浩繁、类型复杂、内容重复庞杂,如果没有一个强有力的书目控制系统,人们要获取、利用出版物,便如同大海捞针,文献资源共享也就成为一句空话。可见,有效的书目控制是实现文献资源共享必不可少的前提。UBC 所致力建立的,就是一个全球性的书目控制系统,为 UAP 的实现提供保证。所以,UBC 和 UAP 是相互联系、相互依赖的,它们是"一辆车子的两个车轮"。①

四、我国书目控制系统现状分析

完善的国家书目控制系统是世界书目控制的基础,是实现文献资源共享的保证。分析我国书目控制系统现状,目的在于发现我国书目控制系统的薄弱环节,以改善我国书目控制系统的功能,为实现文献资源共享创造条件。

国家的书目控制系统由以下子系统组成,即国家书目子系统、国家编目子系统、联合目录子系统、专题目录子系统、检索刊物子系统。

1. 国家书目子系统

国家书目是全面系统地揭示与报导一个国家出版的所有文献信息的总目录。1977 年,UNESCO 和 IFLA 在巴黎联合召开的国家书目国际代表大会(ICNB)强调了 NBC 是实现 UBC 的先决条件,每一个成员国书目系统的完善才能使国际书目情报系统高效地运行,而国家书目的建立对实现 NBC 具有重要意义,因此,国家书目是一个国家书目控制系统的重要组成部分。

国家书目分为以揭示和报导一个国家最新出版的文献为职能的现行国家书目和反映一个国家在一定历史时期的文献出版状况

---

① 姜炳炘编译. 国际图书馆资源共享计划的由来和发展. 国际图书馆协会联合会参考资料. 北京图书馆图书馆学研究部,1981

的回溯性国家书目。当今,定期出版的现行国家书目已成为国家书目工作的主要内容。目前,世界上已有百余个国家编辑出版现行国家书目。我国现行国家书目有三种:《全国新书目》、《全国总书目》和《中国国家书目》。《全国新书目》创刊于1950年,原名《每周新书目》,由出版总署图书期刊司负责编制。1955年因出版总署撤销,改由文化部出版局所属版本图书馆编印,定名为《全国新书目》月刊。其后刊期屡经变更,自1973年至今为月刊。《全国总书目》是在《全国新书目》基础上编制的全国综合性目录。《全国总书目(1949—1954)》和《全国总书目(1955年)》均由新华书店总店编辑出版。自1956年起,改由版本图书馆负责编辑出版,1966—1971年编辑工作中断(后已补出1966—1969年总书目),1973年以后基本上按年出版。《中国国家书目》由北京图书馆编纂,于1987年问世,出版了1985、1986、1987年印刷本,后因故搁置。1994年又恢复出版,编印《中国国家书目(1992)》,并决定从此形成制度,每年出版上年度的国家书目,还将逐步回溯1988—1991年版,使之最终与《中国国家书目(1987)》相衔接。除了现行国家书目外,我国自1978年后还编制了两部大型回溯性国家书目《中国古籍善本书目》和《民国时期总书目》。

近年来我国国家书目的编制质量有了较大进步。在国家书目编制中,除了撰写提要这一我国目录学优良传统得到继承外,文献著录项目也比较完备,且渐趋规范,如《中国国家书目(1992)》已完全按照ISBD和我国文献著录规则进行著录。在分类体系方面,80年代开始采用《中国图书馆图书分类法》,有利于实现书目工作的标准化、自动化,有利国内外书目情报的交流与共享。《中国国家书目(1992)》还用《汉语主题词表》和《中国科学院图书馆图书分类法》对文献进行标引。在检索入口方面,我国国家书目开始编辑题名、著者和主题索引。但从文献资源共享的角度来看,我国的国家书目还存在一些缺陷,比较突出的是以下几个方面:

154

（1）文献信息网罗度不高

由于《全国总书目》已有多年的历史，我们可以通过它来了解我国国家书目对文献信息的网罗情况。

从文献收录的范围来看，《全国总书目》只著录正式出版的图书、画片、乐谱、地图等，不收内部书、停售书和非正式出版物。其实，有许多非正式出版物有重要的学术价值和实用价值，仅仅因为不是正式出版机构刊行而未予收录，说明《全国总书目》收录文献范围是有局限性的，即使是正式出版物，《全国总书目》的网罗度也不理想，见下表。

表4-1 1980—1989年《全国总书目》图书网罗度

年份	《中国出版年鉴》出书种数	《全国总书目》收书种数	网罗度（%）
1980	21621	17365	80.3
1981	25601	20398	79.7
1982	31784	23481	73.9
1983	35700	25478	71.4
1984	40072	28631	71.4
1985	45603	33435	73.3
1986	51789	35520	68.6
1987	60193	41065	68.2
1988	65962	44265	67.1
1989	74986	50872	67.8

此表表明，《全国总书目》图书网罗度近十几年来在60%—80%之间，而且随着出版量增大，网罗度却呈下降趋势。这意味着我国仍有30%左右的出版物处于非控制状态。其原因，主要是由于我国现行的图书呈缴制度缺乏法律约束力，呈缴不全和呈缴拖延现象严重。关于这一点，本书前一章已作了分析。以国家图书馆藏书为基础的《中国国家书目》收录范围扩大，但对文献的网罗

度也不高。《中国国家书目(1993)》收录1992年出版的图书5.2万余种,而1992年全国出版图书92910种,网罗度约为56%。国家书目作为一个国家所出版文献的总目录,应当全面地登记、揭示和报道一个国家的全部出版物。因此,收录的完整性是对国家书目最基本和最重要的要求。我国的国家书目对文献信息网罗度不高,因而在国家书目控制系统中不能发挥其应有的功能。

（2）报道文献的时差太长

我国的《全国新书目》自1973年起报导周期为一个月,落后于发达国家现行国家书目的一般报导周期(一周),及时性较差。同时,从征集已出版图书的样本到编目、出版这一整套程序,使《全国新书目》对它所反映的图书大大滞后,与出版社的征订目录比较起来缺乏新颖性。而《全国总书目》的滞后长达二三年。报道文献的时差太长,影响了作为现行书目的情报价值。从1990年9月开始,《中国国家书目》开始用计算机编制每月两期的速印本,可向国内外提供卡片式、书本式、磁带、磁盘、光盘等多种书目产品,可在一定程度上弥补国家书目报道文献时差过长的缺陷。

（3）报道文献重复

《全国新书目》、《全国总书目》和《中国国家书目》所收录的文献大多是重复的,它们之间如何分工配合,怎样协调关系,已成为我国国家书目面临的新问题。

2. 国家编目子系统

国家书目子系统是通过全面记录、揭示与报道一个国家的文献信息来实现其书目控制的职能,而国家编目系统则通过对文献信息流的集中揭示,向各图书情报单位提供标准编目数据来实现其书目控制职能。集中编目(CC)和在版编目(CIP)是国家编目子系统的两项主要工作。对实现文献资源共享来说,CC和CIP的最大价值在于它为编目工作标准化创造了有利条件,同时,它避免了编目工作的重复劳动,节省了图书情报单位的编目时间,使文献能尽快与读者见面。

集中编目最早是美国史密逊研究院的杰威特在 1850 年提出的设想。美国图书馆局于 1893 年开始向各图书馆提供目录卡片，1901 年美国国会图书馆接手这项工作,直到发行 MARC 磁带以后才停止。世界上许多国家都设有专门进行图书集中编目的机构,大都由国家图书馆承担这一责任。

我国的图书集中编目工作始于 1958 年,由北京图书馆、中国科学院图书馆、中国人民大学图书馆组成中文图书提要卡片联合编辑组,开始向全国发行目录卡片。中断几年后,1972 年由北京图书馆恢复此项工作。至 1986 年,"中文统一编目在全国订户有 5000 余个,每年平均出版 16000 种以上,发行卡片 2000 万张以上,各大中型图书馆几乎 100% 接受统一编目成果,其中 80% 的藏书是直接使用统一编目款目卡片。"①1984 年,集中编目款目卡片开始依据国家标准《普通图书著录规则》进行著录,标志着我国集中编目走上标准化轨道。1985 年,集中编目款目卡片又在采用《中图法》、《中图法》(简本)、《科图法》标引三种分类号的同时,以汉语主题词表为依据标引主题词,从而提高了书目信息的使用价值。我国集中编目存在的主要问题,一是数量不足,对图书的覆盖面太窄;二是卡片与图书不能同步发行,因而各馆订购的铅印卡片中平均有 30% 以上不能使用,致使集中编目的作用没有得到充分的发挥。

在版编目是出版部门和图书馆界合作的产物。其特点是在图书的出版过程中,即图书尚未完成印刷装订时,由集中的或分散的编目机构依据一定的编目标准编制出正式的书目数据,并印在图书书名页的背面,从而使图书与自身的书目数据一起流传。同时可以在图书出版之前和出版之后形成多种多样报道性的、检索性

<hr>

① 黄俊贵. 中国国家书目及其进展. 出版物资源共享国内学术讨论会论文集. 书目文献出版社,1986

的、商业性的目录,还可以通过计算机和通讯网络建立多家联合的书目数据库,具有多方面的效益。

图书在版编目的设想早在1853年就由美国的查尔斯·朱厄特提出来了。此后,美国的图书馆学家鲍克和杜威等人发展了这一概念并在一定范围内实施,但因经费问题而搁浅。本世纪50年代,美国国会图书馆又进行了在版编目的试验,在70年代得到迅速发展,随即为发达国家广泛采用。80年代,美、英、德、前苏联等国在版编目取得显著成效。美国在1972年只有400家出版社的13000多种图书进行了出版前的编目。现在,美国国会图书馆在版编目计划共计进行了50万种图书的在版编目工作。仅1990年,美国国会图书馆的在版编目图书达45000多种①。

我国的图书在版编目起步晚。1979年,国内有文章介绍国外图书在版编目的试行情况。1986年,北京大学图书馆和北京大学出版社、北京图书馆和书目文献出版社、中国科学院图书馆和科学出版社等先后进行过在版编目的尝试,但或未能出书,或出几种书后中止。主要原因,一是出版社看不到效益,积极性不高;二是缺乏权威的、科学的、切实可行的编目标准。1987年,由新闻出版署、国家标准局、文化部图书馆司、国家教委教材与图书情报管理办公室、中科院图书情报出版委员会共同组建的图书在版编目领导小组成立,决定起草两项国家标准:《图书在版编目数据》和《图书书名页》。1990年7月,这两项标准被批准为强制性国家标准,自1991年3月起实施。按照两项标准的规定,中国在版编目数据主要由"著录数据"和"检索数据"构成。著录数据包括书名与责任者项、版本项、出版项、丛书项、附注项、标准书号项六大项;检索数据包括图书外部识别特征的检索点(书名、责任者、丛书书名、丛书责任者,以罗马数字标识)和内容主题的检索点(用阿拉伯数

---

① 蔡曙光.在版编目计划的由来和发展.国外图书情报工作,1993(1)

字标识的主题词和无标识的分类号）。主题词规定采用《汉语主题词表》标引,分类号以《中图法》为依据。中国的在版编目数据统一印刷在图书主书名页的背面。

1991年,新闻出版署发文各出版社,部署贯彻执行《图书书名页》和《图书在版编目数据》国家标准。1992年11月新闻出版署设立新闻出版信息中心,具体组织领导图书在版编目工作。1993年2月,开始正式在试点单位中实施在版编目,1993年下半年中国图书在版编目成果问世。目前已有约200家出版社参与在版编目数据工作。这是我国书目工作标准化的重要进展,它将对完善我国的书目控制系统,进而实现文献资源共享产生积极的促进作用。

3. 联合目录子系统

完善的国家书目使人们能够了解和掌握一个国家全部出版物的情况,良好的国家编目系统成功地解决了各馆的书目控制问题,但是,它们都无法解决多馆的书目控制问题。人们不知道本馆以外的文献收藏情况,自然无法去利用。因此,对于实现文献资源共享来说,具有最直接作用的是以反映文献的收藏处所为特征,为揭示与报导若干个图书情报单位收藏的文献信息而编制的联合目录。

联合目录集中地揭示和报导多馆藏书特点及其分布情况,是图书情报单位之间开展馆际互借、复制必不可少的工具,对促进文献情报的广泛交流,促进文献资源的共同利用具有重要意义。因此,世界各发达国家十分重视联合目录编制。本世纪以来,联合目录大规模发展。美国在30年代,国会图书馆成立联合目录部。欧洲在40年代,许多国家赞助和支持联合目录编纂。50年代以来,国家联合目录向地区性联合目录发展,如北欧四国的"斯堪的亚计划",在协调采购的同时,编制四国图书馆的联合目录。70年代以后,西方联合目录开展大规模合作并转向计算机编目。

新中国的联合目录编制曾有过一段辉煌的时期,1957年国务院批准《全国图书协调方案》,成立全国联合目录编辑组,使我国联合目录进入有组织大发展的时期。从1958年至1966年,编出全国性书刊联合目录27种,地区性联合目录300余种,参加协作的图书馆达700多个,基本上形成了联合目录报导体系。可惜这一进程因"文革"而中断。"文革"后,联合目录工作逐渐恢复。1980年召开了全国第一次联合目录工作会议,提出了报导体系的方案,制定了组织章程和选题规划。近年来我国联合目录出现利用计算机编制的趋势,如北京大学图书馆编制的《机编西文图书联合目录》于1986年发行。1993年起又用该计算机系统为国家教委文科文献情报中心编辑《西文图书联合目录》。

然而,我们不能不看到,联合目录子系统是我国书目控制系统中最为薄弱的环节。"文革"后,联合目录工作虽有恢复,但很缓慢,尤其是全国性联合目录至今尚未恢复,主要是由于没有统一的领导和组织,加上我国图书情报事业管理体制是条块分割,各系统之间协调困难。尽管有过一些地区性、跨行业的合作,但因缺乏统一领导和稳定的经费支持,这种合作编制的联合目录不能形成稳定的产品,且覆盖面小,质量不高,不能适应社会需要。

4. 专题书目子系统

对于在特定范围内挑选文献的读者来说,系统地揭示与报导某一特定学科,或某一科研课题的专题书目具有重要作用。因而对实现文献资源共享来说,专题书目也是不可忽视的工具。而在国家书目控制系统中,专题书目可谓蔚为大观。据柯平统计,从1949—1992年,我国编辑出版的书目索引单行本共7682种(不包括1984年以来非正式出版的书目索引),其中专题性书目索引6213种,占总数的80.9%[①]。

专题书目存在的比较突出的问题是学科布局不平衡。柯平的统计表明,在6213种专题书目中,社会科学有2279种,自然科学

① 柯平. 书目情报系统的理论研究. 武汉大学博士学位论文,1994

3498 种。社会科学中政治、经济、文化教育、文学、历史领域的数量较多,其他领域数量较少。自然科学中工业技术书目索引占主导地位,其他学科书目较少。很明显在专题书目领域中,社会科学落后于自然科学,基础学科落后于技术学科。这固然和国家工作重心有关,但也说明在书目索引的选题上缺乏规划、重复劳动。

5. 检索刊物子系统

检索刊物是二次文献的主体,在帮助人们快速、准确、全面地获取和利用一次文献和各种信息资源方面,比其他类型的二次文献具有更大的作用。检索刊物的状况,在一定程度上代表一个国家对信息资源开发、加工、管理和利用的水平,对实现资源共享具有十分重要的作用。因此,各发达国家十分重视检索期刊的建设。据统计,全世界检索期刊有 4000 多种,文摘索引机构 1500 个。

在我国书目控制系统中,检索刊物子系统是一个相当薄弱的环节,主要体现在:

(1)检索刊物数量不足,报导文献覆盖率低

国外大约每 10 种刊物就有 1 种检索刊物,在我国,出版检索期刊最多的 1987 年为 229 种,而我国当年期刊出版种数为 5687 种。1992 年,我国出版的期刊种数增加到 6486 种,而检索期刊却下降到 157 种。其原因,固然是由于一部分检索期刊转向数据库建设,符合时代发展趋势,但一些检索期刊因质量不高、利用率低而被淘汰,或者因经费不足而被迫停刊,是更重要的原因。

从检索刊物报导文献的覆盖率来看,对国外文献年报导量最多的 1988 年为 125 万条,而当年世界文献总量约 400 万篇,覆盖率仅为 32%,其中还有重复交叉的部分。对国内文献的覆盖率也比较低,如最有影响的《全国报刊索引》每年报导的信息量仅占全国报刊信息量的 20% 左右。

(2)检索途径不完善

我国检索刊物多采用分类编排,除部分有年度索引外,大多无

其他辅助索引。近几年来加强了索引的编制,到 1992 年,期刊中有主题索引的占 92.4%,有分类索引的占 35.8%,有著者索引的占 21.7%;有 2 种以上索引的期刊占 44%,3 种以上索引的占 14%,4 种以上的只有 3%,和国外一些著名的检索期刊相比,我国检索期刊的索引类型明显偏少。如《化学文摘》(CA),不仅有期索引、卷索引、累积卷索引,而且每期还有关键词索引、专利索引等多种索引,其中的著者、专利号及普通主题词、化学物质、分子式、环系、登记号、来源、杂原子等索引均有 5 年、10 年的累积索引。我国检索刊物由于没有完善的辅助索引,使用不方便,大大影响了使用效果。

(3)检索刊物出版周期和报导时差太长

我国大多数检索刊物的出版周期为月刊、双月刊或季刊,极少有半月刊、周刊,加之出版发行体制的僵化,有的检索刊物的时差为 1—2 年。检索刊物与读者见面时,许多内容已失去其新颖性,这和国外检索期刊不断缩小时差(如 EI 为 3—4 个月,CA 为 3 个月,《科学技术文献速报》时差从 3 个月减到 1 个月)形成很强的反差。这种情况与当前科技的迅速发展,人们对信息的迅速获取的要求很不适应。

(4)著录、标引和标准化程度低

尽管我国已制定了一系列的著录标准,但由于诸多因素的影响许多标准并未付诸实施,因而检索刊物中文献著录不标准的现象相当普遍,如文献著录格式不符合标准,著录项目不全,文摘字数太多,进行主题标引时,采用的主题不统一,有的用《汉语主题词表》,有的则用自编主题词表。著录标引的非标准化,不利于国家书目控制和国际书目控制,给文献资源共享造成障碍。

通过上述对我国书目控制系统的分析可以看出,我国的书目控制系统整体功能不强,对文献资源共享难以起到有效的支持、保障作用,因此,优化我国书目控制系统,是一个亟待解决的问题。

五、优化我国书目控制系统的思路

关于如何加强和改进我国的书目情报工作,图书馆界、目录学界不少理论研究者和实际工作者已从不同的角度进行过有益的探讨。但是一个国家的书目控制是一项复杂的系统工程,如果仅仅着眼于某个环节提出具体的改进措施,对改善书目控制系统的整体功能,收效往往有限。书目情报工作具有明显的横向特征,它横断于图书馆、情报部门、出版发行部门、档案部门及其他各种类型的文献信息部门,只有把分散于各种类型文献信息部门的书目情报工作统一起来,进行综合性的规划和建设,才能充分发挥我国书目控制系统的整体功能。因此,优化我国书目控制系统的总体思路是加强各文献信息部门书目情报工作的协调与合作,建立我国综合性的书目控制系统。具体来说有几个方面:

1. 加强图书馆界与出版部门的协调工作,完善国家书目,普及在版编目

国家书目的基础是图书呈缴制度,只有健全的图书呈缴制度才能保证国家书目收录的完备性。图书呈缴当然首先有赖于法律的约束,出版部门应该履行如数、及时地呈缴出版物的法定义务。但呈缴制度也应体现出图书馆界和出版部门在实现国家书目控制,促进文献资源共享这一共同目标下的合作关系,协调解决出版物呈缴中的问题。

在版编目作为图书馆界和出版部门合作的产物已经在我国出现,应该在试点的基础上,总结经验,加快它的推广和普及。在版编目给图书情报界带来的效益是显而易见的,这里关键是要出版部门加深对在版编目的认识。从宏观社会经济效益来看,在版编目是尽快传播图书信息、出版信息的好方式,是促进图书目录编制标准化、自动化、社会化的有效措施,是实现现代化的必然产物和历史的进步。而从微观的效益来看,出版部门由于有在版编目中

心著录的标准化的书目数据,省去了本身的编目工作,又能及时反映到全国征订目录中去,可以扩大图书的影响,增加订数,效益也是明显的。同时,在版编目数据同图书标准书号、条形码一样,都是图书现代化不可缺少的标志。在版编目数据的有无、质量高低,直接影响着出版物的品质和地位,直接关系到我国出版物能否走向世界,立足国际市场。图书出版部门对此应有充分的认识。另一方面,对负责在版编目数据审核、加工的中国版本图书馆来说,提高在版编目的时效性、准确性,对保证在版编目计划的顺利进行,也是十分重要的。总之,图书馆界和出版部门应该加强合作,争取尽快普及图书在版编目。

2. 加强图书馆界与图书发行部门的合作,搞好集中编目

目前集中编目存在的主要问题,一是统编卡对图书的覆盖面太窄,因为新华书店发行的征订目录对图书的覆盖面不宽,不能满足图书馆界对集中编目的要求;二是统编卡与图书不能同步发行,滞后期太长。解决这两个问题,需要图书馆界与图书发行部门合作,建立一个全国图书发行系统的书目中心,编制一种能基本覆盖各出版社出版新书的全国性图书征订目录,以取代目前的《科技新书目》、《社科新书目》,且合并《全国新书目》的有关业务,其书目数据由出版社按在版编目的内容直接向书目中心提供,实际上成为一个"在版图书联合征订目录"。著录按国家文献著录标准进行,并与图书馆目录卡片的著录内容一致。各书店在对图书馆征订图书的同时,征订图书目录卡片,卡片的订数报书目文献出版社,统一编印卡片供货,做到书、片同时发图书馆。由于有了在版编目,集中编目的效率将大大提高。而一旦汉字 MARC 磁带发行后,也就不必集中印刷卡片,而由各地的联合编目系统利用磁带为各馆提供目录卡片。对外文图书,也可由图书馆界与图书引进部门合作,进行集中编目,书、卡一同发行。

图书馆界与图书发行部门的这一合作,效益也是明显的。对

图书馆来说,可以充分利用集中编目的成果,节省大量人力、物力,更重要的是实现编目工作标准化,有利于图书馆之间书目数据互换和资源共享。对发行部门来说,征订目录的覆盖面扩大到所有出版社,并可面向全国征订,从根本上解决了书目信息传递不灵的问题,无疑会大大增加订数,取得良好的社会效益和经济效益。

3. 加强图书馆界、情报界的广泛合作,编制联合目录,建立检索刊物体系

联合目录是开展馆际互借,实现资源共享的前提条件,也是图书情报界开展合作的基本形式。然而,作为一项社会性的事业,它也最需要图书情报界的广泛协调与合作,舍此别无他途。对编制联合目录的重要意义,图书情报界无疑是有共识的。现在的关键是要整个图书情报界积极行动起来,同心协力去进行这一社会化的书目事业。应该看到,由于我国图书在版编目已经开始实施,集中编目也会逐步完善,这为联合目录的编制创造了良好基础条件。

联合目录走什么样的发展道路,也是目前值得探讨的问题。随着电子计算机和现代通信技术的发展,图书情报工作的自动化、网络化终将成为现实,但从现阶段的国情来看,这仍将是一个比较长远的目标。因此,发展书本式联合目录,仍是当前服务于读者的重要手段,但这并不意味着仍采用传统手工方式来做这项工作。用手工方式编辑联合目录,需要投入大量人力,编辑周期长,深度也不够。根据目前已有条件,采用计算机和市售书目数据库编辑联合目录,不仅节省人力、周期短,且有相当的标引深度,可以提供多途径检索,而且,在计算机编辑联合目录的同时,联合目录数据库也自动产生。这样既可满足读者当前对书目信息的需求,借此可开展馆际互借、采购协调等,又为将来图书馆计算机网络数据库积累了数据资源。因而这是目前发展联合目录比较可行的途径。

建立检索刊物体系,也是当前迫切需要图书情报界广泛合作来进行的一项社会性事业。目前,我国的检索刊物数量少、对文献

覆盖面窄、学科不平衡、重复度大、质量低,因而使大量报刊文献资料、特种文献资料处于非控制状态。解决这些问题,首先有赖于图书情报部门开展协调与合作,按照优势互补、资源共享、互利互惠的原则,引入市场经营机制,促进同类专业或相邻专业联合,把数据集中起来,既可消除重复、填补缺漏,也能形成规模和效益。其次,检索期刊的编制,要和数据库建设结合起来,库刊结合,以库为基础,做到一次加工,派生多种产品,进行多层次、多类型的开发利用,以满足用户的多种需求,特别是要适应网络环境中的信息查询需求。再次,要实现一二次文献的有机结合,有关部门应做好组织协调工作,将出版物一次文献的软盘在最短的时间内提供给检索类出版物编辑部,为缩短二次文献的报道时差创造有利条件。

建立我国综合性的书目控制系统,必须有一定的保证条件,最重要的是以下三个方面:

第一,必须强化国家对书目工作的宏观调控。

书目工作涉及到各不同类型的文献信息部门,由于我国文献信息系统管理体制长期以来条块分割,各自为政,因而在书目工作的协调合作方面存在着许多人为的障碍。鉴于此,必须强化国家对书目工作的宏观调控,调控手段主要有两条:①建立全国性的书目控制总体规划和协作协调的机构。过去曾有人提议在中央和地方政府部门中设立集中管理全国书目工作的行政职能部门,这一设想,不仅与我国经济体制改革要求政府部门精简机构、转变职能的原则相悖,也不符合书目工作社会化的发展方向,在国外也被证明是有弊端的。因此,现在要建立的全国性书目控制机构,只能是协作协调机构,但它必须是有权威的,其权威来自国家有关书目控制法规和政策。它的职能主要是调查研究国内外书目控制的现状、组织结构、管理方法和应用技术,负责国家有关书目控制法规、政策的实施和监督,制定全国书目工作规划,协调全国书目选题计划,协调和督促全国书目工作的标准化、自动化,有计划地培训书目控制技术队伍。②制定国家书目控制的法规、政策,对书目工作的社会地位、经费保证、人员、组织、各文献信息部门在书目工作中应承担的义务和享受的权力等等,作出明确的规定,使书目控制走上法制化的轨道。

第二,必须完善书目工作标准化。

制定标准的书目格式,提供国际通用的书目数据转换方式,是实现国家书目控制和世界书目控制重要的前提。近十多年来,我国在书目工作标准化方面取得了长足进展。1979年,成立了全国文献编目标准化组织,即全国文献工作标准化技术委员会第六分委员会(目录著录分委员会)。80年代,制定了一系列的文献著录国家标准,如《文献目录信息交换用磁带格式》(GB2901—82)、《文献著录总则》(GB3792—83)、《文献主题标引规则》(GB3860—83)、《普通图书著录规则》(GB3892.2—85)、《检索期刊条目著录规则》(GB3793—83)、《检索刊物编辑总则》(GB3468—83)等等。其中著录规则基本与ISBD一致,可以与国际条例兼容和进行国际书目数据互换。在图书分类与标引方面,国家标准局已提将《中图法》和《汉语主题词表》作为国家标准分类法、叙词表。从1987年起,我国又开始在新版图书中废止原来的统一书号,采用国际标准书号,以和国际标准接轨。在文献编目标准化理论方面也取得了重要成果,特别是提出了我国文献著录标准化的四原则:图书情报单位统一、各类型文献统一、各种目录载体统一、中外文统一,对指导我国文献著录标准化工作实践具有重要的意义。

但我国书目工作标准化仍需要改进和完善。其一,标准化体系有待完善。目前,中文文献还缺少一些重要文献类型的著录标准,西文文献著录规则也不完整。其二,标准化水平还有待提高。现有文献著录标准中的"非标准化"现象还比较严重。在著录项目、著录格式、著录详简的规定上,各标准之间存在着不统一现象。其三,标准化的宣传推广工作有待加强,文献编目及书目编制工作人员的素质、水平亟待提高。其四,重视对书目工作标准化实施效果调查研究,以便针对存在的问题及标准化的发展变化,对书目工作标准予以改进和修订。其五,继续加强对书目工作标准化的理论研究。

第三,必须加快书目工作自动化的进程。

要建立一个高效率的综合性国家书目控制系统,不借助现代技术是不可能实现的。以电子计算机和先进通信技术为核心的现代信息技术在书目工作中的运用,使文献的分类、标引、存贮、检索工作实现自动化,并克服了文献信息传递的地理障碍,将大大提高书目控制的速度和效率。近二十年来,我国在书目工作自动化方面已取得了很大的进展,但和国外先进水平相比,还有很大差距。因而,集中力量从事书目工作自动化的研究与实施,是建立我国完善的书目控制系统面临的重要课题。本书在下一节将对此作进一步阐述。

第二节　文献资源共享中的信息技术

信息技术是一个动态的概念。现在人们一般认为信息技术是利用计算机与远程通讯技术来实现采集、处理、存储和传播那些包括声音、图像、文字和数据在内的各类信息的一系列现代化技术。其实,如果超脱一点,不妨认为,信息技术就是指同获取、传递、再生、利用信息有关的技术。文献资源共享的进程,是同信息技术的发展密切相关的。

一、信息技术的发展及其对文献资源共享的影响

1. 历史的回顾

信息技术作为人类改造自然、改造社会的基本手段之一,是社会生产力要素的重要构成成分。人类文明史上信息技术发展的每

一次飞跃,都对社会发展产生重要的影响,而对文献的交流与共享来说,信息技术的影响更是直接的、决定性的。

纸的发明与推广使用,是人类文化史上的一次大的革命,也是信息技术发展的第一次飞跃。我国是世界上最早发明造纸术的国家。纸的出现取代了笨重的简牍和昂贵的缣帛而成为主要的书写材料,文献载体由此而进入写本书时代。文献数量的剧增,增加了社会的文献积累,为文献的交流与共享提供了充分的物质保证,从而加速了文化、科学、技术的传播和发展。造纸术由我国向世界各地传播,并在传播过程中,技术不断改进,纸的质量不断提高,品种不断增多,从而在全球范围内使人类知识载体发生了革命性变化。造纸术对人类文献交流与共享的作用是不可低估的。

印刷术是我国古代的又一伟大发明,也是信息技术发展史上一个重要的里程碑。从我国的雕版印刷到活字印刷,到德国谷登堡的铅活字发明,印刷技术不断进步并传入世界各地,从而把世界推向一个高度发展的文明时代,所以马克思把印刷术称为"文明之母"。

印刷术的发明对人类文献信息交流与共享的重大意义在于,它使文献生产脱离了费时费力的手工抄写方式而实现了批量化的生产,从而使文献生产的速度大大加快,数量迅速增多,而且有了足够的复本,人们获得文献,比在写本书时期容易得多。宋代苏东坡曾言及此事:"余犹及见老儒先生,自言其少时,欲求《史记》《汉书》而不可得,幸而得之,皆手自书。近岁市人转相摹刻诸子百家之书,日传万纸,学者之于书,多且易致如此。"①这说明印刷术的发明和使用,大大扩展了文献交流与共享的范围。而且由于每一种文献有了很多的复本,就不易因兵燹和自然灾害的损毁而失传,这样就使文献不仅能在同代人之间交流,而且能世代传递,为后人所共享。可见,印刷术对人类文献交流与共享的推动作用是何等巨大!

---

① 转引自:谢灼华. 中国图书与图书馆史. 武汉:武汉大学出版社,1987

近代,信息技术有了许多新的发展,它们给人类文献的交流与共享带来了戏剧性的变化。首先是缩微复制技术。1839 年,英国人丹塞(J. B. Dancer)将一张 8 英寸大的文献缩摄成 1/8 英寸的胶片,这是世界上第一张缩微复制品。从此,缩微复制技术不断发展,它不仅可以大大节约图书资料的贮存空间,更重要的是,利用缩微复制技术,可以很容易地复制大量的珍贵稀有文献,使文献不致湮灭,不会绝版,以便长久地保存和共享。缩微复制品体积小,传递方便的特点,使它可以在馆际互借中发挥作用。

其次是静电复印技术。1938 年,美国人卡尔森(C. F. Carlson)发明了静电复印技术。60 年代以来,静电复印在各国迅速发展、普及,对文献资源共享来说,静电复印比缩微复制具有更为直接的作用:人们想要得到出版物的复本或复份,可以不必再次印刷或抄写,而是通过静电复印,用低廉的价格,迅速地达到目的。复印机能够起到照相机的作用,但它无需底片和化学处理,它能够起印刷品的作用,但它无需排版、校对和印刷。静电复印也便于馆际互借和邮寄借书。总之,静电复印使文献资源共享变得更为便捷,也更加广泛。

再次是视听技术。它是通过直接记录图像和声音来传递知识的技术。视听资料的独特功能——闻其声、见其形、直感性强,使更多的人能"阅读"这些文献,从而有利于对文献的充分利用和共享。视听资料的制作过程,如录音、录像等,比图书出版过程要短得多,而且复制方便。这有利于信息的快速传播与交流。这些特点,都对文献资源共享产生积极的影响。

本世纪中叶以来,以电子计算机和现代通信技术为核心的信息技术在图书情报工作中日益广泛的应用,给文献资源共享带来了划时代的变化。人们有理由相信,人类对文献资源的全面共享不是梦想,至少从技术上说,它是完全可以实现的。

2. 现代信息技术的发展

现代信息技术是科学技术发展到一定阶段的产物,是目前席卷全球的新技术革命的核心领域。现代信息技术的迅速发展与广泛应用正推动着人类社会由工业化时代向信息化时代迈进。

以现代信息技术为技术基础是信息化社会图书情报工作的基本特征之一。一般认为,信息存贮技术、信息识别技术、文字处理技术、图形图像处理技术、计算机技术、数据库技术、网络通讯技术、自动控制技术、光盘技术、人工智能与专家系统是图书情报工作现代化必然要涉及的十大关键技术。本书只就与文献资源共享关系极为密切的几个技术领域略加阐述。

（1）计算机技术

计算机技术是现代信息技术的主导。自 1946 年第一台电子计算机问世,近半个世纪来,电子计算机以惊人的速度发展,请见下表:

表4－2　电子计算机发展简表

计算机代	时间	体积	硬件		软件	速度	主存贮器容量	应用
			元件	主存				
第一代	1946—1955	特大	电子管	磁鼓	汇编语言	10KIPS	2Kbytes	科技计算,批处理的数据处理
第二代	1956—1963	大型	晶体管	磁芯	高级程序语言，管理程序	200KIPS	32Kbytes	科技计算,经济规划,管理信息系统
第三代	1964—1981	小型	集成电路	半导体	操作系统,高级程序语言,会话式语言	5MIPS	2Mbytes	计算机网,多道程序,实时系统分时系统
第四代	1982—	微型	大规模集成电路	光器件	高级程序语言,应用软件库,数据库管理	100MIPS系统	8Mbytes	远程终端,计算机网,洲际和全国性数据传输网

在以往的 40 多年中,电子计算机经历了四代更迭。目前,日本、美国以及欧洲共同体正在加紧研制第五代计算机,这种计算机是超大规模集成电路、人工智能、软件工程、新型计算机体系结构等综合的产物。其主要特点,是智能化程度显著提高,有类似人的大脑功能,能像人一样进行学习、联想和推理的计算机系统。它能够方便地使用自然语言和图像输入,使未经训练的使用者也能操作。这种建立在新的理论和技术基础上的"知识信息处理系统"一旦出现,将在促进知识库和知识检索系统发展方面出现新的突破,从而对图书馆与情报工作产生巨大影响。

近年来,计算机发展最显著的特点是性能/价格比的提高,其中尤以微机最为突出。在过去 10 年间,从每秒百万指令(MIPS)的价格比递减率来看,大型机为 16.5%,小型为 19%,微型机为 34%,这种趋势在 90 年代将继续下去。在功能上,微机已经向中、小型机,甚至大型机提出了挑战。过去许多只有中小型机甚至大型机才能实现的功能,而今在微机上也能实现。由于微机价格低廉、软件资源丰富、使用灵活方便,因而普及十分迅速,现世界年产量已超过 2500 万台。在一些发达国家,微机的应用不仅普及到企业的各个部门和各个领域,而且正在向个人和家庭渗透。如美国,目前已有 5000 多万台个人计算机,数千种软件包用于家庭和办公室,每年还有上千万个微处理器用于汽车、微波炉、电话和电视中。微机的广泛应用,有力地促进了办公自动化、图书馆自动化和情报处理的全面自动化。

近几年来,计算机病毒防治技术、多媒体技术、中文信息处理技术、条形码技术、图形图像处理技术以及新一代操作系统等也得到了较快的发展,成为计算机的重要支撑技术。

(2)数据库技术

随着计算机硬件成本的下降和性能的提高以及计算机的应用

迅速扩大,计算机软件技术在不断发展。作为计算机软件一个重要组成部分的数据库,其发展更引人注目。资料表明,1980年世界联机数据库的数量仅400个,1991年发展到5037个,1995年增加到约1万个。1980年以前,超百万篇的数据库极少,而今仅日本和美国的数据库中,超过百万篇的数据库就有近千家。美国国会图书馆的数据库,每年收存资料1801万篇,其数据量以亿万个计。数据库的类型从最初的科技文献型扩展到多品种体系,数值型、事实型、全文型数据在不断增加,其服务范围从以科技为主转移到科技、经济、管理、市场、娱乐等领域。数据库的联机并网化,使信息成为可供共享的资源。数据库的专业化、标准化、高精化大大提高了数据库的质量。数据库的商品化、产业化使数据库的不断发展获得了巨大动力。

在数据库技术方面,近年来的进展主要表现在:①在集中式数据库系统(DBMS)成熟技术的基础上推动了分布式数据库系统(DDBMS)的迅速发展。②数据库和人工智能相结合,人工智能借助数据库技术将系统规模提高到实用水平,数据库借助人工智能技术增加强有力的表达和推理能力,使数据库向知识库发展。③微机、工作站等的应用向文字、数据、图像、声音综合一体化方向发展,大容量光盘、图像识别装置、声音输入/输出装置、局域网、人工智能等技术的发展,已经出现了一些面向用户、使用户能方便地进行人机对话的多媒介(Multimedia)情报系统。利用计算机来表达人在思考过程中知识的非线性结构的超文本(Hypentext)技术在80年代后期有了大的发展,并开始实用化。④数据库多样化利用技术,如在联机检索服务系统中,选择那些自己需要经常使用的数据,通过套录的方法,自建专用数据库,以便以后多次利用,使资源增殖;在网络系统中,利用主机的高性能检索系统,通过 uploading 的方法,使局部的数据在系统内共享,等等。总之,近十多年来,数据库技术作为计算机学科中的一个重要分支有了惊人的发展,其发展水平已被看成是各国经济实力、科技水平的重要标志。

(3)存贮技术

信息存贮是信息技术的一个重要方面。计算机在向小型化发展的同时,存贮容量却在不断提高。70年代存贮一篇100万字符的文章,需要一个生日蛋糕大的磁盘,到了80年代仅需要一片软盘,而到90年代只需要信用卡大小的一个半导体器件。目前市场上销售的计算机内存芯片最大容量是16MB,韩国和日本几家公司已研制出64MB芯片,而日本东芝和德国西门子公司1992年宣布将联合研制256MB芯片,预计1998年投产。据美国《科学》杂志报道,日本理化研究所正在研制的原子团存储技术可望获得成功,应用这项技术可能使存贮容量比现在的半导体存储器增加大约千万倍。据推算在直径10厘米的光磁盘上能够存储大约96万年的每天20版的报纸。

外存技术的发展更为可观。目前一个火柴盒大小的可拆卸硬盘可存60MB的信息,再大一些的则一般可存数GB信息。日本NEC等研制的一个直径12厘米、厚1.2毫米、重15克的小型磁盘,可收录日本《新世界大百科辞典》全书约7000万字。将来,能够存储整个美国国会图书馆的万亿字节存贮器将在市面上普及。

光盘是70年代末以后出现的一种新型信息存贮媒体。光盘具有高密度、大容量、低价格、不受电磁灰尘等的影响等特点,它还便于复制、坚固耐用、易于与计算机连接、存贮寿命长、可交换盘片、使用方便。因而经过短短十多年的应用开发,它已显示出强大的生命力和广阔的应用前景。光盘中CD-ROM是当前应用得最多的一种形式,是国际上已经标准化的产品,其技术已趋于成熟。在诸如辞典、手册、百科全书等图书和各种数据库的出版中得到广泛的应用。CD-ROM除了能存贮数字化文字外,也能存贮数字化图形、图像、声音等,因此,它是作为存贮含有文本、图像、声音等的新型多介质数据库的理想媒体。

174

（4）网络通信技术

远程通信，从第一部电话诞生至今已有 100 多年的历史，因而它不是一门新技术。但它的技术进展日新月异，它在现代社会中所起的作用日益显著，它的发展水平已成为衡量一个国家发达程度的重要标志。现代通信技术与计算机的结合是信息技术的核心和灵魂。近年来，随着微电子技术、光电子技术、计算机技术、软件技术的迅速发展，作为信息时代重要标志的通信技术也以惊人的速度朝着网络化、数字化、综合化、智能化的方向发展。

①网络化。由于光纤通信、卫星通信、微波通信、移动通信等通信技术发展迅速，1980 年至 1990 年，世界电话主线从 3.2 亿线增加到 5 亿线，主线普及率达每百人 10.5 线，10 年来主线年增长率为 5.08%，平均主线普及率为 4.3%，而同期国民生产总值的增长率只有 2.4%。美国和加拿大的电话主线普及率达每百人 52 条，话机普及率每百人超过 90 部。同时，各种非话业务，如用户电报、数据、传真、可视图文、电子数据交换、电子化销售、电子邮箱、会议电视、电子图书馆、电子杂志等也发展迅速，非话业务终端以每年 20% 的速率增长。通信技术的进一步发展，是在实现用户线路数字化基础上，将各种业务的专业网（公用电话网、用户电报网、传真网、数据网等）集成到一个通用的综合网上，即综合业务数字网（ISDN）。ISDN 在 80 年代开始迅速发展，90 年代在发达国家广泛应用。国际上较为一致地认为，2000 年的通信网将是 IS-DN，并同时向宽带 ISDN（B–ISDN）过渡。尤其引人注目的是，目前各发达国家正纷纷提出面向 21 世纪的通信技术发展目标。以美国领头，日、德、法、英、加、新、韩等国家及台湾地区紧随其后，正在探讨兴建更先进的高速信息网络——信息高速公路。它的建成将可同时传输声音、图像和文字的光纤通信线路铺设到所有政府机构、科研单位、大学、图书馆、企业以及千家万户的普通家庭，形成全国性的信息网络，使所有的计算机用户在办公室或家中，像使

用电话那样利用其终端设备,方便迅速地传递和处理信息。

②数字化。通信技术数字化是远程通信技术划时代的进步。它不仅具有品质优越、保密性强、容量大、不易受干扰、成本低等特点,而且还易于与电子计算机衔接,便于存贮及信号处理。因此,近年来数据通信发展很快,它在远程通信中所占的比重迅速增大。作为数字电话基础的 ISDN 已被美、日和欧洲国家广泛采用。1992 年底,美国所有电话线路的 40% 具有 ISDN 功能,到 1994 年底 60% 将具有 ISDN 功能。

③综合化。综合化是指在技术的综合,即通信传输、交换、处理功能都采用数字技术,实现网络技术一体化的基础上,实现业务的综合,即把来自各种信息源的通信业务综合在同一网内运送和处理,并可在不同业务终端之间实现互通。

④智能化。即在通信网中引进更多的智能,形成所谓的智能网(IN),从而提高网络业务的应变能力,迅速、经济地提供满足各类用户需要的电信业务。智能网是本世纪末通信网的发展方向,许多国家正在积极研究。

3. 现代信息技术对文献资源共享的影响

各种信息技术相互联系、结合,组成了一个从事信息接收、存贮、转换、传递的信息技术群。这个信息技术群对文献资源共享的影响是直接的、意义深远的。

(1)现代信息技术大大扩展了文献资源共享的时空范围

现代信息技术,特别是远程通信技术把全球连结成一个紧密的信息整体,从而大大改变了人们的时空概念。一个人无论身处何处,一旦被纳入由电脑、电视、卫星、电话、电传等组成的现代化信息网络,他就与整个世界同时存在,同时知晓这个世界正在发生的种种变化。某些局部的社会信息,通过全球一体化的通信网络,就可以及时准确无误地传播到全球范围。电子计算机和远程通信技术相结合在文献情报工作应用的直接结果是联机情报检索的产生,而且随着现代通讯手段的不断发展,联机检索的范围由地区性的发展到全国性的,进而到国际联机检索。

对文献资源共享来说,联机检索,特别是国际联机检索的意义是重大的。首先它扩大了人们检索文献的范围。读者(用户)获取文献信息不再局限于某一个图书情报单位,而是把检索范围扩大到地区、全国乃至全球各国的数据库。如著名的 Internet,用户通过它可以免费检索世界上 100 多个国家和地区的各类型图书馆的馆藏目录,所有能想象的文献几乎都可以通过 Internet 检索到。又如世界上最大的国际联机检索系统 DIALOG 系统分布于世界 80 多个国家和地区的 300 多个城市,7 万多个终端用户随时都可以检索它包罗万象的庞大数据库。其次,它提高了检索速度。通过卫星通讯实现的国际联机情报检索,提供了只用几分钟就可以查阅世界各国数以万计的期刊中的有关文献,查遍几年、几十年的有关资料的可能性。而建设中的"信息高速公路",其信息网数据传播速度将从每秒 5600 比特加大到每秒 4600 万比特,它能在 1 秒钟之内把一整套《大英百科全书》从美国任何一个角落传到另一个角落。总之,人们可以通过联机检索网络,十分便捷地获取自己所需要的文献信息。

(2)现代信息技术提高了文献资源共享的信度和效度

文献资源共享的信度,是指可供共享的文献资料的水平、质量状况,可靠程度。效度则是指满足情报用户需求的全面性、准确性。提高文献资源共享的信度和效度,就是要全面、准确地为情报用户提供高水平、高质量、能反映最新科学技术成果的文献资料,现代信息技术的运用,能帮助人们较好地达到这一目的。

首先是"全"。当今文献数量浩繁,且广泛分散在世界各地的各种载体上,运用先进的信息存贮技术,如磁介质、光介质等,就有可能最大限度地网罗现有的文献信息,以保证文献信息的完备性。同时通过国际联机检索,运用先进的通信手段,以极快的速度检索世界各国、各地区的数据库,就能保证文献检索达到较高的查全率。

其次是"准"。由于国际联机检索系统的检索功能强,检索途径多,用户可以根据自己的需要采取各种检索策略,选择不同的检索途径来进行检索,还可以利用"人机对话",随时进行修改、调整,因而能使文献检索达到较高的查准率。

再次是"新"。频繁更新数据,以反映世界上不断出现的最新信息(包括文献信息),是各类型数据库,尤其是联机检索数据库的显著特点。用户使用这些数据库,就能及时获得反映世界各国科学技术最新成果的文献资料及各种最新信息。

可见,正是现代信息技术的运用,提高了文献资源共享的信度和效度。

(3)现代信息技术的发展影响了各国文献资源共享政策

现代通信技术的发展,使偌大世界变成了"地球村"。由卫星、电视、电话、电脑组成的全球性信息网络,强化了不同社会之间的频繁接触,从而使人们很快意识到各自的处境和差距,意识到一个国家的发展和现代化建设不可能在信息封闭的状态下进行。发展中国家认识到与发达国家经济实力差距的背后,在很大程度上是信息的差距。发达国家也逐渐认识到只有从全球协调发展的角度思考和处理信息业发展问题,才能逐步缩小南北差距,保持世界的稳定和安宁。因而,加强在信息领域的合作与交流,实现信息资源共享,成为许多国家信息政策的重要组成部分。

二、我国文献资源共享的技术支持

现代信息技术是文献资源共享重要的支持系统。近年来我国文献资源共享取得的进展,显然得益于现代信息技术的运用。同样,目前我国文献资源共享仍处于低水平,也和我国信息技术仍然比较落后有关。下面从几个方面进行分析:

1. 以电子计算机与远程通信技术为核心的信息传递技术

这是现代信息技术的核心,也是支持文献资源共享的关键性技术。80 年代以来,我国的电子计算机拥有量迅速增长,见下表:

表 4-3　我国电子计算机拥有量

年度	大中小型机		微机	
	台数(万)	平均递增	台数(万)	平均递增
1980	0.29		0.6	
1985	0.7	19%	13	193%
1990	0.9	5%	40	25%
1995	2	17.3%	300	49.6%

数据来源:

①《情报理论与实践》1992(4)

②《光明日报》1996.12.30

10 多年来,全国大中小型计算机累计装机总量达 1—2 万台,微机约 200 万台,就装机总量而言,我国已进入世界超过百万台装机的 20 个国家的行列。我国家用电脑装置量约 60 万台。城市家庭拥有电脑的覆盖率约为 0.8%,1993 年家用电脑销售量约 10 万台,1995 年猛升到近 60 万台。

远程通信是近年来我国发展极为迅速的行业。至 1996 年 6 月底,我国电话机总数已达 6154.9 万部,全国电话普及率达 5.47%,电话程控率达到 97%。移动电话达 512.1 万户,公用电话 108.9 万户。1996 年上半年,全国数据通信用户累计总数达 9.6 万户,其中分组交换用户达 4.2 万户,数字数据用户达 3.1 万户,电子信箱用户达 8855 万户,计算机互联网用户达 1.2 万户。"八五"期间,我国建成了 22 条光缆干线,20 条数据微波干线和 20 个大中型卫星通信地面站。全国已建成的小型地面卫星站达 3.5 万座。1993 年 9 月,我国建成了中国公用分组数据交换网(CHINAPAC)。该网到 1995 年底已联通全国所有地、市及部分县城,计划到 2000 年将联通全国 90% 的县。该网总容量将逾 5 万个端口,速率将提高到 256Kbps 和 2Mbps。目前该网已与第一批 18 个国内信息系统用户签约,开始提供数据通信服务,并与世界上的 37 个分组交换网实现了国际互联。1994 年 10 月中国公用数字数据网(CHINADDN)也正式宣布开通并对外营业。该网络的建设采用了目前世界上最先进的数字通信技术,其骨干网已联通除拉萨以外的省会城市,传输速率为每秒 2MB。DDN 本地网也在抓紧建设,部分省市已经建成。CHINAPAC 和 CHINADDN 的建成,为我国的计算机远程通信和数据传输创造了较好的环境,使不同用户不同机型的终端实现联机通信成为可能。

然而,必须清醒地看到,我国计算机和远程通信的发展仍远远落后于发达国家。先看计算机的普及和运用。90 年代以来,世界上发达国家的微机以 10% 以上的年增长率迅速地进入家庭,而今,美国已有 4881.3 万台进入家庭,德国有 1015.6 万台、日本有 1017.5 万台,而在我国,目前仅有千分之一左右的家庭拥有电脑。微机联网是资源共享的关键。发达国家微机联网率普遍在 30%—50% 以上,中国在很有限的微机中联网率只有 3% 左右。图书馆是开展文献资源共享活动的主要参加者,在使用计算机方面理应领先,然而,根据 1993 年的统计,全国 1 千多所高校只有 682 所高校图书馆配置了近 3300 台计算机(其中小型机 64 套),近 150 所高校图书馆开通了微机网络系统。而公共图书馆自动化的进展主要集中在少数发达城市。从应用情况来看,目前我国计算机应用水平大体相当于国外 60 年代中后期水平,应用领域不宽,基本上是单机应用的局面,而且开机率很低,大约只有 30% 左右。在通信设施方面,虽然近几年发展很快,但由于起点太低,因此,仍未能摆脱落后状态。目前电话普及的世界平均水平为 14%,美国的电话普及率高达 93%,而我国还只有 5.47%。上述数据表明,我国以计算机和远程通信技术为核心的信息传递技术

180

还难以形成对文献资源共享的强大支持。

2. 以数据库与光存贮技术相结合的信息贮存技术

如果说通信网络建设主要解决的是信息传输通道,即"路"的问题的话,那么数据库的建设要解决的就是"车"的问题,在我国现阶段,"路"固然重要,但"车"更急需。

我国的数据库建设自 80 年代开始起步。1995 年 10 月底,我国已拥有各类数据库 1038 个,数据库容量在 10—100MB 之间的占 42%,容量在 10MB 以下的数据库占 33%,容量在 100MB 以上的数据库占 25%。从数据库的类型来看,科技和工程方面的数据库占 45%,经济和社会方面的数据库占 55%。

光盘以其高密度存储信息的特点成为数据库极好的存贮载体。特别是当今,用户对情报需求的深化,对图像与声音的需求,以及对原始文献真实再现的要求,都大大促进了光盘的发展。光盘中的 CD – ROM 以其技术成熟而得到广泛的应用。我国的光盘技术起步于 70 年代末,较国外晚 10 多年。目前,深圳先科激光电视有限总公司已可生产 LV(视盘)、CD(声盘)和 CD – ROM。北京金盘公司 1993 年也开发出 5 种 CD – ROM 产品。但是我国的光盘数据库仍以引进国外的居多,1992 年,我国引进的光盘近 100 种。

尽管近年来我国数据库业发展迅速,但和国外相比,仍然是很落后的。首先是生产水平低、规模小。目前世界数据库总量约 1 万个,我国的数据库约占世界数据库总量的 1/10 左右,而我国数据库总容量仅为世界数据库总容量的 1% 左右。1975 年美国平均每个数据库容量已达 175MB,而我国数据库目前大部分在 10—100MB 之间,平均不超过 100MB。大型数据库数量小,小型数据库又普遍存在储存数据和资料方式不规范、不统一的问题,因而难于形成各数据库之间的联机并网使用。此外,我国一些事实型数据库数据更新慢,国外数据库更新多以月计,而我国以年计,这无疑影响了数据库的质量。我国数据库生产的专业化、社会化、产业化进程缓慢,也是阻碍我国数据库建设的重要原因。

3.以数据库网络和联机检索为代表的信息查询技术

实现数据库的网络化和联机情报检索,是文献资源共享的方向。在我国,由于通信条件的制约,网络化和联机检索尚处在起步阶段。从网络建设来看,在经济相对发达的地区,如北京、上海、广东、江苏、浙江等地,图书馆界已开始筹划和实施网络化计划。这些规划包括图书馆加入校园网、一个地区内图书馆之间的网络、地区间图书馆之间的联网和全国性图书馆网络等多层次。如浙江大学图书馆在校园网上开发了书目检索系统,包括校内、校外和外省用户均能联网检索浙江大学图书馆的书目数据库。北京"中关村地区教育与科研示范网"(NCFC)工程已经启动,北京大学图书馆、清华大学图书馆和中国科学院文献情报中心合作正在筹划利用这个网络建立"中国科学院、北京大学、清华大学文献信息共享网络"(APTLIN)。在广东,以中山图书馆为中心的"珠江三角洲公共图书馆自动化网络"计划已开始实施。该计划旨在建成以省馆为中心,广州、深圳为重点,以珠江三角洲各县市为对象,上联国家图书馆,下联全省部分市、县、区馆的计算机信息网。在国际联机检索方面,我国已有50多个城市设立了100多个国际联机终端,并与国外12个大型信息系统互联,可检索全世界提供服务的数据库的2/3以上的信息。国内最大的情报检索系统——UNI-DAS系统,在国内20个城市已设有60多个终端。

我国的数据库联网和联机情报检索还处于较低的水平,其制约因素当然首先是"硬件",即我国电子计算机普及率不高,通信设施还比较落后,这在前面已经论及。然而就数据库网络和联机检索网络本身的技术而言,比较突出的问题是规范化和标准化相对落后。机读目录格式的标准化问题,我们已在前面一节讨论过。检索语言的标准化、兼容化问题,也是不容忽视的。一个信息网络的建立除了必要的通信手段和技术装备外,还需要其他方面的整体配合,而重要的条件就是必须有统一、兼容的检索语言。因为系统间的语言障碍使各系统难于沟通、联结,使现有数据库不能充分有效地利用,因而必然影响网络化的进程。我国现有的检索语言很难适应数据库与联机检索网络建设,表现在:大多数检索语言在编制使用上各行其是,只顾满足本系统、本单位一时的需要,很少从全局考虑,从网络化的需要考虑;虽然检索语言的标准化工作近年来有了不少进展,但已编成的大多数分类表、叙词表是在没有标准的情况下完成的,因而这些类表、词表如何根据标准进行改造是急需解决的问题,新生产的数据库,没有严格按照国家标准进行标引的情况,也不同程度地存在;检索语言的兼容,还停留在较低的水平,一般只是在选词、结构安排、关系显示、标引规则等方面参考现存检索语言,对一些较为先进的兼容技术,如词汇的自动转换等没有进行系统地研究和应用。这些情况说明,我国的数据库和联机检索网络技术也没有形成对文献资源共享强有力的支持。

三、加强现代信息技术的应用,是实现文献资源共享的重要条件

德国著名哲学家海德格尔曾说过,处在当今这个历史阶段的人,无论赞成或者反对技术都是毫无意义的,我们和技术已经密不可分,没有了技术,整个文明就会崩溃①。近二三十年来,现代信息技术突飞猛进的发展给图书情报工作带来了巨大的变化,不管喜欢还是不喜欢,人们都必须面对这样的事实:60 年代至 70 年代,北美和欧洲的图书馆实现了两大转变,即图书馆业务和服务由手工转变为计算机化,面向各馆的书目自动化转变为面向广域网的书目共享联网系统。80 年代以来,现代信息技术又使图书馆现

---

① 邹进. 现代德国文化教育. 太原:山西教育出版社,1992

代化面临着新的飞跃，即光学存贮技术、数字式通信技术与智能计算机软硬件技术的结合，在技术上使图书馆现代化实现着新的突破。一是由书目自动化开始走向文献提供自动化，二是由过去不同部门分别提供读者以音频、视频及文本信息服务开始走向在一个多媒体工作站上，同时提供相关的声、光、电信息服务，图书馆网络在向多媒体网络发展。很显然，在这一背景中文献资源共享的提出和实现，必须是以现代信息技术为依托的。在今天，没有现代信息技术的应用，就不可能实现真正的文献资源共享。

加强现代信息技术的应用，实现文献资源共享，在我国需要从以下几方面作出努力：

1. 抓住机遇，加快网络化建设

当前，国外建设"信息高速公路"的热浪滚滚，我国对此采取了积极的对策。我国政府提出了建立国家经济信息网的任务，成立了以国务院副总理为主席的国家经济信息化联席会议。我国的高速信息网络建设将分两步走，第一步，到 2000 年，初步建成国家高速信息网的骨干网，主要进行中低速信息传输，部分地区可进行高速信息传输。第二步，到 2020 年，基本建成覆盖全国的国家高速信息网，大部分节点都采用先进交换系统，大部分地区都可进行高速信息传输，网络将覆盖国民经济各部门和社会生活各主要领域，成为支持我国经济发展和社会进步的先进的强大的信息基础结构。目前，作为国民经济信息网重要组成部分的"三金工程"已开始实施。其中的"金桥工程"，即国家公用经济信息通信网是以卫星综合数字业务网（ISDN）作为基干网，与 CHINAPAC 和 DDN 互连，互为备用的公用通信平台，其目的是为实现"金关"、"金卡"工程以及各地区、各部门、各单位的信息业务系统，提供一个技术上先进、经济上合理的公用信息通道，也为正在计划建设的科研教育信息服务网络提供良好的通信环境。在国际上，我们已与 DIA-LOG、BRS、STN 等 14 个大型商用信息系统联机，数百个国际终端分布在全国50多个城市。1994年我国已有两条64Kbts的中速卫星线路与世界上用户和资源最多的Internet互联。到1995年7月,我国同该网直接或间接联网的单位已有近百个,节点机达6000—7000台,用户超过4万。到本世纪末,预计直接间接联网单位可增加到成千上万个,节点机可增至数十万台,用户可增至100万。

这一切说明,我国文献信息网络建设面临着难得的机遇。紧紧抓住这一机遇,就能使我国文献信息网络建设迈出一大步。目前,在我国经济相对发达的地区,一些自动化基础较好、系统集成化程度较高的图书馆已在率先实施网络化计划。如广东中山图书馆已在广东省公用分组交换通讯网(GDPAC)设置专线,市、县、区馆将通过X.25或TCP/IP协议与中山图书馆的AS/400主机系统联网。中山图书馆利用CNPAC与北京图书馆计算机系统的联机已试验成功,北京图书馆发行的CNMARC书目数据将直接发送到网络中心处理机上。我国地域辽阔,各地区的经济发展很不平衡,因此,文献信息网络化在全国范围全面铺开,各地区同步进行的要求是不现实的。鼓励一部分条件好的地区先行实施网络化计划,然后逐步完善和扩大,并建立更多的新的网络,最后通过网络互联,形成全国性网络,这才是一条切实可行的道路。当然这一切的前提是所有网络从一开始就必须走上标准化、规范化的道路,以保证网络之间的互连与兼容。

　2.大力加强数据库建设

数据库是联机网络建设的基础和重点。数据库建设要抓两头,一是集中人力、财力,建设若干国家级大型数据库。要改变目前建库力量分散、低水平重复的局面,在现有基础上,调整充实对科技、经济和社会发展具有重大意义的科技文献数据库、科研基础数据信息库、科研成果库、专利数据库建设。另一头则要抓小型数据库、准数据库的标准化改造。一些由地方或部门建立的小型数据库,普遍存在储存数据方式不规范、不统一的问题,还有一些具有储存数据、资料的任务和功能,而又不合标准的"准数据库"。对这些数据库,只要进行标准化的改造,实现规范化的收集、加工、储存和检索,就能把大量"准数据库"改造成为标准化的数据库。从技术上看,数据库生产是信息加工和流通的全电子化,应该在信息加工部门和提供部门发展作者写作、编辑部编辑、出版发行、数据库化、联机检索、全文提供等合为一体的"联机链"数据库生产和流通模式。要鼓励民营企业和社会团体积极参与建设面向市场的商用数据库,引导数据库建设逐步向商品化、产业化、国际化方向发展。

3. 从实际出发,在采用先进技术的同时,坚持适用的技术路线

采用先进的信息技术来促进文献资源共享的实现,是我们的既定目标。但在采用先进信息技术的同时,必须从国情出发,从实际出发,坚持适用的技术路线,切不可一哄而上。例如,广域联网、实时书目共享,是发达国家资源共享的基本模式,我国一些经济发达地区也在规划进入 CHINAPAC,但该网数据传送费仍相当昂贵,对一些欠发达地区来说,就难以承受,因而以脱机方式来实现资源共享也不失为一种具有可行性的选择。而在脱机方式中,又有"微机 + 软盘"方式和"微机 + CD – ROM"方式,据有人研究,采用"微机 + CD – ROM"方式,可节省投入,经济上更可行、合理①。总之,对采用先进技术问题的决策,要实事求是,根据国情国力,坚持适用的技术路线,是我们应该遵循的原则之一。

4. 人才培养是关键

加强现代信息技术的应用,关键在于必须有一大批掌握现代信息技术的人才,他们必须既懂计算机,又有图书馆学情报学专业

---

① 许绥文,孙承鉴.九十年代中国图书馆信息技术发展重点探讨.北京图书馆馆刊,1992(2)

知识,这涉及到传统的图书馆学情报学教育的人才培养模式问题,值得我们进一步研究。

第五章　文献资源共享中的人文因素

对文献资源共享系统来说,技术的重要性是勿庸置疑的。然而,文献资源共享系统不是单纯的物或技术的系统,而是"信息——技术——人"的社会系统。它的影响因素众多,且复杂多变。因此,仅仅从技术上努力是不可能解决文献资源共享的问题的。J. H. 谢拉有一段论述有助于我们认识这一点,他说:"从50年代到60年代早期,我们过分关注的是技术的作用,并相信技术是解决一切问题的灵药。到60年代末期,所期望的技术已基本实现,我们则刚刚开始意识到智力问题的复杂性。我们现在意识到,在谋求利用人类所有知识的过程中,不仅仅存在着技术、机器方面的制约,而且面临着文化的、哲学的、心理的各种障碍。"①如果说谢拉只论及60年代末技术发展的状况,那么70年代、80年代信息技术突飞猛进的发展是否解决了"利用人类所有知识的过程"中的一切问题了呢? 没有,以至进入90年代,F. W. 兰开斯特仍然认为:"诚然,技术是有魅力的,但我们不要欺骗自己,相信技术在改进图书馆的用户服务方面会产生什么根本性的影响,或相信技术已大大改善了图书馆员的形象,或相信仅有技术就会提高未

---

① 　(美)谢拉,J. H. ,克里夫兰,B. D. 著;卢泰宏,姜金璋译. 情报科学的历史和基础(二). 国外情报工作,1988(4)

来图书馆和图书馆员的社会价值。"①谢拉和兰开斯特的观点启示我们,包括文献资源共享在内的这一类"利用人类所有知识"的活动,决不是一个单纯的技术问题,作为一项复杂的社会系统工程,文献资源共享中人文因素的影响或许更为重要。

第一节　国家信息政策

一、国家信息政策是影响文献资源共享的关键性因素

在影响文献资源共享特别是国际性文献资源共享的环境因素中,国家信息政策是一个关键性的因素。周文骏教授说:"文献国际交流,从来就不是一个技术问题。在人类历史上,即使是在技术水平低下的时期,国际文献交流也没有停止过。国际文献交流的日趋扩大,主要取决于各国的交流政策。"②这是毫不奇怪的。因为文献既然被当做一种"资源",它就必然地和财富、利益联系在一起。这就自然会产生两个问题。其一,知识虽然被认为是人类共同创造的财富,但是当知识以特定的形式表达出来,特别是成为商品以后,其所有权就只能属于知识创造者,"共享"就不能是无条件的。其二,文献中所蕴含的信息、知识是一种生产性资源,谁更多地拥有、利用它,谁就能从经济上、政治上、文化上、科学技术上获得更多的利益,由此而引发的占有信息资源的竞争就是难以避免的。所以文献资源共享实质上是一个信息资源的分配问题。这个问题靠技术是不能解决的。相反,先进的信息技术的应用在大大扩展人们获取、贮存、传递信息能力的同时,也带来了诸如知

---

①　(美)Lancaster,F. W. 著;严玲译. 技术令我们失望吗? 国外情报科学,1992(4)

②　周文骏. 文献交流引论. 北京:书目文献出版社,1986

识产权问题、数据安全问题、跨国数据流问题、全球信息差距问题、信息经济利益问题等等,从而增加了资源分配问题的复杂性。因此,信息资源分配从根本上说是一个政策问题。哪些文献资源可以共享、哪些不能共享、共享的范围多大、程度如何、方式怎样,等等,都取决于各国的信息政策。因此,信息政策是影响文献资源共享的关键性因素。

二、文献资源共享政策是国家信息政策的重要组成部分

尽管信息政策问题已成为世界性的热门研究课题,但人们对"信息政策"这一概念的理解并不一致。有的理解是从信息活动出发,认为它应涉及研究成果的传递、信息产业的津贴和资助、广播、电讯、图书馆和档案馆、政府信息源的组织、大众信息活动、计算机和信息文化等。有的解释则从信息作为一种资源出发,认为信息政策是涉及信息的搜集处理、传递和利用的资源分配的有关团体和组织的决定。我们认为,"政策"是管理科学的一个范畴,似应从管理的角度来理解信息政策的概念。因而所谓国家信息政策,乃是指国家为管理信息业和信息活动而制订的方针、策略及行动准则。信息政策的内容丰富,涉及信息业的发展规划,信息产品的生产、分配、交换和消费各个环节以及信息活动的组织与管理等等。信息政策还包括信息法律,因为"法律实质上就是国家政策,法律寓于国家政策之中,是国家政策的重要组成部分。"①

文献资源共享是一项重要的信息活动,其实质是通过一定的调控手段,合理配置信息资源,使之产生最大的效益。为组织和管理这一信息活动而制订的政策,就是文献资源共享政策。很显然,文献资源共享政策是国家信息政策的重要内容。

从国内外制订国家信息政策的实践来看,包括文献在内的信

---

① 王福生. 政策学研究. 四川人民出版社,1991

息资源共享政策已成为国家信息政策的组成部分。

美国长期以来不强调制订统一的国家信息政策，但从美国战后几十年来颁布的条例、法案及公布的研究报告来看，它是重视信息政策的。而在美国的信息政策中，有关资源共享的内容是比较多的。如早在1945年，V.布什在向美国总统提交的政策建议中，就提出"科学无国境"，建议创立国家科学基金会，以促进基础科学研究的情报出版和交换。1958年公布的"温伯格报告"，建议进一步加强政府机构、专业学会和科学家之间的情报传递与交流。1966年，美国颁布《信息自由法案》(FOIA)，要求政府使其信息得以利用，一部分情报进行积极传播，其余部分则根据公众需要提供。1975年和1984年又两度通过《信息自由法修正案》。60年代通过的480号公共法案和高等教育法案，主要内容就是确定美国各图书馆在收集国外出版物时进行分工协作。1972年，美国建立"全国图书馆与情报科学委员会"(NCLIS)，其任务之一就是负责规划和协调全国图书馆和情报网络的发展。进入90年代，美国在信息网络建设、资源共享方面掀起热潮。1992年，美国总统G.布什在向国会提交的1991年图书信息服务白宫会议总结报告中指出："白宫会议有关生产率的提议范围广泛且意义深远，其中建设全国信息共享网络的提议很可能是意义最为重大的。"①目前克林顿政府正在推行的"信息高速公路计划"，是美国90年代信息政策的重头戏，其目的就是建立贯通全美政府机构、科研单位、大学、图书馆、企业以及普遍家庭的全国性信息网络，实现信息资源的共享。

其他一些发达国家也将资源共享作为其信息政策的重要内容。如英国在70年代通过英国图书馆法，将六个历史悠久、基础

---

① Bush, G.著；窦平安译.第二次图书信息服务白宫会议总统报告.国外情报科学,1992(4)

雄厚的图书情报部门合并成英国图书馆,该馆的外借部已成为世界上最大的馆际互借中心。法国教育部的图书馆、博物馆和科技情报处(DBMIST)在目前规划的 30 个项目中,位于前列的就是建立远程订购文献和馆际互借系统,还包括健全书目控制、发展信息领域的国际合作等等。日本的国家科技情报规划(NIST)所确定的主要政策和目标中包括了加强数据库建设、发展情报网络、扩大联机服务、建立中央协调机构、推进国际情报协作活动等内容。

许多发展中国家也意识到参与资源共享活动是缩短与发达国家信息差距的有效途径,因而在其国家信息政策中重视有关资源共享政策的制订。如印度的国家科技情报系统(NISSAT)方案,其目标包括为全国范围的情报生产者、加工者、传播者和用户的需要提供情报服务,促进全国和国际在交换情报方面的合作和联系等等。印度支持旨在促进信息领域国际合作的任何事业,在参与国际、国内情报系统活动中,本着资源共享的原则,尽量不重复别人的工作,以充分利用现有的人力、物力和财力。新加坡作为一个新兴的工业化国家,其国家信息政策的主旨是通过对现代信息技术的广泛采用,建立全国信息网络,实现资源共享,将新加坡塑造为"智慧岛"(Intelligent Island)。发展中国家在积极参与国际信息资源共享时,也十分注意通过制订国家信息政策保护本国战略性的信息资源,防止信息交流中的文化侵略,保证本国的信息安全。

文献资源共享政策也是我国信息政策体系的重要组成部分。1957 年国务院公布的《全国图书协调方案》是我国文献资源共享的第一份重要的政策性文件。1962 年国家科委和文化部联合制订的《1963—1972 年科学技术发展规划(草案)》也提出了协调书刊采购,合理布局和使用文献资源的设想。1987 年,中宣部、文化部、国家教委、中科院的《关于改进和加强图书馆工作的报告》中指出,要开展"协调全国图书馆文献信息资源搜集和自动化系统的发展布局,组织协作,实现资源共享"的工作。1991 年,国家科委公布了《国家科学技术情报发展政策》，作为中国科技蓝皮书第6号正式公开出版。这是我国第一份国家科技信息政策，在其12个方面的81个政策要点中，包括了完善和发展国家科技情报系统、健全检索系统、积极采用现代信息技术、促进情报的传递和流通、扩大国际情报交流与合作等与文献资源共享有关的内容。1995年5月，中共中央、国务院作出了《关于加速科学技术进步的决定》，明确要求："重视科技信息的有效利用和传播，加强科技图书、资料和数据库建设。要有计划地建立全国科技信息资源传输的设施，建设连接全国科研机构、高等院校的科教信息网络，实现科技信息共享和交流现代化。"这些都说明文献资源共享政策在我国信息政策体系中占有重要的地位。

三、文献资源共享中国家信息政策的作用

国家信息政策是影响文献资源共享的关键因素，其作用主要体现在以下几个方面：

1. 指导作用

政策的指导作用是指政策将决策者选定的目标和为实现目标而采取的鼓励或限制措施明确地告诉人们，从而为人们提供行动的指南。国家信息政策对文献资源共享的指导作用具体地说有两个方面：

第一，思想指导。国家信息政策文件阐述文献资源共享的必要性、必然性、重要意义，分析文献资源共享的基础、条件、发展趋势，目的在于统一思想，提高人们的认识。例如，1980年中共中央书记处会议通过的《图书馆工作汇报提纲》、1987年四部委的《关于改进和加强图书馆工作的报告》，1995年中共中央、国务院《关于加速科学技术进步的决定》就有这样的阐述和分析，它对于提高人们对文献资源共享的认识，起了思想指导作用。

第二，行为指导。国家信息政策为文献资源共享提出行动纲

领和方法、策略,具体指出人们应该做什么,直接指导人们开展文献资源共享活动。如我国的《全国图书协调方案》,明确提出开展藏书协调要进行的工作、步骤及组织措施等。又如美国在60年代制定的480号公共法案,就是具体规定用国家出卖剩余农产品获得的专款,在国外购买当地的文献资料,由国会图书馆负责主持,全国若干图书馆分工入藏。大多数信息政策文件都具有这种行为指导的作用。

2. 调节作用

政策的调节作用是指政策的制定者利用社会集团和社会成员对社会地位和经济利益的内在追求,运用物质的、精神的手段,来调节各部门、各行业之间以及部门和行业内部的各种关系,以促进某项事业的发展。国家信息政策对文献资源共享活动的调节作用具体地说也有两个方面:

第一,宏观调节。现代社会是一个高度关连的整体,任何一项事业的发展都必须与其他事业发展协调,与国家整体发展协调。文献资源共享与经济建设、科学技术、文化教育等事业,既相互依存又相互矛盾,因而必须有正确的政策来协调。这种协调包括根据需要,在一定时期内对文献资源建设实行投资倾斜政策,促其发展,以此带动其他事业的发展。如在美国,80年代初,里根政府意识到信息资源在加强国家经济实力方面具有越来越重要的作用,政府应制定国家信息政策以促进信息资源的开发利用,而二次文献是开发、利用和共享信息资源的必不可少的工具,因此,政府将二次文献系统建设与国家发展目标统一起来,决定优先扶植对国家的科技进步有重要意义的基础学科和与政府近期发展目标有关的二次文献产品和服务。政府在财政上通过国家科学基金会(NSF)下设的科学情报服务处对一系列自然科学基础学科的二次文献作了重点扶持,如数学、物理、化学、地质、生物、心理学等,支持这些学科的专业学会编制本学科的文摘、索引,建立大规模的机读书目数据库,促使一次文献和二次文献服务职能的结合。随着各专业学会二次文献系统的稳固和完善,在政府资助取消以后,大多数系统依靠出售自己的产品和服务在经济上实现了自给自足。

第二,微观调节。文献资源共享是一项社会系统工程,参加活动的有各地区、各系统、各种类型的文献信息机构。即使这些机构都能认识到文献资源共享的重要性,但由于各机构都有各自局部的利益,因而相互之间不可避免地会出现矛盾。如美国,70年代末由全国图书馆与情报科学委员会提出了全国期刊布局的模式和发展全国期刊中心的庞大计划,目标是建立三级期刊保障体制,协调各图书情报单位的期刊入藏,减少重复,同时运用先进的文献传递手段开展馆际互借。显然,这是一个有利于图书情报事业建设的计划,但是却遇到全国期刊出版者们的反对。因为他们担心期刊的订数将减少,发行量下降,因而这一计划由于未能从官方获得经费而搁浅至今。另外,在馆际互借,也不可能是所有参加单位都能均等地获益。一般地说,大型图书情报单位总是较多地承担了借出的任务,相应地负担较重,而小型馆则受益较多。对各种彼此冲突的利益进行内部调节是现代决策活动的难点。自发的市场调节和行政性计划调节都难以完全解决这类矛盾。而政策却有协调各种冲突的利益的独特功能。比如通过政策运用一定的物质手段(如给承担任务较多的单位以一定经济补偿)或精神手段(如授予其象征某种社会地位的称号等)来平衡各方的利益关系,以达到调动各方积极性的目的。如美国第89届国会通过的高等教育法案明确规定对那些承担书刊资源共享任务而要向全国或地区提供藏书的大学图书馆提供特别拨款。总之,信息政策的微观调节功能对实现文献资源共享有十分重要的作用。

3. 干预作用

政策的干预作用是指政策可以作为一种行政或法律手段对事业的运行进行调控,使之不偏离既定的政策目标。干预作用不同于调节作用,它体现为一种行政命令,指示人们应该做什么,不应该做什么,以及怎样做。国家信息政策对文献资源共享的干预作用主要体现在:

第一,通过政策干预以保障文献资源共享的实现。如图书呈缴制度,是保证国家图书馆对本国出版物的完备收集,保证国家书目对本国出版物全面覆盖的重要措施,对文献资源共享起着重要的保障作用。因此,世界大多数国家都以法规、条例等形式对出版社呈缴出版物的范围、数量、时限、方式、接受单位等作出具体规定,并对违反规定者给予相应的处罚。如我国1991年由新闻出版署颁布的《关于征集图书、杂志、报纸样本办法》规定:出版单位逾半年不按规定缴送样本的,给予警告处分,此后仍不送样本的,给予应缴送样本定价金额1倍的经济处罚,情节严重者,予以停业整顿。美国的版权法规定,对不缴以至拒缴图书样本的出版商给予250—2500美元的处罚,还规定不缴送者不予进行版权登记,实际上是不予版权保护。这些都是通过政策的干预作用以保障实现文献资源共享的有效措施。

第二,通过政策干预以防止文献资源共享活动中出现的偏差。知识是全人类共同创造的财富,知识资源的共享是人类追求的美好理想。然而,在现阶段,包括文献在内的信息、知识资源共享是有条件的。各国出于安全方面、经济方面、文化方面、意识形态方面的需要,必然要对某些信息加以封锁、保密。即使是向以确保信息流自由传输相标榜的美国,为了保障本国利益,确保在技术上的领先地位,也对高科技情报的传输加以限制。在一个国家范围内,出于市场竞争的需要,各部门之间对涉及商业秘密的信息予以保密,也是正常的。因此,国家信息政策就是通过政策的干预作用,防止信息泄密,并对盗窃信息机密的行为予以处罚。

信息技术日新月异的发展使信息交流与共享早已跨越国界而成为全球性的活动。信息的跨国流动对各国的经济、政治、文化利益产生的影响自然引起各国的关注。其中比较突出的问题如卫星通讯所带来的国家主权问题。由于卫星能够跨越地理上的远距离,电讯信号会不可避免地溢出到别的国家。因此,利用卫星通讯向别国宣传自己的价值观,以改变或影响人们的思想,甚至干涉别国内政的情况不断发生。在这种情况下,通过国家信息政策和国际信息政策的干预作用,制止以"信息交流与共享"为幌子的信息侵略行径,维护国家主权与安全,成为信息政策的一个重要功能。

4. 规范作用

政策的规范作用是指对政策实施对象的行为作出某些规定,使之符合一定的范式。国家信息政策对文献资源共享的规范作用主要体现为对信息管理标准化的要求。

在建立文献资源共享网时,需要解决大量的问题,如数据格式转换、通信规程、检索语言、多媒体技术、人机友好界面等,都涉及到标准化问题。而且,解决这些问题所应用的标准,已经大大超出了文献工作标准的范畴。据对我国图书、情报、档案、出版界所使用标准情况的研究表明,这些部门使用的标准包括两部分:一部分是由文献工作标准化技术委员会制定的标准;另一部分是由其他技术委员会制定的有关信息管理方面的标准。这些制定相关标准的技术委员会主要有全国信息技术标准化技术委员会(ISBTS/TC 28,ISO – IECJTC1)、全国文件格式及数据元标准化技术委员会(ISBTS/TC 83,ISO/TC 154)、全国印刷技术标准化技术委员会(ISBTS/TC 170,ISO /TC 130)、全国质量管理和质量保证标准化技术委员会(ISBTS/TC 151, ISO/TC176)等。这说明,文献资源共享所要求的标准化,是信息管理的全面标准化。这就更需要由国家制订统一的信息管理标准化政策,规范各相关技术委员会的标准化工作,促使它们合理分工、密切配合,将信息管理标准化工作做好,适应文献资源共享的需要。如何制定信息管理标准,即标准的具体内容是一个技术问题,而规范信息管理标准化工作则是一个政策问题。它显示一个国家参与国际信息交流与共享的决心和能力。

四、我国文献资源共享中信息政策作用简评

适用于文献资源共享的国家信息政策,其形式大体上有两类,一类是专门制订的有关文献资源共享的政策文件,如《全国图书协调方案》,而大量的则是在有关信息工作的政策文件中列入关于文献资源共享的内容,如《国家科学技术情报发展政策》等。本文不打算对这些政策文件逐一分析,而是着重对这些政策在我国文献资源共享中的作用进行总体评价。

1. 信息政策的指导作用评价

我国的信息政策中关于文献资源共享的战略思想、行动方针、总体构想等是具有积极意义的,对我国文献资源共享的实践起到了重要的指导作用。如在《全国图书协调方案》的指导下,50 年代后期和 60 年代前期,文献资源共享活动蓬勃开展,取得了不少实质性的成果。1987 年,四部委《关于改进和加强关于图书馆工作的报告》,促成了部际图书情报工作协调委员会的成立,以及随后开展的全国文献资源调查。但是,这种指导作用还远不能说是强有力的。由于不能根据形势的发展陆续出台新的政策,致使文献资源共享活动时起时伏,例如进入 90 年代以来,随着社会主义市场经济的发展,文献资源共享的社会环境发生了很大变化。但由于政策的宏观指导乏力,以至"文献资源建设进入'低谷',宏观文献资源布局的建议、各地区文献资源建设的许多设想、方案和规划,大都被搁置起来。"①

2. 信息政策调节作用的评价

对文献资源建设与共享这一事业来说,我国信息政策的宏观

---

① 李修宇,谢群宗.论市场经济条件下的文献资源建设.图书馆,1994(4)

198

调节作用尚不明显。近年来,我国文献资源建设陷入严重困境,亟需国家重点扶持,然而至今仍看不到对它实行投资倾斜政策的迹象。从政策的微观调节作用来看,由于已出台的许多政策,大多只有原则性的阐述,失之笼统,缺乏可操作性,因而在调节各种利益关系中显得软弱无力。如合理布局整个国家的文献资源,减少不必要的重复,目标是明确的,但缺乏具体落实的"有形"调控措施,难以理顺各方面的关系,因而成效不大。

3. 信息政策的干预作用评价

我国已制定的信息政策和法规对促进我国文献资源共享的发展和纠正文献资源共享中的偏差起到了一定的作用。目前存在的问题主要有两个方面:一是信息政策与法规体系不健全,对文献资源共享中的诸多问题,如布局模式、网点的任务与分工、权利与义务、经费渠道与保证、组织机构及形式、人员配备等等,处理起来缺乏政策、法律依据。二是现有的政策、法规执行不力,或出现偏差。例如呈缴制度,尽管新闻出版署已有明确规定,然而漏缴率仍在20%以上,对拒缴者也没有按规定予以处罚,这说明国家政策干预乏力。我国已于 1988 年制定保密法,1992 年,国家保密局、国务院新闻办公室、新闻出版署和广播电影电视部又共同颁布了《新闻出版保密规定》,信息工作的保密已有法可依。但在执行中存在信息保密过宽的偏差,因而妨碍了信息的传播与共享。

4. 信息政策的规范作用评价

80 年代以来,我国信息管理标准化工作取得了重大进展。迄今,全国文献情报工作标准化技术委员会制定的标准已达 39 项,正在制定的标准有 26 项,相关技术委员会制定的信息管理方面的相关标准已有 76 项。我国信息管理的标准化在文献资源共享中起到了较好的规范作用,但目前仍然存在标准化政策执行不力的问题。在文献的著录、标引、数据库生产等方面,不执行或不完全执行标准的情况还较普遍,国家还缺少监督贯彻执行国家标准的有效机制。例如,在《中图法》实际上已成为全国统一的分类检索标准的情况下,国内不少重点院校的图书馆仍未采用,而《科图法》、《中国人民大学图书馆图书分类法》仍然在组织力量修订,欲与《中图法》争一席之地。"七五"期间,我国投资 250 亿元,建成了国家经济信息系统等 12 个大型系统,为促进信息交流提供了条件。但这些信息系统的建设,由于缺乏统一的标准和规范,较难相互兼容、横向联网,为信息在更大范围的交流造成障碍。可见,国家信息政策的规范作用没有得到应有的发挥。

五、我国文献资源共享政策环境的优化

文献资源共享,是一项庞大的社会系统工程。发达国家的经验表明,对这类联系复杂、影响因素众多的系统工程,法制先行是一个重要的决策思想。美国正在实施的"信息高速公路"计划,千头万绪,而着手的第一件大事却是修改 1934 年制订的"电信法"。因为信息高速公路的物质基础首先是四通八达的电信网络,但过去由于历史、技术等原因,美国的电信网是分行业管理的,各行业都有自己的"势力范围"。然而建设信息高速公路却要求冲破这些行业之间的"围墙",将各种电信服务汇成一个集成系统提供给用户使用,因此修改"电信法"便成了当务之急。从美国的经验我们得到启示:创造一个良好的政策、法律环境,是实现文献资源共享最重要的前提条件。

如何优化我国文献资源共享的政策环境? 有人建议制订一部"科技情报资源共享法"。[①] 笔者认为,文献资源共享涉及到所有的文献信息部门和文献信息工作的各个环节,因而要制订一部涵盖文献资源共享的各个方面法律是不现实的,而且必然和已经制订或将要制订的其他信息法规文件重复。就目前世界各国的立法

---

① 杨仪光. 我国科技情报法规的思考. 情报业务研究,1992(1)

而言,尚无任何一个国家颁布了统一的《文献资源共享法》。因此,改善文献资源共享的政策环境,不是要制订一部文献资源共享法,而是要制定多部法律,或者准确地说,是需要在多部法律中包含有关文献资源共享的内容,从而形成一个较为完善的文献资源共享法规体系。这个法规体系的大体框架是:

1. 图书馆法。图书馆法反映一个国家图书馆事业和图书馆工作的各个方面,是国家对图书馆政策的体现,也是国家信息政策的重要组成部分。因此,图书馆法理所当然要包括有关文献资源共享的内容,具体有:

①关于文献资源建设的方针、任务、标准、经费渠道与保证;以及有关出版物的国内国际交换的原则、范围等;

②关于建立馆际协作体系,包括文献采购分工协调、联合编目、联机检索、馆际互借等,它们的原则、组织机构及形式、任务与措施等;

③关于国家文献资源整体布局,包括目标、总体要求、原则、组织方式、协调工作领导机构的性质、职能、组织形式、经费等。

2. 情报工作法规。由于情报工作与图书馆工作的密切相关性,因此,情报工作法规与图书馆法的内容必然有相当多的交叉。但是,情报工作法规要突出的重点是:关于全国计算机情报检索系统的建设,包括国家发展数据库的重点和方向,各类数据库建设的布局与管理、服务与利用、联机检索网络布局与原则等。

3. 出版法。出版法是为出版部门制定的法律。出版法中应包括的有关文献资源共享内容有:

①图书样本呈缴制度,包括缴送样本的范围、数量、缴送时间、方式及接受呈缴的单位等;

②图书在版编目。

4. 书目工作法规。有效的书目控制是文献资源共享的前提。无论是单独制定书目工作法规,还是在图书馆法规中列入书目工

作的条款,均应包括以下内容:

①关于国家书目,包括编制机构、收录范围、著录项目标准化、出版形式等;

②关于联合目录,包括全国性、地区性、综合性、专题性联合目录的组织方法、收录范围、著录项目标准及出版形式等。

5. 标准化法规。标准化是实现文献资源共享的保证。国家颁布的标准已具有技术法规性质,应具有刚性约束力,在标准化方面需要解决的问题:

①与国际标准接轨;

②完善信息管理标准体系。

6. 信息法。信息法是保护、管理和合理开发信息资源的法律依据,它也应包括有关信息(文献)资源共享的内容,如:

①要强调政府信息的公开性,同时保护个人隐私;

②对跨越国界数据流要依法加以管理,防止"放任自流"和"闭关自守"两种倾向,对信息保密界限应有明确、严格的规定,防止保密过宽或过窄。

7. 知识产权法规。与文献资源共享密切相关的有著作权法、计算机软件保护条例。在强调促进信息交流的同时注意保护知识产权,才能使文献资源共享沿着合法方向发展。知识产权法规是规范文献资源共享活动的法律依据。

以上便是文献资源共享法规体系的框架。应该指出的是,即使是相当完善的法律,也只有概括性、原则性的条文,而不是包罗万象的工作细则。因此,以这一法律框架为依据制订的各种有关文献资源共享具体条例、工作标准、实施细则等,是这一法规体系的必要补充和重要组成部分。

优化我国文献资源共享的政策环境,不仅需要制订和完善有关的信息政策、法规,还必须加强执法力度。尤其在现阶段我国法制还不很健全、法律观念相对薄弱的环境中,强调有法必依、执法必严更显得具有重要意义。

第二节　知识产权制度

知识产权制度是国家信息政策的重要内容,但由于它对文献资源共享的影响,较之国家信息政策的其他方面更为直接,更为强烈,因而有必要专门加以讨论。

一、知识产权制度及其对文献资源共享的意义

知识产权(Intellectual Property)又称"智力成果权",是知识产品所有人对其智力创造成果依法享有的权利。知识产权的范围,目前世界各国尚无统一规定,通常认为版权(著作权)和工业产权是知识产权的两大组成部分。版权(著作权)是指著作权人对其文学、艺术和社会科学、自然科学、工程技术等作品享有的署名、发表、使用以及许可他人使用和获得报酬等项权利。工业产权则是专利权(包括发明专利、实用新型专利、外观设计专利等各种权利)与商标权(包括商标、服务标记、厂商名称、货源标志等各种权利)的统称。知识产权制度就是把人们在科学、技术、文化、艺术等领域从事智力活动时创造的精神财富的享有权通过法律确认下来。所以,知识产权制度是保护科学技术和文化艺术成果的重要法律制度。

自从 1624 年英国制订《垄断法规》标志着具有现代意义的知识产权法律制度建立,其后 300 多年里,世界知识产权制度缓慢发展。但到本世纪 60 年代以后,知识产权制度却在全球普遍建立,发展极为迅速,尤其是 80 年代以来,知识产权保护已渗透到国际政治、经济、科技竞争之中,成为全球关注的焦点。这是有其深刻背景的。

首先,现代科学技术知识,在各国经济增长中起着越来越重要的作用。特别是高新技术的发展,带来了世界经济的飞速增长。发达国家的情况表明,当今劳动生产率的提高,有 2/3 左右是依靠技术水平的提高,经济增长的 4/5 又是劳动生产率提高的结果。从微观经济领域来看,科学技术在商品价值构成中的比例越来越大,技术附加值成为商品价值的重要体现,无疑,科学技术知识已成为能为人类创造巨大财富的宝贵资源。而围绕着知识资源的归属与分享问题的竞争也随之产生且日趋激烈。于是社会为了鼓励和保护智力创造,调整知识生产者和知识使用者之间的利益关系,就必须建立一种能够最大限度地调动人们积极性的机制,通过法律规范调节知识生产与使用中的各种关系,以促进科学技术和文化艺术等智力活动的发展。这便是知识产权制度受到当今世界各国特别关注的重要原因之一。

其次,信息、知识具有共享性的固有属性,主要表现在同一内容的信息、知识可以在同一时间由两个或两个以上的使用者使用。而作为信息资源开发利用手段的信息技术的迅猛发展和广泛应用,又使信息、知识被多数人共同占有或使用变得轻而易举。现代信息技术完全突破了传统的信息获取方式,大大提高了人们获取信息的能力,但同时也带来了大规模侵犯信息、知识生产者权益的事件。因此,通过法律规范调整信息、知识的生产者、传播者和使用者的经济利益关系,以便在运行机制上适应与促进智力活动的发展,以利于信息、知识资源的开发利用,成为各国迫切需要解决的问题,这是知识产权制度备受各国关注的又一重要原因。

正是在上述背景中,近几十年来,知识产权制度不断完善和迅速发展:问世于 1883 年的《保护工业产权巴黎公约》和 1896 年的《保护文学艺术作品伯尔尼公约》经过多次修改分别于 1967 年和 1979 年产生新的文本,至今巴黎公约的成员国已有 100 多个,伯尔尼公约成员国已有 90 多个;1967 年问世的《世界知识产权公约》突破了传统知识产权保护的范围,极大地促进了世界各国对知识产权的重视和保护;此外,世界版权公约(1952年签订,1974年文本),保护表演者、录音制品、录音者和广播者的罗马公约(1961年签订),视听产品国际登记的日内瓦条约(1989年签订),播送由人造卫星传播的载有节目信号的布鲁塞尔公约(1974年签订),保护集成电路布图设计的华盛顿条约(1989年签订)等,从不同的侧面分别对知识产权领域的保护原则、范围和标准等作了规定;1970年,以促进国家间和有关国际组织的合作,在世界范围内开展保护知识产权工作为宗旨的世界知识产权组织(WIPO)成立,至今已有成员国120多个;1991年,延续5年多的关贸总协定(GATT)"乌拉圭回合"谈判终于达成《与贸易有关的知识产权协议》,形成最新的知识产权保护总体框架,它不仅在知识产权保护领域中引进了有形商品贸易的基本原则和若干具体规定,而且在许多方面已超过现有国际条约中有关知识产权保护的实际水平。事实证明,近几十年来,已建立知识产权法律制度的国家,在不断地修改、完善知识产权各种法律制度,尚未建立或完善知识产权法律制度的国家,也都迅速地建立或完善各自的知识产权法律制度,没有参加知识产权国际公约的国家,都争取参加了某些国际公约,地区性的知识产权协定和某些专项协定也不断涌现。特别引人注目的是,许多发展中国家也充分认识到了知识产权的重要性。发展中国家由于知识产业的薄弱,在过去相当一段时间内对知识产权采取不保护或弱保护政策。这种基于自身科技实力薄弱而采取的对策,对于防范发达国家的技术垄断、信息垄断,避免有可能导致的对外国知识产权的单方面保护,有一定的积极意义。但这种政策却从客观上纵容了国内的抄袭、仿造和假冒行为,抑制了国内发明创造的热情,同时也不利于先进信息技术的引进,不利于国际合作与交流,也使本国的产品在国际市场上得不到应有的知识产权保护。长此以往,势必使发展中国家与发达国家间的信息差距越拉越大。因此,发展中国家在冷静地分析信息内、外环境,权衡长、短期利益后,正在参考国际惯例及发展趋势,及时采取对策,逐步建立和完善本国的知识产权制度,并积极参加知识产权保护国际公约,对知识产权实行强保护已成为世界潮流。

中国作为一个发展中国家,由于历史上的各种原因,知识产权制度的建设起步较晚。但自改革开放以来,为了更快地发展社会生产力和推动社会全面进步,适应社会主义市场经济发展的需要,促进与世界经济的接轨,中国加快了知识产权制度建设的步伐。从70年代末至今的短短十几年间,中国做了大量卓有成效的工作,走过了一些发达国家通常需要几十甚至上百年时间才能完成的立法路程,建立起了比较完整的知识产权法律保护体系。中国先后加入了世界知识产权组织、《保护工业产权巴黎公约》、《商标国际注册马德里协定》、《保护文学和艺术作品伯尔尼公约》、《世界版权公约》、《保护录音制品制作者防止未经许可录制其录音制品公约》、《专利合作条约》等国际性知识产权保护公约。从1982年起,我国先后颁布了《商标法》、《专利法》、《著作权法》、《计算机软件保护条例》、《反不正当竞争法》等法规。中国还积极参与了关贸总协定"乌拉圭回合"的谈判,为推动《与贸易有关的知识产权协议》的达成作出了极大的努力。所有这些都表明,中国在知识产权法律制度建设方面取得了举世瞩目的进展。

知识产权制度的目的,在于保护知识所有者的知识产权,同时又促进构成这种产权的知识的充分公开和利用。尤其是社会主义国家的知识产权制度,既要重视个人的经济权益和人身权益,也要重视国家的社会公共利益。将个人利益同社会利益紧密结合起来,才能有利于实现社会的公平和国家的稳定,有利于繁荣社会主义的科学、文化、艺术事业。因此,知识产权立法就是要通过对知识所有者的经济和人身权益的保护,达到保护社会文化和科学事业繁荣发展的总目的。由此可见,知识产权制度和文献资源共享

206

的根本目的是一致的。知识产权制度对文献资源共享的意义具体体现为：

第一，知识产权制度有利于激励知识生产的积极性，从而创造日益增多的精神财富，为文献资源共享提供丰富的源泉。

人们从事知识生产想要取得创造性的成果是相当艰苦的，然而智力成果的扩散或丢失又是极其容易的，而且成果一旦落入他人之手，便会快速地传播，被他人复制、利用，从而获得效益。知识生产者所投入的脑力和财力，却不能得到公正的和应有的报偿，这就不利于甚至阻碍了人们从事智力投资活动的积极性。知识产权制度通过确认和保护知识生产者的智力成果的精神权利和物质权利，使知识生产所耗费的投资得到报偿甚至增值，这样就能调动知识生产者的积极性，鼓励知识生产者进行新的智力投资，创造更多的智力成果。正如 WIPO 总干事鲍格胥在《伯尔尼公约指南》一书中所说："民族文化遗产丰富的程度取决于对于文学艺术作品保护水平。保护水平越高，对作者的创作鼓励就越大；一个国家智力作品的数量越大，它的名望就越高；文学艺术作品的生产量越大，图书、唱片创造业和文化娱乐业就越兴旺发达。"①日益增多的社会精神文化财富，是文献资源共享的丰富源泉。

第二，知识产权制度能促进知识的广泛传播和充分利用，保护了广大公众获取知识、分享科学与艺术成果的权利。

知识产权并不等于垄断。知识产权制度在时间性、地域性、保护方式和范围上调整知识产权权利人的利益与国家、社会公共利益的相互关系，寻求一种社会公益与智力成果创造人权益的平衡，因而它既能保障智力成果创造人的合法权益，又能促进知识的广泛传播和充分利用。例如，著作权法在授予作者某些专有权利的同时，也对作者权利的行使进行了合理限制，目的在于保证社会公

---

① 陈传夫. 著作权概论. 武汉：武汉大学出版社,1993

众参与社会文化生活,分享科学、艺术成果的权利。如通过合理使用的限制,读者可以将少量资料进行复制、引用,图书馆可以对自己收藏的作品进行以陈列或保存为目的的复制;通过法定许可、强制许可使用的限制,可以在一定的条件下,采用不同的方式对作品进行利用。著作权法还规定对于进入公有领域的作品的自由使用。又如,专利法规定,为了申请专利,发明人必须依法将其发明的主要技术填写申请文件,送交专利主管机关。专利主管机关依法可在专利权尚未批准之前,向公众公开其发明技术,这就避免了一项新的技术发明长期保密,延缓公开。所以专利制度能保证迅速向各国公众传递技术发明的最新信息。由此可见,正确运用知识产权保护制度,有利于形成加速智力成果的推广、运用和辐射、扩散的良性环境,充分发挥知识对社会进步的促进作用,这也正是文献资源共享所追求的目的。

第三,知识产权制度为科学技术文化的国际交流与合作创造有利条件,促进了文献资源共享的发展。

各个国家在科学、技术、文化方面都有自己的特长和优势,相互学习和进行各种协作是时代发展的必然趋势。科学技术文化本身没有国界,但当它作为一种能创造财富的资源被不同国度的人们所拥有时,它的流动就必然和经济利益联系在一起,因而人们对它的利用就不能是无条件的。知识产权制度的建立,可以使各国在本国法律的基础上,通过互惠、参加国际公约、缔结双边保护协定等方式使本国国民的智力劳动成果在国外获得保护,同时也依法保护外国人的知识产品在本国的合法权益。因此,国际间的知识产权条约为科学技术文化的跨国界传播和交流创造了有利的环境和条件,也为国际文献资源共享扫除障碍,开辟道路。

二、知识产权制度对文献资源共享的约束

虽然知识产权制度的最终目的是促进信息、知识的广泛传播与交流,繁荣科学文化事业,但这一目的是通过运用法律规范信息、知识的传播与交流中的行为,保护信息、知识生产者的合法权益来实现的,因此,知识产权制度直接体现为对人们分享和利用他人的智力劳动成果时的某些制约。从这个意义上说,知识产权制度对文献资源共享起着规范、约束作用。弄清文献资源共享中有可能造成的对知识产权的侵犯,对避免侵权行为,保证文献资源共享的顺利进行,具有重要的意义。

与文献资源共享密切相关的知识产权法规是著作权法。

1. 文献复制有可能造成的对著作权的侵犯

文献复制,是指以印刷、复印、临摹、拓印、录音、录像、翻录、翻拍等方式将文献制成一份或多份的行为。现代信息技术的发展使文献复制变得十分便捷,且价格便宜,如静电复印,在美国、日本等发达国家,复印一本书的成本不及原书价格的十分之一。所以,复制是使文献能够广泛传播和共享的重要手段。然而也正是由于同样原因,复制是构成对著作权侵犯最常见的方式。因此,复制权被认为是著作权中作者最基本最重要的权利,作者行使著作权集中体现在行使复制权上。当然,著作权法并不禁止所有未经许可的复制。各国的著作权法往往对复制权进行一些限制,那些非营利性的、对销售市场并不产生影响的少量复制是法律所允许的,但超出法律规定的合理使用范围,就会构成对著作权人复制权的侵害。

在文献情报机构开展资源共享活动时潜存着的对知识产权尤其是著作权的侵权可能包括:

(1)未取得著作权人许可,大量复制尚在版权保护期内的作品,不是因为保存版本的需要,而是用以提供阅览或借阅。早在60年代,美国 William & Wilkins 公司以美国国立健康研究院图书馆大量复印其医学杂志供分馆使用为由诉美国政府一案,曾引起图书情报界的普遍关注。现在一些图书馆协调采购外文原版期刊,也应该考虑避免侵犯著作权的问题。

（2）未经著作权人允许利用其著作自编或汇编资料，并大量复印提供以营利为目的的服务，又不付给著作权人一定的报酬。在图书情报单位开展信息服务时比较容易出现这种情况。如北京某技术研究所在事先没有征得作者与出版社同意的情况下，擅自将某作者所著的、科技文献出版社出版的《高档营养食品鹅肥肝》一书分三部分复印，并删除了作者姓名、出版单位等名称，以高价对外出售，因而作者向北京版权处提出申诉。尽管该研究所辩称该所负有对外推广、传播、普及情报资料、应用技术和专利技术转让的义务和责任，对科技情报的收集、整理、汇编、扩散是该所的权利，翻印《高档营养食品鹅肥肝》一书是为了满足用户的需要，然而北京版权处依据法律仍裁定该研究所侵犯了作者的著作权，必须承担法律责任①。

（3）未经录音、录像制作者许可，以营利为目的，大量转录复制录音、录像带，如各种音乐、歌曲和外语录音带，又不向音像制作部门支付报酬。

（4）未经计算机软件著作权人或其合法受让者的同意，为非科学研究、课堂教学的目的而复制或部分复制其软件作品。需要说明的是，软件不同于文字作品，即使为个人目的而使用、复制，亦可谋取巨额利润。各国对此规定虽不尽相同，但总的意见是：为个人目的使用软件亦要付酬，这是软件的特殊性决定的。

（5）未经著作权人同意，对其在非公众集会上发表的口述作品（如报告、演讲等）进行文字复制，或进行录音，以作为文献加以保存、传播，或进行大量复制，甚至公开出版而不支付一定的报酬。

上述行为都直接或间接侵犯了他人著作权，因而应在图书情报工作中受到限制和约束。

2.计算机情报检索可能造成的对著作权的侵犯

---

① 黄晓斌.文献复制的法律问题.图书情报工作,1992(5)

电子计算机与远程通信技术的发展使计算机情报检索服务发展到联机检索、联网检索,检索的对象是经过有序化整理并固定在机器可读材料上的信息流产品——数据库。由于数据库的建立在选择信息方面付出了独创性劳动,因而数据库本身享有著作权,如DIALOG、MEDLINE 等系统的数据库。计算机技术的发展使联机检索中侵犯数据库产权变得轻而易举,其中最典型的问题就是为非科学研究目的,以联机形式套录数据库,即"从远方的数据库中拷贝其数据并将之存储到自己的计算机中。它的问世是由于联机数据库与文献传递方式的发展而引起的。"[①]这意味着,联机数据库有可能被分批"偷"出来。这种方法严重损害了联机数据库提供者的利益,侵犯了数据库的专有权。图书情报机构在开展联机检索服务中也有可能套录数据库,然后用它为用户检索。但是,除了进行科学研究目的外,套录数据库的行为,无论是留作自己使用,或出租给他人使用,或转让、赠与他人,都是侵权行为,因而应当受到法律的限制。我国的《著作权法》和《计算机软件保护条例》都开列了保护数据库产品的条款。

3. 信息咨询服务中可能造成的对著作权和其他知识产权的侵犯

在纷繁的信息世界中,有很大一部分处于"公有领域"的信息源,如向全体公民开放的政务信息,统计部门的某些统计信息,银行及财税部门的财政、金融、税务信息,记录在某些文献(如会议文献、标准、产品样本等)中的一些信息等等,对这些信息源的利用是不受法律约束的,任何人都可以自由交流与使用。然而还有一部分信息源处于"专有领域"的,这就是前面提到的专利、商标,以及文学、科学、艺术作品,这些信息受到知识产权法律的保护,只有这些信息的生产者才有权占有、转让和使用它。因此,在图书情

---

① 卢泰宏.国家信息政策.科学技术文献出版社,1993

报机构的信息咨询服务中分清"公有领域"的信息和"专有领域"的信息是很重要的。如果将"专有领域"的信息,如受产权保护的技术视为公有领域的技术,在向用户提供技术情报时未说明其法律保护状态,就有可能与信息用户或实施技术人一道成为共同侵权人。共同侵权是这种服务中常见的侵权方式,但它可以尽量避免,即"在提供情报服务时向用户释清该技术的来源与法律保护状态,并指出侵权的可能与责任"①。

上述情况表明知识产权制度对文献资源共享具有制约作用。它要求社会的信息交流、资源共享活动必须符合法律规范,在法律允许的范围内进行。

三、遵守知识产权制度,开展文献资源共享活动

对文献资源共享来说,知识产权制度是一柄双刃剑。它一方面积极影响和促进资源共享活动,同时又对资源共享具有限制和制约作用。当今图书情报工作面临的重要问题,就是既要使文献资源共享活动符合法律规范,保护知识产权不受侵犯,又要充分利用知识产权制度的积极作用,促进文献资源共享活动的开展。

遵守知识产权制度,是开展文献资源共享活动的前提。为此,必须解决两个问题。首先是要强化知识产权观念。知识是一种财产,知识生产者通过艰苦的脑力劳动并投入一定的财力而获得的智力成果,一旦被社会所利用,理应获得应有的报酬。那种认为文献资源共享就是无偿利用、分享他人的智力成果的观念,实际上是对资源共享的曲解。这种"共享",只会阻碍人们从事智力投资的积极性和主动性,从而使文献资源共享失去活力。因此,我们不能把知识产权制度当成文献资源共享的障碍,相反,正是知识产权制度为文献资源共享提供了法律保障。文献资源在知识产权制度的

---

① 周六炎、杨熔.知识产权制度对我国情报服务的影响.情报科学,1993(3)

保护下,借助于市场秩序进行合理流动,正是市场经济条件下文献资源共享的一种有效形式。其次是学习有关法律,自觉遵守知识产权制度。图书情报部门在文献收集、文献复制、编制二、三次文献,开展传统的信息服务和电子信息服务等工作中,必须严格依法办事,防止侵犯知识产权的事件发生。

在遵守知识产权制度的同时,应当充分利用知识产权制度赋予知识使用者、传播者的合法权益,促进文献资源共享的发展。为了促进知识的广泛传播和充分利用,各国的著作权法在充分保护著作权人合法权益的同时,也注意保护作品传播者和社会公众利用作品的正当权益,对著作权规定了一系列的限制。我国的《著作权法》除有著作权行使限制以外,还有对著作权时间的限制、著作权保护范围的规定等。这些限制和规定的基本出发点,是为社会公众提供使用作品的机会,使作者个人利益和社会公众利益协调一致。显然,这是有利于文献资源共享的,图书情报界应该利用著作权法的"绿灯",促进文献资源共享的发展。

根据我国《著作权法》,在以下情况下,对文献的利用,包括借阅、复制、提供咨询服务等等,都是法律所允许的,既无须经著作权人同意,也不要支付报酬。

1. 对著作权法保护范围以外文献的使用

著作权法保护的作品具有一定范围,不属这一范围的文献可以自由使用,不受著作权法的约束。我国《著作权法》第五条规定,不适用著作权保护的文献有:①法律、法规,国家机关的决议、决定、命令和其他具有立法、行政、司法性质的文件,及其官方正式译文;②时事新闻;③历法、数表、通用表格和公式。这三项都属公有领域的信息。其中第①、②项文献目的在于广泛向大众传播,对它们的复制及其利用途径限制越少,它就传播得越广。第③项已经成为人类的公共财产,并且这些东西本身就是为了让人们应用以推进社会发展的,因而不受著作权保护。因此,对上述文献可以不受限制地自由使用。

2. 对超过著作权保护期限文献的使用

著作权保护期限,是指国家确认作品的著作权,并依法予以保护的法定期限。在著作权保护期限内,作品的著作权受法律保护,著作权期限届满,就丧失著作权,该作品进入"公有领域",不再受法律保护,任何人都可以利用。我国《著作权法》对著作权的保护期作了规定,公民的作品,其发表权、使用权和获得报酬权的保护期为作者终生及其死亡后 50 年,作者的署名权、修改权、保护作品完整权的保护期不受限制。其他著作方式作品保护期计算方法不尽相同。如《计算机软件保护条例》规定软件著作权的保护期为25 年,保护期满前,软件著作权人可以向软件登记机构申请续展25 年,但保护期最长不超过 50 年。对超过保护期限的文献,人们可以不受限制地自由使用。

3. 对著作权法规定的"合理使用"的文献的使用

合理使用,是指依据著作权法的规定,允许公众在某些情况下使用(如复制、翻译、改编、引用等)受著作权法保护的作品时,可以不经著作权人许可,也不向其支付报酬,但应指明作者姓名、作品名称。这是各国著作权法普遍采用的一种限制方法。其主要目的是为了满足个人学习、科学研究、教学活动、公共借阅等非营利活动的需要。我国《著作权法》第 22 条规定有 12 种情况使用他人作品属合理使用,这 12 种情况是:

①为个人学习、研究或者欣赏,使用他人已经发表的作品;

②为介绍、评论某一作品或说明某一问题,在作品中适当引用他人已发表的作品;

③为报道时事新闻,在报纸、期刊、广播、电视节目或者新闻纪录影片中引用已经发表的作品;

④报纸、期刊、广播电台、电视台刊登或播放其他报纸、期刊、广播电台、电视台已经发表的社论、评论员文章;

⑤报纸、期刊、广播电台、电视台刊登或者播放在公众集会上发表的讲话，但作者声明不许刊登、播放的除外；

⑥为学校课堂教学或科学研究，翻译或少量复制已经发表的作品，供教学或者科研人员使用，但不得出版发行；

⑦国家机关为执行公务使用已经发表的作品；

⑧图书馆、档案馆、纪念馆、博物馆、美术馆等为陈列或保存版本的需要，复制本馆收藏的作品；

⑨免费表演已经发表的作品；

⑩对设置或陈列在室外公共场所的艺术作品进行临摹、绘画、摄影、录像；

⑪将已经发表的汉族文字作品翻译成少数民族文字在国内出版发行；

⑫将已经发表的作品改成盲文出版。

这些规定，为对文献的无偿使用提供了法律依据，因而对文献资源共享具有十分重要的意义。

上述3种情况是著作权法规定的可以不经著作权人许可，不向其支付报酬而使用其作品，除此之外，著作权法还有"法定许可"和"强制许可"使用文献的规定。法定许可是指依照法律在一定范围内使用作品，可以不经著作权人许可，但应向其支付报酬。我国《著作权法》规定法定许可的情况是：①报刊转载、摘编其他报刊登载的作品；②表演者使用他人已发表作品进行营业性演出；③录音制作者使用他人已发表的作品制作录音制品；④广播电台、电视台使用他人已发表的作品制作广播电视节目。强制许可是指在一定条件下，作品的使用者基于某种正当需要而使用他人已发表的作品时，经申请由国家著作权行政管理部门授权，即可获得该作品的使用权而无需征得著作权人同意，但应当向其支付相应报酬。我国的《著作权法》中没有强制许可的规定，但我国已参加了《伯尔尼公约》和《世界版权公约》，这两个公约规定并确认了对复制和翻译可以颁发强制许可的制度。"法定许可"和"强制许可"使用文献的规定,为在某些特定的情况下开展文献资源共享活动提供了法律依据。

综上所述,知识产权制度的建立,对文献资源共享既有限制和约束的作用,也有积极的影响和促进作用。它的最终目的,是要引导社会的文献资源共享活动由放任、无序的状态转变为一种符合法律规范、促进社会稳定和科学文化发展的文明行为。这无疑具有十分重要的意义。

第三节　社会经济的影响

文献资源共享,作为一项现实的社会运动,它的运行,必然受到社会经济环境的影响和制约,兹从以下几个方面进行分析。

一、社会经济发展水平对文献资源共享的影响

在以往关于文献资源共享的研究中,人们往往格外注重文献资源共享带来的直接经济效益,即文献情报单位之间如何通过文献资源共建共享节约了经费。然而人们似乎有意无意地忽略了问题的另一面,即文献资源共享活动需要社会经济发展提供强有力的物质支持。无疑,实现文献资源共享可以避免浪费、节省一定的经费。但是,为了实现资源共享,在一定时期内必须有更多的资金投入。例如,必须获取更多更好的文献资源作为共享的物质基础,"发展中国家对资源共享的需要是显而易见的,但是缺乏共享的资源是其基本障碍"[1];有效的资源共享有赖于建立大量的书目数

---

① Smith, M. Resource Sharing. ALA World Encyclopedia of Library & Information Services 2nd ed. 1986

据库和高效的联机检索网络;提高文献的复制、缩微和传递能力是开发文献资源共享活动的必备条件,等等,这些都需要增加经费。充足的经费投入,是实现文献资源共享的重要保障。

一个国家的经济实力,决定了该国对科技事业的投入水平,而各国对文献情报事业的投入,是与各国的科技投入规模相关的。研究与发展(R&D)经费占国内生产总值的比重是国际上衡量一个国家科技投入规模和科技实力的重要指标。下表是中、美两国近年来 R&D 投资规模。

表 5-1　中美两国 R&D 投资情况

	1990 年		1991 年		1992 年		1993 年		1994 年	
	R&D 经费(亿)	R&D/GNP	R&D 经费(亿)	R&D/GNP	R&D 经费(亿)	R&D/GNP	R&D 经费(亿)	R&D/GNP	R&D 经费(亿)	R&D/GNP
美国(美元)	1420	2.7%	1500	2.8%	1516	2.7%	1619		1846	
中国(人民币)	125.43	0.7%	142.30	0.72%	169.0	0.7%	196.0	0.62%	222.24	0.50%

与 R&D 投资规模大体一致,美国对文献情报事业投入也相对较多。如美国图书馆 1990 年的书刊资料购置费约为 45 亿美元,即大约人均 22 美元。自 70 年代中至 80 年代中期,美国大学图书馆的经费开支年均增长率为 9%。其他发达国家对文献情报事业的投入也较多。如日本,1988 年用于科技情报投资达 69 亿日元,1990 年日本文部省为加强大学图书馆的自动化学术情报服务工作拨出专款 24 亿多日元。目前,日本科技情报中心年预算约 14 亿美元。法国政府近年来拨出 70 万法郎用于资助国家期刊机读联合目录和建立自动化馆际互借系统等专题项目,法国大学图书馆的经费在 1988—1989 年从 9420 万法郎增加到 1.46 亿法郎,大约增长 50%,法国科技情报所年运行费达 1.97 亿法郎。

我国经济近年来增长迅速,但经济实力仍较薄弱,R&D 经费无论是绝对值还是相对比例与发达国家相比都有较大差距,因而对文献情报事业的投入也很有限。1995年,国家对县以上公共图书馆投资为6.58亿元,其中用于文献购置费仅占1/4。1992年对高等学校图书馆投入图书购置费1.95亿元。1988年国家对科技情报事业投入为1.58亿元。目前中国科技信息研究所年度预算仅约1200万人民币。"七五"期间,国家用于电子信息系统建设的投资约200亿人民币,其中用于数据库开发的仅在5—10亿元左右。国家对文献情报事业投资不足,严重制约着文献资源共享的发展。

特别值得我们注意的是,自1993年以来,美国一马当先,其他发达国家紧随其后,在全球掀起了"信息高速公路"的浪潮。这个高速计算机通讯网络,将使人们能十分方便而迅速地传递和处理信息,从而最大限度地实现信息资源共享。为此,世界各发达国家和新兴工业国家都以前所未有的规模投资信息基础设施建设。美国在1993年度预算的基础上,1994年再追加20亿美元,作为高速信息网络的建设费用。联邦政府还计划在近年内拨款数百亿美元,着手兴建全国光纤信息网。美国贝尔大西洋电话公司宣布它将在7年内投资160亿美元,建设高速光纤传送系统,提供声音、数据和视频服务。欧共体则计划在今后5年内出资330亿法郎发展欧洲"信息高速公路"。英国电信公司也宣布,它准备投资高达100亿英镑来建设通向千家万户的光纤通路。日本制订了"新高度信息电信服务计划",并投资9500万美元,实施一项"省际研究信息网络"工程,日本电信电话公司决定到2015年投资45亿日元,把光纤铺到家庭。加拿大的"信息高速公路"计划将在未来10年内耗资7.5亿加元。韩国政府确定到2015年为止共投资44.8亿韩元建设"信息高速公路"。所有这些都表明各国经济发展为信息资源共享提供了强大的物质支持。

我国作为一个发展中国家,国家有限的财力不可能在短期内投入巨额资金进行"信息高速公路"建设。但是我们必须充分认识建设高速信息网络,实现信息资源共享所带来的巨大的经济效益和社会效益。目前,要在国家财力可能的范围内,加大信息基础设施投资力度,继续加速建设一个完整统一的现代化的全国公用通信网,保证全国通信网络的高效和畅通。同时要加快我国的数据库建设,尤其是向公众提供信息服务的开放型数据库建设,提高信息的使用价值。当然,这一切不仅需要政府的财政拨款,而且需要社会各方面投入财力、物力和人力。

二、经济增长方式对文献资源共享的影响

社会对信息的需求是推动文献资源共享的原动力。恩格斯说:"社会一旦有技术上的需要,则这种需要就会比十所大学更能把科学推向前进。"[1]只有当整个社会的信息需求呈现出广泛性、复杂性和迫切性,每个具体的文献情报单位无法独立地满足这种需要时,文献资源的共建和共享才成为必要和可能。而社会的信息需求是由社会经济发展水平决定的。根据前苏联情报学者帕尔凯维奇的研究,人们对信息需求的增长大约与人均国民收入的平方成正比,即只有当经济有了较大发展,人民生活有了相当提高后,社会才会产生较强的情报需求。这是不难理解的。在信息经济逐渐占主导地位的条件下,一个国家经济的增长主要依靠劳动生产率的提高,而劳动生产率的提高则主要依赖科学技术。在发达国家,科技进步的因素在国民经济增长中已达50%以上,美、日、德等国更高达70%—80%,在这种情况下,国民经济的每一步增长,都会对信息(科学技术)产生强烈的需求。可见,经济增长方式转变带来的信息需求是文献(信息)资源共享的真正动力。

我国自改革开放以来,国民经济迅速增长,1995年国内生产

---

① 　恩格斯. 马克思恩格斯选集(第4卷). 北京:人民出版社,1957:478

总值达 53045 亿元,"八五"期间年均递增达 11.7% ,是世界上少数几个保持较高经济增长率的国家和地区之一。随着社会主义市场经济体制的建立,市场竞争机制不断加强,大大刺激了社会信息需求的增长。据有人统计,我国社会信息需求 1988 年同 1980 年相比已翻了两番,预计到 2000 年还将再翻一番。仅以计算机信息检索为例,"七五"期间机检课题总数的年均增长率为 10% ,到 1989 年增长率为 18.5% 。"八五"期间年需求水平为 1.8 万至 2 万个课题左右,据预测,以后年增长率为 5%—6% ,90 年代末期的机检需求水平可能增到 6—7 万个课题。

然而,我国社会信息需求远不是很旺盛的。由于我国长期以来发展的基本上是劳动密集型经济,经济增长主要靠资金和劳力的投入,科技进步含量低,因而社会的信息需求并不强烈。"作为信息需求的主体——企业,尽管数量上已从 80 年代中期的几十万家增加到 1993 年底的 710 万家,但需求增加却很有限。它们的效益的增加 70% 以上,还是靠资金投入"[1]。"对湖北省 327 家大中小型企业的抽样调查表明,96% 以上的中小企业用户情报意识淡薄,大量情报需求或认识不到,或表达不出"[2]。另据有关部门抽样调查,只有 10% 的企业对技术情报有迫切需求,20% 的企业虽有需求,但不迫切,尚有 70% 的企业基本上没有情报需求。我国图书情报机构数量少(平均 45 万人才拥有一所公共图书馆),藏书保障率低(人均 4 人才拥有一册藏书),而藏书利用率竟也低得惊人(据估算全国藏书平均利用率不足 30%)。造成这一奇特现象固然有多种原因,但社会的信息需求不足无疑是主要的原因。

社会信息需求疲软必然使文献资源共享缺乏动力。而要刺激社会信息需求的增长必须加快社会经济的发展。经济增长有两种

---

① 冯建伟,徐小南. 东西方信息优势比较(中). 情报理论与实践,1994(6)
② 岳剑波. 我国情报产业化的条件与措施. 情报学刊,1992(5)

基本方式：一是单纯靠增加物质投入的总量，在原有技术水平上进行外延式扩大再生产而实现的粗放型经济增长；一种是少增加、不增加或减少物质投入，依靠科学技术进步，提高生产要素利用效率，进行内涵式扩大再生产而实现的集约型经济增长。过去几十年来，世界经济增长更多地属于后一种类型的增长，而我国的经济发展基本上属于前一种类型。我国单位产值的物耗、能耗为世界发达国家的2—5倍，而消耗的信息量只有世界平均水平的1/10。因此，我国经济的发展不能再走粗放型增长的老路，只有抓住时机，加快科技发展，把经济增长方式切实转到依靠科技进步和提高劳动者素质的轨道上来，才有可能使经济获得持续快速的增长，缩短与发达国家的差距。同时也只有依靠科技进步来发展经济，才能激发社会信息需求的增长，使文献资源共享获得持久的动力。

三、经济体制对文献资源共享的影响

经济体制是国民经济的组织形式、机构和管理方法的总称。一定的经济体制状态客观地决定着一个经济社会中资源运动和资源分配的形式，决定着如何提高资源利用效率的生产方式。文献资源共享，从资源经济学的角度来看，实质上是信息资源的配置问题，即通过信息资源的合理配置，以提高信息资源的利用效率。因此，不能脱离经济体制来讨论文献资源共享问题。这是社会经济环境影响文献资源共享的一个重要方面。

1. 不同经济体制中文献资源配置的特点

资源经济学认为，经济体制本质上就是经济资源的配置方式。一种资源配置方式可以归结为三个基本要素：资源配置的决策机制、资源配置的信息机制、资源配置的动力机制。决策机制是指资源配置的决策权性质、来源和它在社会成员中的分配，即由谁作出那些决策。信息机制是指资源配置中收集、传导、处理、储存、取出和分析数据的机制和渠道，信息机制中的一个关键问题是信息流的方向。动力机制的实质是决策者能够借以贯彻自己决策的机制,即他们能够使决策执行者服从自己愿望的方法。这三种机制也是经济体制的三个基本要素。据此,经济体制可以分为两种不同的类型:计划经济体制和市场经济体制。两种经济体制具有完全不同的特点。

表 5 - 2　　两种经济体制的不同特点

	计划经济体制	市场经济体制
决策	集权性的	分散的,生产者对资源使用有充分自由的选择权力
信息	自下而上、自上而下的纵向流动	横向流动
动力	对中央权威的信任、完成任务的责任心、严格的等级制度及精神上的鼓励	对物质利益直接的追求

当然,在世界各国现实的经济体制中,很难找到完全的计划经济体制或纯粹的市场经济体制的典型,而大多是兼有计划经济体制与市场经济体制特点的混合型经济体制,只是混合的情况差别很大,有的接近完全计划,有的接近完全市场。

在两种不同的经济体制下,文献资源配置的决策过程、信息流动方式和动力来源也呈现出各自的特点。

在高度的计划经济体制之下,文献资源配置较多地体现为政府行为,其决策是集权性的,即由中央政府有关职能部门根据自下而上的信息,制定出文献资源发展计划及资源配置的具体方案,自上而下地下达。然后通过上级对下级行为的限制以及其他的行政的或经济杠杆的作用,促使方案的实施、计划的实现。因而在这种体制之下,信息的流转主要是自下而上、自上而下纵向地进行。完成计划的动力主要来源于政府的权威以及精神的鼓励方面。前苏联的经济体制是接近完全计划型的,因而在文献资源配置方面,也主要体现为政府行为。1966 年,苏联部长会议通过第 916 号命令,责成全国图书馆开展合作,为全苏的科学和工业发展服务。在政府的直接领导下,苏联的图书馆和情报系统紧密配合,相互依赖开展多种形式的协调活动,建成了全苏的文献情报网,并在全国建立了四级贮存收藏系统。1975年,苏联部长会议又责成文化部成立跨部门的图书馆委员会,由文化部长担任主任委员,该委员会在图书馆事业中执行国家政策,在各种类型图书馆协调方面,享有广泛的权力。我国的经济体制曾在相当长的一段时间内基本沿袭苏联的模式,在文献资源配置方面也较多地体现为政府行为。如1957年,国务院第57次全体会议批准《全国图书协调方案》,决定在国务院科学规划委员会下设图书小组,负责全国为科学研究服务的图书工作的全面规划、统筹安排,并着手进行了建立全国的和地方的中心图书馆委员会,以及组织编制联合目录的工作。

应该肯定,在一定的条件下,计划经济体制下的文献资源配置是有优越性的。特别是在一个国家的初期发展阶段,它可以集中必要的信息资源,为国家的生产建设、科学研究、社会发展中的重大项目提供文献信息保障,使有限的资源尽可能发挥最大的效益。前苏联在文献情报网络建设和资源共享方面的成功,世人有目共睹。我国在50年代末60年代初文献资源建设协作协调和资源共享方面取得的成绩,亦为国人所公认,以至今天图书情报界人士仍难以忘怀。然而,计划经济体制合理配置文献资源必须有赖于一定的条件。至少是:①计划者必须能够明确地、详细地规定他们的目标函数,政府的目标能够反映整个社会的价值取向;②全面、及时、准确的信息来源及对信息的正确分析与处理;③不折不扣地执行计划的操作系统。在现实经济生活中,这种处于理想状态的条件存在的可能性是很小的。由于决策目标往往不可避免地受到领导人观点、水平、好恶等影响而使目标函数偏离,由于信息的传输难以及时、全面和准确,由于计算上的困难和时滞,由于执行过程中的偏差和拖延等等,很可能导致文献资源合理配置的扭曲。所以,完全的计划经济体制下文献资源配置存在着明显弊端,必须进行改革。

在完全的市场经济体制下,文献资源配置主要地体现为社会行为、市场行为。在这里,决策是分散的,政府不干预文献资源的配置。各个文献情报机构可以根据信息市场的需求、自身的经济能力等因素来决定文献资源的配置,以及决定是否参与文献资源建设与利用的协调与合作。它们作出选择或决策的目的与动力来源更多地体现为对物质利益的追求,而选择或决策所依据的信息并非自上而下的指令,而主要是横向传递的信息。美国的经济体制是接近完全市场型的,因而在文献资源配置方面,也采用分散多元的方式。美国没有制定全国统一的信息政策,也没有一个权力集中的机构来充分发挥行政中心甚至协调中心的作用。它的政策法令及相应的组织工作,分别由总统科学顾问委员会的有关部门、国家科学基金委员会的情报科学与技术处以及国家图书馆与情报科学委员会等机构,就政府内外可能改善图书馆与情报活动的政策与规划向总统及国会提供咨询意见,最后通过立法机构,以法规形式颁布于众。

同样应该肯定,在一定条件下,市场经济体制下的文献资源配置也是可以发挥其优越性的。特别是在信息市场已经发育成熟的国家,以市场需求为导向的经营策略,使文献情报机构能够及时根据社会需求状况对文献资源合理配置及协作协调情况进行灵活的调整,以充分发挥文献资源的效益。美国文献情报网络化及资源共享方面的成就也是举世公认的。然而,在完全市场经济体制条件下文献资源配置也是存在弊端的。其一,市场经济的利益取向使区域间信息(文献)资源的流动完全受经济利益的驱使,越是经济发达地区,越能获得数量较多的文献资源,从而导致文献资源在一些地区畸形富集,而在另一些地区则极度贫乏,出现文献资源配置中的"马太效应"。这种情况在发展中国家是比较突出的。其二,市场经济体制下文献资源配置过于分散的决策机制,使各种资源网络林立,给大范围的联网造成一定困难。如美国,过去由于历史、技术等原因,电信网分行业管理,行业之间界限分明,长途电话、市内电路、广播电视、有线电视都有自己的"势力范围",而现在建设"信息高速公路",又必须冲破这些行业之间的界限,将各种电信服务汇成一个集成系统提供给用户使用,因而现在又要来讨论"网络的网络"问题。由此可见,同样有必要对完全市场经济体制下的信息(文献)资源配置进行改革。

2. 适应社会主义市场经济体制的我国文献资源共享

我国自改革开放以来,开始逐步摆脱高度计划经济的束缚。1992 年,党的十四大明确提出:"我国经济体制改革的目标是建立社会主义市场经济体制。"十四大报告以精辟的语言概括了这一体制的意义、作用和特点:"我们要建立的社会主义市场经济体制,就是要使市场在社会主义宏观控制下对资源配置起基础性作用,使经济活动遵循价值规律的要求,适应供求关系的变化;通过价格杠杆和竞争机制的功能,把资源配置到效益好的环节中去,并给企业以压力和动力,实现优胜劣汰,运用市场对各种经济信号反映比较灵敏的特点,促进生产和需求的及时协调。"毫无疑问,我国信息(文献)资源的配置,也必须纳入社会主义市场经济体制的框架。显然,社会主义市场经济体制下的文献资源配置,既不同于高度计划经济体制下的文献资源配置,也不同于完全市场经济体制下的文献资源配置,它应该具有哪些主要特征呢?

第一,在决策机制上,集中决策与分散决策相结合。

社会主义市场经济体制的本质特征是市场经济,因而文献资源配置应该遵循市场经济的规律来进行。要把文献资源配置由政府行为转变为社会行为、市场行为。各文献情报机构应该根据社会的需求、市场的需求以及自身的能力来制定文献资源发展规划,根据受益情况来自主决定是否参加馆际间文献资源共建与共享的协调合作和网络化建设。它应该从文献情报机构的根本任务、特点和规律出发,运用市场经济的一些机制和手段,来解决文献资源共享系统的运行活力问题。

在强调文献资源配置自主决策的同时,必须加强国家对文献资源配置的宏观调控,这是社会主义市场经济体制下的文献资源配置区别于完全市场经济体制下文献资源配置的显著特点。国家的宏观调控,一是通过制定各种政策和法规,指导、调节、干预和规范文献资源配置行为,比如通过各种优惠政策鼓励文献情报网络建设和资源共享、培育信息市场、扶助经济贫困地区的文献资源建设以避免信息资源高度富集和极度贫乏的极化现象等等。二是建立跨系统、跨部门的文献情报工作协调机构。根据社会主义市场经济体制"小政府、大社会"的要求,这个跨部门的协调机构不是也不应该是政府行政职能部门,但它应该拥有来自国家的政策和法律赋予的必要的权威,对文献资源的合理配置、共享,真正起到组织、协调作用。

第二,在信息机制上,既有较完善的纵向信息传递,又有发达的横向信息传递。

由于社会主义市场经济体制下的文献资源配置仍需要加强国家的宏观调控,所以政府和文献情报机构之间仍应该有一个完善的纵向信息传递系统,政府有关部门藉此了解全国文献资源的分布、配置、使用、需求等方面的情况,同时向下传递有关政策、法规及宏观决策方面的信息。但是,社会主义市场经济体制下的文献资源配置更需要发达的横向信息传递系统。横向信息包括文献生产(数量、质量、类型等)信息、文献供应(供应渠道、价格等)信息、文献资源分布(地区、系统、机构等)信息、文献资源利用信息、文献情报需求信息、现代信息技术发展信息等等。这些横向信息是文献情报机构确定文献资源配置决策的主要依据。因此,文献情报机构应该建立起迅速、及时、准确的横向信息传递机制。各类型文献情报机构之间应该密切联系，交流信息，在文献资源的建设和利用方面加强协调与合作。

第三，在动力机制上，建立多元化来源结构。

社会主义市场经济体制下，为了激励人们开展文献资源共享活动的积极性和热情，仍然需要有精神上的鼓励，需要图书情报工作人员的事业心、责任心，需要有对政府权威的信任。但仅有这些是不够的，还必须建立一定的物质利益机制作为文献资源共享的驱动力。为此，应着力解决以下两个问题：

（1）要把文献资源共享与开展有偿信息服务、建立信息市场结合起来。长期以来存在一种观念，认为文献资源共享就是全社会的文献信息资源供所有人无偿利用。这种理解是片面的。诚然，图书情报作为一项社会公益事业，其宗旨是满足社会公众一般文献信息需求，其经费来源也主要由国家拨款，因而无偿信息服务是图书情报机构的主要的服务方式，但并不是也不应该是唯一的服务方式。从文献资源共享这一活动来看，用户的信息需求一般都超出他所在的单位的图书情报机构或所在地区公共图书馆文献资料的收藏范围，而且这种需求往往不满足于普及性的一般信息服务，而更侧重于专业性的特殊信息服务，所以这种需求超出了公益性信息服务的范围。图书馆或情报部门在提供这类信息服务时，需要付出额外的劳动、额外的费用，有的还需采取特殊的途径（如通过国际检索网络调用国外某特定数据库），因此就需要用户交纳一定的费用，作为图书情报机构额外劳动（物化劳动和活劳动）的一种补偿，这是无可非议的。从理论上讲，文献信息产品具有价值和使用价值，因而具有商品属性，可以进入流通领域进行交换。而对提供信息服务者来说，"服务就是商品，服务有一定的使用价值（想象的或现实的）和交换价值"[①]。对此，许多有关情报经

---

① 马克思、恩格斯. 马克思恩格斯全集（第26卷）. 北京：人民出版社，1957

济学的论著已有过详细的论述。从实践来看,片面强调文献资源共享的无偿化也有严重弊端。由于图书情报机构的规模、基础不同,一般来说,规模大、基础好的图书情报机构在资源共享中"输出"多,"输入"少,因而无形中增加了费用和劳务的负担。如果得不到应有的补偿,长此以往势必造成这些单位对资源共享厌倦,使资源共享难以维持。而较小的图书情报单位或信息用户如果无须为获取的信息付出代价,那么他也可能不会珍惜这一宝贵的资源。由此可见,在文献资源共享中,有偿信息服务是十分重要的动力机制。事实上,在国外,不仅联机信息检索需要付费(在美国,机检一个课题需花费几十美元),馆际与国际互借也索取费用,如英国图书馆出售的国际互借用的申请单每本 20 张,索价 200 美元,复制用代价券,每本 20 张,索价 90 美元。在我国,如何将文献资源共享纳入有偿信息服务轨道,并和建立规范化的信息市场结合起来,是值得重视和研究的问题。

(2)要在文献资源共享活动中引入竞争机制。首先是图书情报机构之间形成竞争,对各单位文献服务、资源共享的社会效益和经济效益要有科学的评价标准。对优秀者,政府及社会有关部门应给予奖励,为其进一步发展创造更好的物质条件。其次是在图书情报机构内部要形成竞争,运用激励机制、充分调动图书情报工作人员的积极性,主动参与文献资源共享活动,以优质的文献信息产品参与信息市场竞争,并且将其工作业绩与收入分配联系起来,从而形成一个人人为文献资源共享努力工作的良好局面。

第四节 "信息人":教育与文化传统

我们分析了影响文献资源共享的政治、经济诸方面的因素,而这一切都围绕着一个核心:人。国家信息政策、信息法律的制订与执行,社会经济发展水平与规模,经济体制的建立与运行,无不是人之所为。而对人的素质、人的观念具有决定性影响的,则是教育和文化传统。

一、"信息人"及其在文献资源共享中的作用

美国情报学家 F. W. 兰开斯特认为,在信息社会中起主导作用的是具有一定文化知识水平的人——信息人[①]。国内也有学者提出"信息人"这一概念。什么是"信息人"? 有人将其理解为"从事信息产业的人群的个体",这显然是不正确的。"信息人"并不是对从事某一职业的人的称谓,正如工业革命时期的"经济人"并不是对从事社会经济行业的人群的称谓一样。卢泰宏教授认为,所谓"信息人",是指"在现代信息环境和信息时代中,人逐渐地形成了一些共同性的信息行为和信息心理并且构成人的重要的后天性特征"[②]。这种解释基本是可以接受的。"信息人"是一个抽象概念,是对信息社会中人的信息素质的描述。

人的信息素质包含两个基本内容,一是信息意识,即人的信息敏感程度,是人们对自然界和社会的各种现象、行为、理论观点等,从信息角度的理解、感受和评价。二是信息能力,即人们获取信息、加工处理信息、吸收并创造新信息的能力。强烈的信息意识和良好的信息能力是现代信息人必须具备的素质。

"信息人"在文献资源共享系统的运行中起着积极的能动的作用。这种作用首先来自"信息人"强烈的信息意识。意识是人的自觉的心理活动,即人对客观现实的自觉反映,信息意识就是指

[①] Lancaster, F. W. Information Poverty and Information Overload, In: The Infrastracture of an Information Society, B. El – Hodidy and E. E. Horoeeds. , Elsevier Science Publishers B. V, 1984

[②] 卢泰宏. 信息人与信息管理. 情报业务研究,1992(2)

人们对信息需求的自我意识。当决策者意识到充分的信息保证将为他进行科学决策提供依据的时候，当企业管理者意识到及时可靠的信息将为他开拓市场，取得较好的经济效益的时候，当科技工作者意识到先进、新颖的信息资料将使他的科技攻关取得重要突破的时候，他们必然产生强烈的信息需求，而强烈的信息需求正是文献资源共享的强大推动力。

"信息人"在文献资源共享系统运行中的积极、能动作用，还来自"信息人"良好的信息能力。构成信息能力的要素之一是信息获取能力。它首先要求信息人必须具有一定的文化知识水平，能识读、理解文献。其次是要求必须具有较强的文献检索能力，能较熟练地运用各种检索工具和各种检索手段搜检文献。构成信息能力的要素之二是信息的加工处理能力，即根据需要筛选信息、剔除冗余信息，以各种方式对信息进行组织，使之有序化，特别是运用先进的数据库技术，使信息的整理达到比较高级有序的程度。构成信息能力的要素之三是消化、吸收并创造新的信息，即"信息人"通过对信息的摄取、鉴别、筛选后，以自身原有的信息与选定的信息结合，经过分析、综合加工而产生或转换成新信息，从而实现信息的升华。"信息人"的信息能力对文献资源共享同样有强大的推动作用。信息能力和信息意识是密切相关的，但两者脱节的情况也不乏其例。不少人有较强的信息意识和信息需求，却苦于无法获取信息，甚至对出现在眼前的信息也可能视而不见。很显然，如果一个人连身边唾手可得的信息资料都没有能力获取，又怎么可能去远距离地"共享"别的图书情报单位的文献资源呢？由此可见，良好的社会信息能力是开展文献资源共享的重要条件。正是既有强烈的信息意识，又有良好信息能力的现代"信息人"积极地推动着文献资源共享的发展。

值得指出的是，由于"信息人"不是对人群的一种分类或区分，而是从总体上抽象出人的各种素质中的一个侧面——信息素质,因此,文献资源共享系统需要的"信息人",并不单是对应着"用户"的。事实上,这个系统所涉及的所有的人——文献的生产者、传播者、用户——都应该具有良好的信息素质,成为"信息人"。文献的生产者,包括作家、理论家、科学家及文献出版部门,只有具备良好的信息素质,才能灵敏地捕捉反映科学技术与社会发展的最新动态和水平的信息,创作、著述和出版信息知识含量高、质量优良、符合时代需要的优秀著作,为文献资源共享提供丰富的源泉。作为文献传播者的图书情报工作人员,只有具备良好的信息素质,才能广、快、精、准地搜集、整序和传递文献情报,提供优质的信息服务,成为文献资源共享的桥梁。至于用户,作为文献资源共享的主体,良好的信息素质是他们获取信息、处理信息、吸收并创造新信息的重要保证。还应该指出的是,文献的生产者、传播者和用户,是没有明确的界限的。文献(知识)的生产者必然同时是文献用户,图书情报工作者既是文献的传播者,又是二次、三次文献的生产者,当然同时也可能是用户。正是从这个意义上,我们可以说,文献资源共享的实现有赖于全民信息素质的提高,而提高全民信息素质应当成为提高整个中华民族素质的重要组成部分。

二、我国国民信息素质对文献资源共享的影响

既然国民信息素质在文献资源共享中起着重要作用,那么我国的国民信息素质对文献资源共享产生了怎样的影响呢?

前面已经提到,人的信息素质主要由两个方面构成:信息意识和信息能力。要对一个人或一个社会群体的信息意识和信息能力作出准确的描述是困难的,但我们仍然可从以下几个方面窥视我国国民信息素质的一些基本情况。

1. 国民的文献消费状况

读书,既是人们培养信息意识和信息能力的基本途径,也是一

个社会的信息意识和信息能力的重要表征。阅读文献须先求索文献。求索文献的渠道，一是购买，二是借用。关于文献借用的情况，我们将在后面分析。文献购买，大的买主有两类，一是各级各类图书馆，二是居民个人或家庭。我国图书馆的文献购置情况，自80年代中期以来，连续滑坡，形势极为严峻，这在本书第三章已作了详细分析。这里需要指出的是，不能把图书馆购置新书量连年下降归结为纯粹的经济原因。据1994年4月23日《文汇读书周报》披露，黑龙江省海林市连续三年地方财政和上缴利税双超亿元，被誉为黑龙江省"九小龙"之一，然而该市图书馆1993年只购入新书12本。作为黑龙江省"经济十强县"的东宁县图书馆，1993年未购入一本书。这两个县、市在经济上很发达，然而图书馆却处于困境和落后之中，直接的责任是当地官员不关心科学文化教育事业，但同时也折射出我们的社会信息意识是何等淡薄。

图书馆购书情况如此，居民个人或家庭购书情况亦令人沮丧。据统计，1988年我国城市职工家庭每人每年的文献消费支出只有8.3元，占总支出0.75%。近年来，城乡居民收入增长很快，然而文献消费的支出却并未随之增长。据对沈阳市500户城市居民家庭的抽样调查，1994年沈阳市居民人均生活费为3098元，而购买书报杂志支出仅为14.67元，占总支出的0.47%。《光明日报》1996年7月31日披露，1985年我国人均购书5.95册，1995年人均购书仅为5.51册，人均购书十年无增长。与1991年德国人均图书消费120美元相比，我国的文献消费水平实在太低，反映出我国社会的信息意识与信息能力的薄弱。

2. 文献利用情况

一个国家的图书情报机构收藏的文献资料在信息资源中占有相当大的比例，是该国信息能力的重要标志之一。而对图书情报机构中文献资源的利用率，则直接反映了该国国民信息意识的强弱。按照国际图联确定的标准，一个国家公共图书馆的藏书应达

232

到人均 3 册,实际上发达国家和许多中等甚至偏下的发展中国家已远远超过这一标准,而我国人均占有图书仅 0.27 册。从图书借阅情况来看,1994 年美国全国公共图书馆总流通册次超过 15 亿,人均 6.4 册次。而 1995 年我国公共图书馆图书总流通册次为 11814 万,人均 0.1 册次,仅及美国 1/64。值得注意的是,近些年来,我国图书馆的图书流通率在不断下滑。1980 年至 1990 年的十年间,我国公共图书馆图书流通册次从 11830 万上升到 20242 万,而 1995 年则降至 11814 万。

我国科技信息部门的文献资料利用状况,似乎更能说明我国信息资源开发利用的落后程度。据统计,我国 1990 年地市以上科技信息机构接待查阅资料的人次只有 20 万,平均每个机构一天接待不到 20 人次,而近年来查阅人次处于下降趋势。仅以专利文献利用率为例,我国专利文献利用率最高的首推国家专利局,也只有 1.1%,最低的情报所专利文献利用率仅为 0.00067%[①]。这种令人悲哀的文献利用状况,反映我国社会信息意识之薄弱已到何等严重程度。

3. 数据库与计算机信息检索状况

数据库建设与计算机信息检索的发展水平,是一个国家对信息资源开发、利用能力的重要标志。我国的数据库建设与计算机信息检索近十多年来曾有较大发展,但总体水平仍然很低。我国虽然已有 1038 个数据库,但大型数据库不多,而且需求严重不足。我国自建数据库的利用率一般不足 30%。据一项调查,北京 100 多家信息单位建立的数据库对外提供服务的只有 6%。按中国科技情报所 1989 年的情况,服务最好的自建数据库为西文文献数据库,共接收联机检索 80 人次,定题服务 76 次,中国实用技术成果库接受联机检索定题服务 140 个,平均联机检索课题数 28.3 个,

---

① 蔡曙光.论全民信息意识与信息资源的开发.图书馆学研究,1993(5)

定题服务数 74.8 个,这与发达国家相比是很低的。我国的联机检索用户虽已不少,但每个单位的询问量则很少。以中国科学院力学研究所为例,1986 年第二季度只有 6 人次去中国科技情报所的终端联机查询了 9 个课题,估计年查询量约为 36 个课题,约为英国相应查询量 253 次的 14%[①]。1992 年,中国科技信息所全国联网的计算机数据库被检索时间都在 70 小时以下,个别的只有 4 小时[②]。全国文献资源调查的结果也表明,在现有信息用户获得文献线索的来源中,利用计算机检索的只占 1.2%,排倒数第一。这些情况说明我国目前利用现代信息技术开发文献信息资源的能力也是很低的。

4.企业的信息需求状况

在市场经济条件下,作为国民经济支柱的企业,对信息的需求本应是十分迫切的。近年来我国经济高速发展,但经济的增长主要是靠能源、原材料消耗的大幅度增加取得的,科技进步在经济增长中含量较低。因此,企业对信息的需求并不强烈。有关部门曾对江苏、上海地区 700 多个企业进行过调查,发现有 75.9% 的企业不知道本企业产品的外销价格,90.4% 的企业不知道国际上同类产品的价格,90.6% 的企业不知道国际上同类产品的生产数量,87.6% 的企业不知道国际市场的需求变化。文献信息的使用率也很低,全国每个科技人员每年阅读情报资料仅 0.2 次,每 4 个企业一年使用一份国外产品样本[③]。我国 816 万家工业企业,平均每家企业每年从技术市场上购买的技术,金额仅为 585 元,平均 45 家企业才购买一项技术[④]。

---

①　周智佑等.中国信息产业问题研究.情报理论与实践,1992(5)

②　蔡曙光.论全民信息意识与信息资源的开发.图书馆学研究,1993(5)

③　谭祥金.改革路在何方——图书馆从事信息服务业的思考.图书馆,1994(6)

④　卢泰宏.从我国国情看信息产业的发展战略.情报理论与实践,1994(4)

5. 用户的外语能力和使用检索工具的能力

语言障碍对文献交流和资源共享的阻遏作用是不可低估的。据对我国的科研、教学、管理人员使用外语情况的一项抽样调查表明，上述三种人员的外语能力偏低，见下表。

表 5 - 3　科研、教学、管理人员使用外语情况调查表

人员类型 使用语言情况	科研人员(675)		教学人员(81)		管理人员(18)	
	人数	%	人数	%	人数	%
使用一种外语	322	48%	35	43%	8	44%
使用二种外语	154	23%	7	9%	1	6%
使用三种外语	10	1%	1	1%	0	0
使用四种外语	1	0	0	0	0	0
不能使用外语	188	28%	38	47%	9	50%

（资料来源：易克信等.社会科学情报理论与方法.社会科学文献出版社,1992）

科研、教学、管理人员在我国信息用户中属于知识层次较高的，他们中尚且有 42% 的人不能使用外语，其他用户的外语水平更可想而知了。还有人通过引文分析对中国科技人员参阅外文资料作过统计，结果只有 10%—20% 的科技人员能够一般阅读外文资料，仅有 3%—7% 的科技人员能够引用外文资料[①]。

熟练使用检索工具是用户获取信息能力的基础。然而一项调查表明，我国具有中级职称的科技人员，未曾有过检索刊物的人数竟多达 53%[②]。另据河北省农科院图书馆调查，发现 85% 的科研人员不会使用《BA》，80% 的人不会使用《CA》，68% 的人不懂什么叫农业检索期刊。由此可见，我国科技人员对于检索工具的掌握和运用能力是较低的。

---

①　谷跃麟.发展中国家实现情报资源共享所面临的问题.情报科学,1992(3)
②　周文骏.文献交流引论.北京:书目文献出版社,1986

以上五个方面情况表明,我国国民信息素质不高,它对文献资源共享起到了严重的制约作用。

三、造就"信息人"的关键在于发展教育和变革传统观念

1."信息人"与教育

影响"信息人",即国民信息素质的因素有政治方面、经济方面的,但更直接的因素,则是教育的发展状况。

新中国成立以后,特别是改革开放以来,我国的教育事业有了巨大的发展。但由于我国经济、文化基础薄弱,人口众多,因而教育事业仍相当落后,我国国民受教育年限平均不足 5 年,15 岁以上的文盲、半文盲人数虽近些年来有所下降,但仍达 1.8 亿。每万人口中的大学生人数 1996 年为 43.3 人,仍低于印度(1979 年即已达 82.12 人/万人)等发展中国家。每万人口拥有的科技人员 1988 年为 88 人,不仅远低于发达国家的水平(如日本,1982 年为 3127 人/万人),也低于发展中国家的一般水平(如巴西,1980 年为 366 人/万人)。

我国的教育事业落后,原因是多方面的。但相对投入不足不能不说是一个主要问题。从教育经费来看,近些年虽逐年增加,但 1995 年国家财政性教育经费支出仅占国民生产总值的 2.46%,不仅低于发达国家的 8%,也低于世界平均水平的 5.5%。在 1991 年世界人文发展报告统计的 160 个国家中,我国各级各类学生占这些国家学生总数的 20%,但教育经费仅占 160 个国家经费总支出的 1.5%,低于不少发展中国家。

我国的教育事业落后,造成了人口的文化素质低。而人的信息素质是以文化素质为基础的。很难设想一个文盲或文化水平很低的人会有敏锐的信息意识和很强的信息能力。事实证明,一个国家的教育与科技事业越发达,人们的文化程度越高,吸收利用的信息量就越大,对信息的需求也越迫切。因此,大力发展教育事

业,提高全民的文化素质和信息素质,是实现文献资源共享重要的前提条件。为此,国家和社会必须加大对教育投入,真正把教育摆在优先发展的战略地位。

2."信息人"与文化传统

"信息人"虽然是个抽象概念,但是它的理论基点却是现实的、具体的人,而"人类行为的一个显著特征,即与动物形成鲜明对比的显著特征,就是人类生活在一个象征的、传统约定的社会中"①。这是一个由文化构筑起来的社会。文化深深地影响着人们的思想、价值观和道德观,影响着人们的行为方式和社会活动状况。"文化不仅贯穿于人们社会活动的始终,而且指导和规定着人们社会实践的意义和价值。"②

现实社会文化对人们的影响是重要的。然而,文化具有极强的继承性和延续性,传统文化深深地根植于人们的深层意识之中,它对人们思想、行为的影响更为深刻。

毫无疑问,博大精深的中华民族文化传统是我们拥有的巨大的精神财富,在迈向现代化的进程中,我们仍然需要继承和发扬光大优秀的民族文化传统。但是,我们的文化传统中也有糟粕,在社会信息化的过程中,它对国民信息素质的消极影响是不容忽视的。

这种消极影响之一是图书情报机构(当然首先是图书情报人员)依然注重对文献的收藏、保存,而忽视将文献作为重要的信息资源开发和利用。在中国封建社会,与专制主义政治相适应的是文化的保守性。中国的藏书制度,已有数千年的历史,但无论是官府藏书还是私家藏书,重收藏、轻流通成为它们的共同特征。在伦理中心主义的政治氛围中,官府藏书的目的就是保存文化典籍,供少数统治者利用,以"正纲纪,弘道德",典籍于老百姓自然是无缘

---

① 顾建光编译. 文化与行为——文化人类学巡礼. 成都:四川人民出版社,1988

② 司马云杰著. 文化价值论. 北京:人民出版社,1988

的。而私人藏书家,多为饱学鸿儒,他们讲求"达则兼济天下,穷则独善其身",重视个人修养,反映在做学问上,便是讲求家学、师徒之学,各派自成体系,各人自成一家。学术上的保守性,导致藏书的保守性,秘而不宣,互不通借,成为私家藏书千年不变的古训。诚然,我们无须苛责根植于历史土壤中的这一文化现象,但是,我们不能不看到这一陈旧的观念至今仍根深蒂固。它的惰性力使许多图书馆往往过分注重藏书的保存价值,追求藏书规模,而对文献在多大程度上满足读者需求,是否得到充分的利用,则表现得十分冷漠,信息意识相当薄弱。

文化传统的另一消极影响是图书情报机构依然固守"小而全"、"大而全"的发展模式,缺乏彼此之间合作协调的精神。在中国封建社会,与自给自足的自然经济相适应的是文化的封闭性。"鸡犬之声相闻,老死不相往来","万事不求人"是小生产者的文化心理。这种落后、封闭的文化观念,至今仍顽强地影响着图书情报界,导致了图书情报机构之间分散多头、门户相隔、各自为政、互不协调,在文献资源共建共享问题上难以形成统一的意志和行动,有的甚至持抵制态度。

以上分析表明,我国文化传统中的一些陈腐观念对我国国民信息素质产生了消极影响。这种消极影响,已成为文献资源共享的严重观念障碍。消除这种障碍需要图书情报理论界加强对新观念的宣传,促进人们对信息观念、开放观念、协作观念等新的社会文化观念的认知和理解,以改善和营造有利于文献资源共享的社会文化环境。

第六章　我国文献资源共享系统的模式

我们分析文献资源共享的系统要素,考察文献资源共享的技术环境、人文环境,目的是探讨如何确立科学合理的我国文献资源共享系统模式。

第一节　文献资源共享系统的功能与结构

确定文献资源共享系统模式,实质上就是决定采用什么样的结构方式来构建文献资源共享系统。系统的结构与功能是密切相关的,系统的结构决定系统的功能。而对于人造系统来说,人们必须先确定系统的功能,并且根据系统功能的要求来设计系统的结构。

一、文献资源共享系统是一个多功能复合型系统

我们已经指出,文献资源共享系统,是一个由文献的生产与供应——著者、出版者、发行者,文献的搜集、加工、整理、贮存、传递——图书馆、情报机构、档案馆及其他文献信息部门,文献的利用——用户等子系统相互联系而形成的有机整体。因而,我们探讨建立的文献资源共享系统模式,不只是一个文献资源布局模式或馆际互借模式,而是一个涉及多方面因素,融多种功能于一体的

复合型系统模式。它的主要功能包括：

1. 文献资源建设协调合作功能

文献资源共享的基础是资源共建。所谓资源共建，就是从系统的整体目标出发，对一个国家的文献资源建设统筹安排、科学规划，各类型文献情报机构在协商的基础上，对文献的收集实行分工合作，通过制定文献分工入藏的方针，规定各单位收集的责任和范围，使不同学科、不同主题或不同类型的文献由不同的文献情报机构收藏，某些罕用而昂贵的文献合作采购，从而避免各文献情报单位文献收藏的重复和遗漏，提高国家整体文献资源的完备程度和信息含量，并使文献资源在全国范围内形成合理布局，建立起能够满足整个社会情报需求的文献保障体制。这是实现文献资源共享的重要基础。因而，文献资源共享系统，首先是一个文献资源建设的协调合作系统。

2. 书目控制功能

有效的书目控制是文献资源共享的前提条件，文献资源共享首先是书目情报的共享。因此，文献资源共享系统也是一个书目控制系统。它的功能是通过加强各类书目情报工作系统的协调与合作，建立统一的书目情报工作体系，从而实现对文献资源的宏观控制，进而为文献资源共享的实现创造条件。

3. 馆际互借的功能

馆际互借是文献资源共享最基本的形式，也是国内外各类文献情报单位之间开展得十分活跃的一个合作领域。早期的馆际互借往往通过图书馆工作人员之间或两个图书馆之间的非正式合作来进行，而现在更多地是通过正式的馆际互借网来进行。参加互借网的成员馆协商规定互借的服务对象、资料类型、工作程序等等，形成一个有序的系统。计算机和现代通讯技术的引入，使馆际互借系统的效率得到提高，管理得到改善，文献资源在更加广泛的范围内得到共享。因而，文献资源共享系统无疑应是一个完善的馆际互借系统。

4.联合贮存收藏的功能

文献的联合贮存收藏即建立贮存图书馆,每个图书馆将自己藏书中那些利用率很低,但仍有一定参考价值的文献送到贮存图书馆收藏,通过贮存图书馆的流通活动,使这些文献为其他图书馆所利用,从而提高文献的利用率,使"死"书变活,少用变多用。贮存图书馆成为所有成员馆的集体资源和后备力量。这实际上是文献资源共享的另一种形式。由于资料收藏在成员馆共同所有的贮存图书馆内,所以它的"集体资源"性质更为突出。世界各国建立贮存图书馆的模式不同,但都是通过不同形式的联合,建立了贮存图书馆系统,如美国的世界图书和期刊交换中心、研究图书馆中心,前苏联的四级寄存图书馆体系等,在促进资源共享方面起了很大作用。因此,文献资源共享系统也是一个联合贮存收藏系统。

5.联机情报检索功能

联机情报检索系统,是由多个计算机情报检索系统,通过通信线路连接而成的系统,亦即网络。联机检索网络的结构,有专业系统的专业情报检索网络、地区范围的综合性情报检索网络和全国性综合情报检索网络。网络检索的形式,有联机书目检索、商业性信息系统的联机检索、光盘网络检索等。联机情报检索,是文献资源共享最先进、最高级的形式。一个理想的文献资源共享系统,应当是一个联机情报检索系统。

综上所述,文献资源共享系统是一个具有多种功能的复合型系统,这是我们探讨文献资源共享系统模式必须首先明确的问题。

二、文献资源共享系统的结构方式

在系统理论中,根据系统的复杂程度,可把系统分为普通系统和大系统。"所谓大系统,是指这样一种控制系统,即它被看作是一个由共同目的联合起来的,具有内在联系的诸子系统的集合。"①大系统的特征是规模宏大、结构复杂、影响因素众多、目标多样、功能综合。从前面几章我们对文献资源共享系统的构成及环境因素的分析可以看出,文献资源共享系统正是具有这些特征的大系统。

采用什么样的结构方案来构成大系统,这是大系统理论的基本问题。

系统的结构与功能理论认为,系统是结构和功能的统一体。然而,系统的结构与功能之间的关系不是一一对应关系,结构与功能具有相对的独立性。换言之,有着不同结构的系统可以具有同样的功能。因此,为了完成同样的任务,实现同样的整体功能,可以采用不同的结构方案来构成控制系统。这也就是所谓"结构不确定性"原则。

"结构不确定性"原则对文献资源共享系统的构建有重要意义。一方面,它为文献资源共享系统构建提供了灵活性,使得有可能选择各种不同的结构方案;另一方面,为寻找具有最优综合功能的文献资源共享系统结构方案提供了可能性,就是说,在各种可供选择的结构中,有可能挑选出最好的方案。

典型的大系统结构方案有三种。在各国构建文献资源共享系统的实践中,这几种方案,或者说模式都得到运用。

1. 集中控制模式

所谓集中控制模式,如图6—1所示。

在集中控制系统中,关于各被控对象的信息,关于系统及其各子系统的外部影响的信息,都馈入一个控制中心。根据系统状态和控制任务的信息,控制中心产生控制信号,并把这些控制信号发送给组成该系统的各个被控对象。

---

① 1. 周吉等. 管理哲学——系统学. 上海交通大学出版社,1986

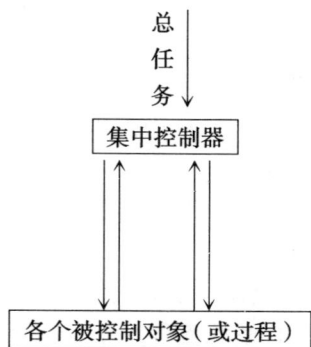

图 6-1　集中控制模式

这种集中控制的模式被用来构建一个国家的文献资源共享系统,形成的模式如图所示:

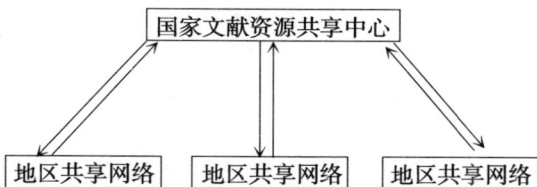

图 6-2　集中控制的文献资源共享系统模式

英国的文献资源共享系统大体就是采用这种集中控制的模式。英国图书馆作为英国国家文献资源共享中心,既是新资料的收藏中心,又兼具贮存图书馆的职能。英国图书馆参考部拥有藏书达 1000 万册以上,专门提供馆内阅览,英国图书馆外借部(BLLD)拥有藏书 300 万册,缩微资料 250 万件,现期期刊 51500种。BLLD 作为全国的互借中心,与国内 6000 多个文献情报机构和 122 个国家的 7000 多个文献情报机构建立了互借和复制关系。英国全年处理的互借量多达 325 万件,而 BLLD 占其中的 80% 以上，同时本馆满足率也高达89%，总满足率为94%。BLLD也是世界上公认的国际互借中心，每年来自国外的互借委托单50多万件，满足率亦在80%以上[①]。英国图书馆还是全国书目情报中心，它除负责编制《BNB》外，还负责CIP、ISSN、自动化情报服务，是一个将国家书目、分类编目、检索服务与全国图书馆的需要结合起来的大系统。BLAISE是世界上最大的联机与脱机相结合、提供编目、检索、互借服务的系统之一。

这种集中型的文献资源共享系统模式是有优点的。它计划单一，重点突出，便于组织；系统流程简单，线路清晰；通过调节国家文献资源共享中心，在很大程度上就能调节全国的资源共享体系；便于国家集中人力、财力、物力对文献资源共享系统的扶持。然而对于国家文献资源共享这一大系统来说，集中型模式的缺点也是明显的。这主要是因为，对大系统而言，为了有效地控制一些对象，必须取得并加工非常多的信息，因此，必须在控制中心集中大量的不同信息，并保证有效地对它们进行加工处理，并及时传递。比如一个集中型的国家文献资源共享系统，其控制中心必须及时、准确和大量地获取有关文献需求的信息，尽可能地收集全部文献资料，建立健全畅通的检索系统，形成快速、畅通的文献传递通道，而要完全达到这些要求是极困难的。因此，控制中心加工、处理和传递信息的有限能力，限制了有效地对一组复杂对象进行集中控制的可能性。同时，要建立一个全国性的文献资源共享中心，所需的投资也是十分巨大的。

由此可见，建立集中型的文献资源共享系统模式是有前提条件的，它适合于幅员不很辽阔，经济实力较强，通信、交通事业比较发达，具有藏书、设备、人力、技术手段等优越条件的大型文献信息系统的国家。

---

① 唐建鹏. 国外互借模式的比较分析. 图书馆建设，1993(2)

2. 分散控制模式

分散控制模式,如下图所示:

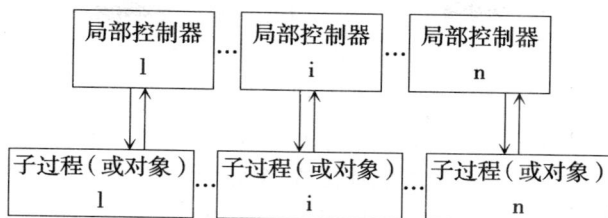

图 6-3 分散控制模式

分散控制,是由若干分散的控制器(即控制中心)来共同完成大系统的总任务。每个分散控制器只能获得大系统的部分信息,也只能对大系统进行局部控制。

这种分散控制模式被用来构建一个国家的文献资源共享系统,形成的模式如图所示:

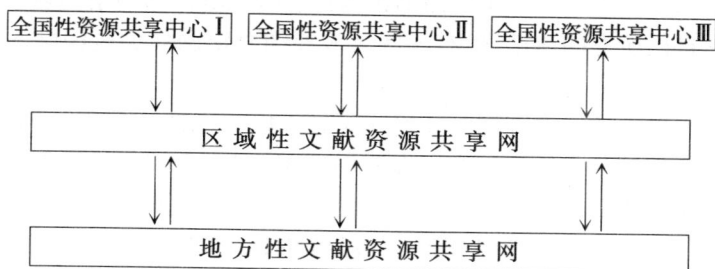

图 6-4 分散控制的文献资源共享系统模式

美国的文献资源共享系统大体上就是采用这种相对分散的网络型模式。美国有四个全国性的图书馆网,实际上也就是四个全国性的文献资源共享系统。它们是联机图书馆中心(OCLC)、研究图书馆情报网络(RLIN)、华盛顿图书馆网络(WLN)和全国医学图书馆网(包括"医学文献联机检索系统" MEDLINE 和医学图

245

书馆合作网）。四个网络是各自独立的系统。在文献资源共享方面，它们有大体相似的功能，即联合藏书发展（联机采购）、联合编目、馆际互借、联机检索等。以 OCLC 为例，这个世界上最大的计算机和远程通信图书馆网络，到 1995 年成员馆已超过 21148 个，分布在 61 个国家和地区，拥有书目记录 3100 多万个。OCLC 的联机联合编目包括了大约 5 亿多个藏址符号，遍布世界各地，它的数据库以每年 200 万条记录的速度在增加。它的用户在为本馆编目的过程中，95% 的文献都可共享这个数据库的编目成果。此外，OCLC 的馆际互借系统每天为其成员馆提供借阅的资料达 2 万多种①。1988 年底，OCLC、RLIN 和 WLN 三个大型图书馆网络实现了联网，即可在任何一个原来的网络终端上去检索其他两个网络中的文献，从而使美国的文献资源共享网络化有了新的发展。

除了四个全国性的网络外，美国的区域图书馆网络也在文献资源共享中发挥着重要作用。区域图书馆网是指那些在一个州或几个州范围内建立起来的图书馆网。有些区域性图书馆网独立地开展自己所有的活动，也有一些区域性图书馆网作为全国性图书馆网的一部分，代理和协调管理全国性图书馆网在本区域的业务，同时也独立地在本区域内开展其他资源共享活动。区域性文献资源共享的活动包括代理全国性图书馆网业务、代理商业性文献检索系统业务、联合目录发展、期刊联合管理、书目资料交换、馆际互借、互惠借阅、业务咨询等等。比区域性图书馆网地理范围更小的是地方性图书馆网，一般由邻近县、市组成，或由州内或州立一个地区的同类图书馆组成。它们有的独成一家，有的属于州或州际图书馆网的一部分，其资源共享活动包括馆际互借、互惠借阅、联合目录、联合期刊管理、参考咨询、联合藏书发展等。总之，美国的文献资源共享模式是以分散多元的网络型为其主要特征的。

---

① OCLC Annual Report 1994/95, OCLC Inc.

这种分散多元的网络型模式也是有优点的。由于网络相对分散,组合比较自由,从大系统理论来看,控制分散,"危险"也就分散了。个别控制器发生故障,其他控制器仍可工作,不致引起整个大系统的瘫痪,因而系统的可靠性较高。又由于网络的多元化,可以引入竞争机制,以调整系统的功能,促进系统的整体优化。竞争机制的引入,也使系统商业性质日趋显著,促使系统以最小输入获得最大的输出,提供优质服务。

然而,这种分散控制的文献资源共享模式也存在明显的缺点,主要的问题是协调困难。对于一个大系统而言,为了完成整个大系统的任务,实现整体最优化,需要使分散的各个控制器相互协调,密切配合。这里只能依靠分散在各处的各个控制器之间的相互通讯来进行协调,因而这种协调难以很有成效。在美国,极为发达的计算机、远程通信技术以及完善的文献数据库为资源共享网络的协调提供了充分的技术支持,但并没有解决协调中的所有问题。因此,美国也认识到,这种先分散、重复建网,再走联网道路的资源共享模式,并非最佳选择。

3. 等级结构控制模式

集中控制模式与分散控制模式的缺点,在相当程度上可以通过在控制系统中使用等级结构来克服。等级结构的一个特征是逐级地把系统分为子系统,在子系统之间建立从属关系。较高级的控制中心控制这个系统的等级较高的子部分,各子部分又有它们自己的控制中心,每个这样的子部分又分为等级较低的部分,它们也有自己的适当的控制装置。如此下去,直到已分为系统的基本子部分为止。整个系统以这样的方式分解为从属部分,使各部分都包含了彼此结合得最紧密的那些对象,从而实现各部分(子系统)局部的优化。同时根据大系统的总任务、总目标,使子系统相互协调配合,实现大系统的全局最优化。

这种等级控制结构被用来构建一个国家文献资源共享系统,

形成的模式如图所示：

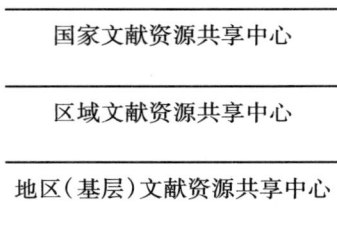

国家文献资源共享中心

区域文献资源共享中心

地区（基层）文献资源共享中心

图 6 - 5　等级结构控制的文献资源系统模式

　　原苏联的文献资源共享系统大体上就是用这种等级结构控制模式。它由四级文献资源共享中心组成，即：地区中心、加盟共和国中心、全苏中心和国家中心。其中，地区中心和加盟共和国中心是原苏联文献资源共享体系的主要部分，原苏联 15 个加盟共和国都分别建立了以基层文献情报机构为基础，地区和共和国范围内跨部门、跨系统的文献资源共享网络，进行文献资源建设的分工协调，编制联合目录，开展馆际互借活动，在地区和加盟共和国这两级互借中心中互借满足率达 70%—90%。同时建立贮存收藏系统，不仅系统贮存各图书馆剔除的图书，而且主动收集各学科的文献，进行文献的调拨交换，促进文献资源的合理布局。全苏的文献资源共享中心由 7 个全苏的专业情报所（工业、农业、医学、建筑、科技情报分类编码、标准规范、专利技术经济）组成，它们按文献类型和学科进行协调，分工负责专业文献的收集，满足各加盟共和国和地区文献资源中心不能满足的对专业文献的需求。国家文献资源共享中心由全苏超大型图书馆，如列宁图书馆、萨尔蒂柯夫—谢德林图书馆、全苏外文图书馆、国立公共科技图书馆、科学院图书馆、莫斯科大学图书馆等组成。其中国立列宁图书馆处于中心地位，它负责制订全国性协作综合计划，如"全国图书馆科学方法工作协调计划"、"全国图书馆资源的合理分配和使用"等。它与

248

国立公共科技图书馆等单位合作编制出版综合目录、全国大型图书馆馆藏文献联合目录、图书馆指南及参考等。在开展馆际互借方面，国家文献资源共享中心作为大型的综合性文献收藏中心为下面各级文献资源共享中心不能满足的文献需求提供最后的保障，同时与国外一些国家级的大型图书馆签订优先服务协议，作为互借的补充，以最大限度地满足所有读者的情报需求。总之，原苏联文献资源共享的指导思想是通过建立结构严谨的层次系统，并在各层次上开展协作协调，将文献资源共享大系统的功能逐级分解到各级系统之中。

这种等级控制结构的文献资源共享模式克服了集中控制和分散控制的若干缺点。在等级控制结构的文献资源共享系统中，较低一级的控制中心解决的是比较常用的文献的收集、加工、贮存、互借问题，满足读者一般性的情报需求，这些问题不超过较低一级控制中心的能力范围。而留给上一级控制中心处理的只是这样一些控制问题，它们仅需协调较低一级中心的工作，因而只需要掌握各个对象的状态的基本信息就可以了，这就大大提高了工作效率。这种层次分明的结构，有利于在全国或地区范围内统一规划布局文献资源，便于宏观控制和微观调节，在各个层次的共享网络中，就近互借、联系迅速、节省时间和通讯费用，对地域辽阔、通讯技术不很发达的国家尤为适用，当然，建立这种模式也须具备一定的条件，包括：必须有强有力的协调机构和集中的管理机构；必须制订关于文献采购和文献贮存的协作协调、开展馆际互借的统一规则和要求，对各成员馆的权利和义务有明确的规定；必须有较好的国家书目控制基础，有相对齐全的联合目录揭示各自的馆藏资源。

从以上对几种典型的文献资源共享系统模式的分析可以看出，无论是集中型、分散型，还是等级控制型，它们都各有利弊，或者说，采用这些模式都需要一定的前提条件。因而对一个国家来说，采用哪一种方式来构建文献资源共享系统，要根据这个国家的

国情,如经济实力、组织管理体制、地理条件、科学技术水平等因素
来决定。

第二节　我国文献资源共享系统模式构想

如何根据我国国情,确立我国文献资源共享系统的模式,是我
们要探讨的核心问题。

一、我国文献资源共享系统的目标

文献资源共享系统是一个社会系统。在社会系统运行的过程
中,人们通过一定的手段,对系统的行为进行调节和控制,使其朝
着人们所期望的方向发展,使整个系统表现出有规则、有秩序的性
状,从而表现出一定的目的性。系统的目的性原则要求人们在用
系统科学方法处理各种具体问题时,需要通过科学预测来把握系
统的目标。这种目标,是人们思维活动的产物。系统科学的方法
要求,首先目标要有客观的现实性。为此,要在充分了解系统过去
和现在状态及其运动规律的基础上,通过科学预测,把握系统的未
来发展趋向,对系统可能出现的状态有比较准确的估计,这样确定
的目标才有现实的可靠性。其次,系统科学的方法要求正确处理
总目标和子目标的关系,形成系统的目标体系。总目标应该是概
括的,它能够从总体上反映系统的特征,目标的分解,要同总目标
保持一致。子目标的集合,要能保证总目标的实现,达到整体上的
协调。

系统科学方法,为我们确立文献资源共享系统目标提供了理
论依据。前面几章,我们已经对我国文献资源共享的历史、现状及
发展路向作了详尽的分析。如何在此基础上确立我国文献资源共
享系统的目标呢? 笔者认为,应当将我国文献资源共享系统的目

标,置于世界性的背景之中加以考察。文献资源共享是一项全球性的事业,因此,我国文献资源共享系统的总目标,应当和"世界出版物资源共享(UAP)"的目标是一致的,即无论何时何地都能最大限度地满足任何读者或用户对出版物最广泛的需求。这个总目标是高度概括的,它从总体上反映了文献资源共享系统的特征。为了落实这个总目标,还必须将其分解为若干子目标。通过目标分解,可以将系统的总目标,展开成一个层次清晰、结构严谨的目标体系,从而对系统的整个特征有明确的理解,然后通过各层次子目标的实现,来保证系统总目标的实现。

文献资源共享系统的子目标主要包括以下几个方面:

1. 在文献资源建设的协调合作方面

第一,建立起完备的全国文献资源保障体系。其完备程度,应力求满足用户对国内出版物需求的100%,对国外文献的满足率应在90%左右。从全国来看,收藏的文献品种和类型齐全,不仅收藏利用率高、涉及专业面广的文献,而且收藏利用率低、专业面窄的文献。凡属国内外文献检索工具和检索系统中检出的重要文献,都能保证提供。为了实现这个目标,各级各类文献情报机构必须在各个层次上开展文献收集的分工协调,改变各单位"自给自足"和各行其是的文献收藏方针,避免文献收藏中"你有的,我也有,你没有的,我也没有"这种重复和遗漏现象。各文献情报机构要把本单位的文献收藏看作是国家整体文献资源的一部分,并纳入统一的文献资源体系加以规划和建设,以提高整体文献资源的完备程度和信息含量。

第二,建立各文献情报机构有特色的专门化的藏书体系,实现文献资源在学科上的合理配置。在缺乏整体规划和分工协调的情况下,各文献情报机构在入藏文献时,不仅要考虑读者经常性的文献需求,入藏大量常用书刊,而且要注意读者偶然性的文献需求,入藏相当数量非常用书刊,因而形成一个个"大而全"、"小而全"

的馆藏体系,缺乏重点与特色,使文献资源共享失去意义。文献资源建设的协调合作,要使各文献情报机构按照整体规划的要求,大量增加本专业和相关专业文献的入藏比例,降低非常用文献的比重,从而使馆藏学科结构得到改善,形成各文献情报单位有特色的专门化的藏书体系,实现文献资源在学科上的合理配置,为资源共享创造良好的条件。

第三,加强对文献资源整体布局的规划,实现文献资源在地区间的合理配置。全国文献资源调查结果表明,我国文献资源的地理分布很不均衡,呈现出某些地区过分富集,某些地区文献贫乏的现象,如下表:

表6-1　我国文献资源的地区分布①

地区	量级指数	地区	量级指数	地区	量级指数
北京	3960	浙江	786	河北	274
上海	2317	福建	527	广西	188
湖北	1423	四川	428	甘肃	179
江苏	1167	山东	382	安徽	120
广东	1003	湖南	333	山西	102
辽宁	985	黑龙江	279	河南	82
天津	871	云南	269	贵州	24

这种文献资源分布的不均衡现象,虽然和我国经济、文化、教育、科学发展水平的地理位置相一致,而且"文献资源在少数大城市富集,能形成相对集中的文献保障,起到方便使用的效果,但过分聚集,很容易产生文献重复收藏,文献利用率不高,馆际之间的藏书不能形成互补关系等负效应"②。同时,它也会加剧地区间经

---

① 张学华.我国的文献资源分布.见:全国文献资源调查与布局研究成果汇编.中国人民大学出版社,1991

② 吴慰慈.论我国文献资源的整体布局.图书馆论坛,1994(3)

济、文化、教育、科技发展的不平衡。因而,通过文献资源建设的协调合作,"应在文献资源比较贫瘠的地区,有计划有步骤地建立新的文献资源布局基点。同时,文献资源富集的地区,应通过适当的方式支援贫瘠地区,逐步实现文献资源布局的相对均衡"①。

2. 在书目控制方面

以文献资源共享为目的的书目控制,其具体目标是:

第一,完善国家书目。国家书目是实现 NBC,进而实现 UBC 的基础。作为书目控制系统的一个重要组成部分,国家书目的完善应致力于:①健全出版物呈缴制度,扩大国家书目的文献信息网罗度;②运用计算机技术生产国家书目,加快国家书目出版速度,缩短书目报道文献的时差;③采用标准著录,增加检索途径。

第二,实现在版编目和集中编目。在版编目和集中编目是对文献资源实施书目控制的重要手段,它的实现,需要图书馆、情报部门与文献出版、发行部门的通力合作。

第三,建立联合目录报导体系。通过建立联合目录报导体系,及时、全面、广泛地揭示和科学地组织与提供各图书情报单位的馆藏文献信息,使广大用户方便地使用所有参加协调单位的馆藏文献。运用计算机编制联合目录,同时生产出联合目录数据库,是目前联合目录的发展方向。加强图书情报界广泛的协调与合作,是发展联合目录的关键。

第四,建立和完善检索刊物体系。作为书目控制系统的重要组成部分,检索刊物体系在文献资源共享中起着十分重要的作用。根据我国的实际情况,增加检索刊物的数量,扩大报导文献的覆盖率,缩短报导文献的时差,提高检索刊物标准化程度以及实现刊库结合,是目前我国建立和完善检索刊物体系的主要目标。

---

① 吴慰慈. 论我国文献资源的整体布局. 图书馆论坛,1994(3)

3. 在馆际互借方面

第一,实现馆际互借的系统化、网络化。目前我国的馆际互借基本上处于分散、被动、各行其是的状态,因而必须从整体出发,对全国的馆际互借工作进行全面规划,建立协作协调机构来组织馆际互借工作,制订统一的馆际互借规则来规范馆际互借行为,从而使我国的馆际互借形成有序运行的系统。

第二,扩大馆际互借的规模和范围,积极开展国际互借,促使文献资源更加广泛的交流和利用。

第三,以现代技术装备馆际互借网络。在馆际互借中运用电子计算机和现代通信技术建立网络,以尽可能减少馆际互借的人工干预,如建立网上预约功能、馆际互借请求传递,对管理人员实时提示馆际互借请求信息等。对于已经机读化的信息数据,应能实现信息的远程实时传递。

4. 在文献的联合贮存收藏方面

第一,完整无缺地保存具有潜在科学价值和文化价值的文献,并为社会的特殊需要提供文献的保障。

第二,集中收藏和调拨分配各图书馆的呆滞书刊,使其发挥应有的作用,从而促进国家文献资源的合理布局和充分利用,促进文献资源的广泛共享。

5. 在联机情报检索方面

要加快扩大联机检索的范围和规模。目前我国的联机情报检索范围仅限于少数几个大城市之间、检索的课题也有限。随着电子计算机和现代通讯技术的发展,应逐步扩大联机检索的范围和规模。按照国家科委颁布的"国家科技情报发展规划(1991—1995)",到 1995 年,我国在科技情报检索方面的目标是:初步形成 10—12 个以数据库资源中心和服务中心为骨干的科技情报计算机服务网络系统,并开始实用化。可检索的中文数据库达到200 万篇,外文数据库不少于 3000 万篇,事实和数值数据库规模翻一番。1992 年,国家科委还提出,今后几年,力争科技情报用户检索、查询课题平均每年递增 15%—20%,公用汉字数据库的数量每年增加 20% 以上,网络终端以 20% 的速度发展。到 2000 年时,公用汉字数据库将达 2000 万条记录,自用数据库 1 亿条记录,西文数据库 4000 万条记录,年检索课题 6 万个以上,网络终端 2000 台以上,全国凡是有微机和直拨电话的地方都可成为网络终端,并与世界上 10 多个主要信息系统互连,形成国家科技情报服务的核心系统。

上述五个方面的子目标,构成了我国文献资源共享系统的目标体系。这个目标集,是逐项落实总目标的结果,也是实现总目标的保证。

二、构建我国文献资源共享系统的原则

构建我国的文献资源共享系统,是一项艰巨而复杂的社会工程。为了实现上述我国文献资源共享系统的总目标和各项子目标,文献资源共享系统的构建应当遵循以下原则:

1. 适合国情原则

和现代化建设的各项事业一样,我国文献资源共享系统建设也必须从我国的国情出发,这是一条最基本的原则。只有立足于国情,文献资源共享系统建设才有坚实可靠的基础,才具有科学性和可行性。

文献资源共享系统建设必须依据的国情主要有哪些呢?

第一,我国国民经济在快速增长,科学、教育、文化事业也有了较大发展,但从总体来看,经济及科学、教育、文化事业还比较落后。这是构建文献资源共享系统所必须依据的基本国情。经济的快速增长,使国家逐年增加对文献资源建设的投入有了可能。同时,经济及科学、教育、文化事业的不断发展,必然刺激社会对文献信息的强烈需求,从而使文献资源的建设和共享获得强大的动力。

文献资源共享系统的构建必须和这一国情相适应。这一适应的要求是文献资源建设和资源共享活动的开展必须保持适当的速度和规模,并且应该有一定的超前性。要着眼于未来经济建设和科学、教育、文化事业的发展来规划文献资源共享系统。国家应该保证对文献资源建设、书目情报系统建设及资源共享的现代技术装备建设等方面的投入逐年有所增长。只有这样,才能使文献资源共享系统的建设适应科学、教育、文化事业及国民经济发展的需要。但应当看到,我国的经济还比较落后,人均 GNP 仍居世界后列,因此,国家不可能在短时间内投入大量财力用于文献资源共享网络建设。我国的科学、教育事业也比较落后,人口的文化素质、信息素质还较低,社会的信息需求还不很强烈。因此,文献资源共享系统建设必须立足现实的需要和可能的条件,不能盲目追求高速度、大规模。

第二,我国幅员辽阔,信息基础设施仍比较落后,这将在相当长的时期内成为文献资源共享的制约因素。近年来,我国在信息技术领域进展迅速,这为文献资源共享提供了一定的技术支持。但是,我国的远程通信及电子计算机等信息基础设施都还比较落后。如作为通信水平重要标志的电话,在我国的普及率虽已达5.47%(1996 年),但仍远低于世界平均水平。在文献资源共享活动中,无论是联机采购、联合编目,还是联机检索,不借助先进的现代通信技术是不可想象的。即使是馆际互借,没有现代通信技术的介入,也只是低水平的。信息基础设施落后的状况,在短期内不可能有根本的改观。从这一国情出发,我国文献资源共享系统的构建应该强调以块块为主的原则,即建立地区性的文献资源共享网络,只有地理位置上接近才便于资源的共享。各个专业系统(条条)的文献资源布局和共享应当结合到全国的地区布局中去。系统的文献资源共享,应当只具有次要、补充的性质。

第三,我国是一个大国,各地区的经济、科学、教育和文化的发展很不平衡,人口文化素质差异很大,由此而引起的文献信息需求、情报吸收能力也呈现强烈的梯度差。这一国情,要求我们在构建文献资源共享系统时,一方面要通过政府的宏观调控作用,对文献资源进行合理配置,以避免区域间文献资源两极分化的"马太效应";但另一方面,对文献资源的合理配置并不是各种文献资料在地理位置上的平均分配,而应该按照文献需求梯度理论,让一些先进的、情报吸收能力强的地区和部门首先较多地获得国外最新的文献资料,通过对这些情报的消化、吸收和转化,逐步将先进的科学技术向比较落后的地区转移。只有从实际出发,才能使文献资源共享系统充分发挥其整体功能。

2.需求导向原则

文献资源共享的根本目的,是为了最大限度地满足任何社会成员对文献信息的需求,因而,以需求为导向是构建文献资源共享系统的又一基本原则。需求导向包含以下三个方面的内容:

第一,文献资源共享系统及网络建设必须从最迫切、最有实效需求的领域做起,一切以需求为导向。无论是文献协调采购、馆际互借,还是建数据库、开展联机检索服务等等,一定要弄清楚服务对象的实际需求,所要解决的实际问题及其可能性,这样才可能寻求解决问题的方案。比如文献协调采购,目前最迫切需要、也最有可能取得实际效果的,是外文原版期刊和某些大部头的资料性文献的联合采购问题。又如馆际互借问题,根据我国目前的实际情况,用户最需要的,也最能解决问题的是在一个地区(或一个城市)范围内开展馆际互借、实行通用借阅证制度。因此,文献资源共享必须从这些最能满足实际需求的领域做起。这是问题的一方面;另一方面,由于信息技术发展相当迅速,在技术上有可能创造出新的服务方式和服务内容,因此也需培育新的需求,开拓新的服务领域。比如,随着光盘技术的发展,光盘联机编目有可能成为同一城市图书情报单位合作的重要领域。利用光盘编目,不仅能生产各馆目前普遍使用的卡片式目录,同时也产生了各馆的藏书书目数据库。只要把这些数据库按地区或按系统合并起来,就会形成各类数据库,这些数据库既可以通过一定的网络进行联机检索,也可以生产出书本式联合目录。积极开拓这一新的馆际合作领域,培育新的需求,也是需求导向的一个重要方面。

第二,文献资源共享系统必须具有可存取性和易用性。美国情报学家罗森伯瑞(Rosenbery)、艾伦(Allen)等人在调查的基础上均发现,用户对情报源的选择几乎都是建立在可存取性的基础上的,最便于存取的情报源(渠道)首先被选用,对质量可靠性的要求则是第二位的。而对情报的易用性,则存在著名的 Mooers 定律。该定律指出:"一个情报检索系统,如果对顾客来说,他取得情报要比他不取得情报更伤脑筋和麻烦的话,这个系统就不会得到利用。"[1]这就是说,情报用户总是希望检索系统越便于使用越好,越简单易用的检索系统,用户使用的频率越高。在构建文献资源共享系统时,必须把文献情报的可存取性和易用性摆在重要的位置。比如说进行文献资源的布局,就必须充分考虑到用户的真正需求和方便利用,否则,系统的服务和使用频率就不会高。因而从这个意义上可以说,需求导向原则就是用户原则。

第三,文献资源共享系统的构建要符合社会情报需求的分布规律。布拉德福文献分散定律指出,大量的专业文献集中在少数核心书刊中,少量的专业文献则广泛分散在大量非专业书刊中。运用这一原理来分析社会情报需求,我们可以发现这样的规律:大量的情报需求重复出现在一部分常用的文献中,少量读者的情报需求较少重复地出现在一部分不太常用的文献中,还有极小量读者的情报需求出现在一部分偶然使用的文献中。这种情报需求的规律对文献资源共享系统提出的要求是,要用不同的文献保障层

---

① 严怡民.情报学概论.武汉大学出版社,1983

次来满足不同层次的情报需求。大多数图书情报单位应该处于较低的层次,收藏最常用的文献,以满足读者最大量、最经常的情报需求。"一个图书馆里用户经常借阅的那些文献是不应该共享的,因为读者可能随时都会借阅它们。只有那些不太常借出的书才能在考虑之列。"①而这些"不太常借出的书",则需要由处于较高层次的少数图书情报单位负责收藏,以满足读者的特殊需要。这种文献保障层次的划分,使基层图书情报单位有了可靠的"后备",从而可以彻底摒弃"大而全"、"小而全"的藏书观念,使馆藏文献紧密结合本馆读者的需要,向着专业化、特色化的方向发展。而对处于较高层次的图书情报单位来说,由于大量的、经常的情报需求已在基层图书情报机构得到满足,它的需求压力也大大减轻。因此,不同文献保障层次的划分符合社会的情报需求规律,促进了图书情报机构之间的相互依赖与联系,有利于文献资源共享系统的形成。

3. 讲求效益原则

讲求效益原则是指构建文献资源共享系统时,应考虑文献资源共享活动的"产出/投入"比,而且应使其趋于最大。"资源共享的一个目标就是使资料的利用和服务达到最大程度,使花费最小。"②如果在文献资源共享系统内开发与利用文献资源所付出的代价比没有这个系统时更大的话,那么这个系统对我们来说就没有意义。这里讲的效益包含两个方面的含义:一是经济效益,二是社会效益。

经济效益可以用如下指标体现:

---

① (美)艾伦·肯特著;吴慰慈译. 图书馆资源共享的目标. 大学图书馆学报,1989(6)

② (美)艾伦·肯特著;吴慰慈译. 图书馆资源共享的目标. 大学图书馆学报,1989(6)

①文献收集的完备程度:在整个文献资源共享系统投入相对稳定的条件下,能较大幅度地提高文献种类收藏的完备程度。

②文献的利用率:在整个文献资源共享系统投入相对稳定的条件下,能较大幅度地提高各图书情报单位馆藏文献的利用率。

③单元情报的消耗:一是指资金费用,二是指时间消耗。资源共享意味着节省费用。图书情报机构要以低于对某一文献的购买、整理和贮存的费用之和的代价来获得对该文献的使用,否则,资源共享就失去意义。同时,资金费用的节省不能以时间消耗为代价。如果为获取某一情报而长时间地等待,以至有可能延误决策及科研、生产的最佳时机的话,那么这种共享也将得不偿失。因此,文献资源共享系统应该使图书情报机构收集、加工、传递一份情报的资金和时间消耗尽可能减少,同时应使用户获取单元情报的时间和资金消耗亦最小。

文献资源共享系统的社会效益,严格地说,是指文献资源被广泛而充分的利用后,对社会的发展和进步产生的影响。尽管这难以用具体的准确的数据来度量,然而,社会效益仍然是有明确内涵的。首先,文献资源共享系统的社会公益性质仍然应该得到保证,对一般的文献借阅服务、各类公用信息以及政府授权采集的基本信息,应无偿向读者或用户提供。其次,在文献资源共享活动中,对各图书情报单位生产、加工的信息产品,对利用先进的技术与设备为用户提供的特殊的信息服务,实行有偿服务是完全应该的。但是,对信息产品和信息服务的价格应有一定规则可循,不能允许暴利现象蔓延到文献资源共享系统网络中。总之,经济效益和社会效益并重,是构建文献资源共享系统的一个重要原则。

4.着眼发展原则

当今世界,一场新的信息革命浪潮正扑面而来。以建设信息高速公路为龙头的全球信息化态势,将成为世纪之交一场影响极为深远的变革。信息高速公路不仅将为信息的采集、传输、存储、处理、分析和综合,提供全新的技术可能性,而且它能将所有通讯系统、计算机、数据库等连接起来,在全球范围内形成一个统一的信息网络,从而将使信息资源共享成为真正激动人心的现实。全球在掀起信息高速公路热潮,我国有关部门也在根据国情,积极筹划。我国国家经济信息化的基础建设"金桥工程"已经启动。中国公用数字数据网和中国公用分组交换数据网,将与各部门的电脑和信息系统互联,构成包括人机通讯和计算机通讯在内的公用信息网络,为我国信息高速公路的主干道建设奠定基础。电子计算机和现代通讯技术为我国文献资源共享的实现提供了强有力的技术支持。这一发展态势要求我国的文献资源共享系统建设,既要立足现实国情,又要着眼于未来的发展,积极推进现代信息技术在资源共享中的应用。要优先选择在利用计算机进行文献管理中有一定基础的图书情报机构作为文献信息中心,按分工协调的原则,系统地收集、整理、加工和提供文献资源,并逐渐把本中心的文献资料加工成计算机处理的文献型、事实型和数值型等各类中外文的数据库,与全国已经或正在建设的通信骨干网、地域网和局域网联接,实现联机检索、联网检索,使文献资源共享系统充分发挥其功能,将文献资源共享提高到一个新的水平。

三、我国文献资源共享系统的结构模式

确立了我国文献资源共享系统的目标和构建原则,我们需要进一步探讨如何根据这些目标和原则来确定我国文献资源共享系统的结构模式问题。

在上一节中,我们介绍了几种典型的大系统结构模式,以及这些模式在一些国家构建文献资源共享系统中的应用。这些模式在我国是否具有可行性? 怎样借鉴国外的经验,建立我国的文献资源共享系统模式? 我们将来讨论这些问题。

首先,集中控制的文献资源共享系统模式是否适用于我国?

集中控制的特点是将各个被控制对象的全部信息集中到一个控制中心,由控制中心直接将控制信号发给各个被控对象,系统的结构呈高度的刚性。因此,当系统规模不大,结构比较简单时,这种集中控制还行得通,但对于像我国文献资源共享系统这样结构复杂的大系统来说,集中控制是根本不可能实现的,即使勉强实施,也将毫无效率可言。英国的集中型模式将巨大的投资集中于BLLD,全国的文献收藏和互借的重任也大部分由 BLLD 承担。但在我国,如果建立一个承担全国 80% 互借量的全国资源共享中心,那么,在幅员辽阔的国土上,文献的传递仅从时间和费用上来说就是很不经济的。同时,这种集中型模式,会加剧我国文献资源分布的不平衡状态。因此集中控制的文献资源共享系统模式不适宜在我国采用。

其次,分散多元的文献资源共享系统模式我国能否采用? 分散控制的优越性在于能调动各分散部分的积极性,有时局部效果也较好。但由于各分散部分往往只从自身的需要和利益出发,因而会造成总体协调的困难,不利于系统整体决策的优化。美国分散多元的图书馆网络已经显露这种弊端,"从系统论的观点看,网络发展重复浪费、费用昂贵、支离破碎、前后矛盾"①。更重要的是,分散多元的网络模式必须有相当发达的计算机和通信技术作保障,以完善的文献数据库为基础,而这二者仍是我们的薄弱环节,近期内也难以很快地发展起来。因此,以这种模式来构建我国文献资源共享的整体系统,并不适合。但这种模式对我国有较大的借鉴意义。如果我们能对全国文献资源共享系统和网络的建设进行宏观规划、协调,在网络的标准化、规范化以及保证网络之间的互连和兼容等方面采取积极措施的话,那么在有条件的地区先从小范围内发展有计划的网络,待条件成熟时再实现联网,则是一

---

① (美)马尔克森,B. A.. 美国的图书馆网. 黑龙江图书馆,1979(1~2)

条可行而且合理的途径。

再次，等级结构控制的文献资源共享模式在我国是否适用？等级结构控制方式克服了集中控制和分散控制的若干缺点，是社会大系统常见的结构方式。等级结构控制中逐级地把系统划分为子系统，在子系统之间建立从属关系。通过子系统相互协调配合，实现大系统全局最优化的思路，对构建我国文献资源共享系统具有重要的借鉴意义。我国地域辽阔，经济、科技相对落后，资源共享的技术保障较差，如果建立起多层次的文献资源共享体系，首先在各层次上开展资源共享活动，就可克服资源共享在地域、技术、费用等方面的障碍，实现各子系统局部的优化，然后通过各层次的协调配合，实现大系统全面的优化。因此，等级结构控制，应该成为我国文献资源共享系统模式的基本选择。

根据我国文献资源共享系统的目标与构建原则，以大系统的等级结构控制为基本构架，并吸收其他控制方式的优点，作者认为我国文献资源共享的系统模式，应该是一个以地区（省、市、自治区）文献资源共享网为基础，以区域（行政大区）文献资源共享网为辅助，以国家级文献资源共享网为主导的三级网络结构模式，这个结构模式的具体含义是：

（1）以省、市、自治区为单位的地区文献资源共享网是我国文献资源共享系统的基础。地区网由各省、市、自治区的公共图书馆、高校图书馆、科学院系统的文献情报中心、科技信息所、专利情报机构、标准情报机构、档案部门、政府信息中心和商用信息中心、出版发行机构等组成。其任务包括：①分工协调，进行文献资源建设，围绕本地区经济、科学、教育、文化发展的需要，建立学科文献中心，尽可能齐全地收集有关学科领域国内外有价值的文献。在收集外文原版书刊和价格昂贵文献时，学科文献中心之间要密切联系、分工协作、减少重复、避免遗漏、扩大学科覆盖面，以逐步建立起一个学科门类齐全、文献收集完备、利用方便、经济合理的文献保障体系。②利用先进信息技术在地区范围内开展联机编目，编制联合目录，生产联合目录数据库。③在地区范围内开展广泛的各种形式的馆际互借，实行地区内的通用借阅证制度。④开展联机检索服务，同时根据不同的用户和不同信息种类的情况，开展脱机服务。⑤建立地区贮存图书馆。

地区文献资源共享网是全国文献资源共享系统的基础，它将满足本地区文献需求的80%。

（2）区域文献资源共享网在全国文献资源共享系统中起辅助作用。这里的区域，是指我国习惯上划分的华北、东北、华南、华中、西北、西南几个行政大区。区域文献资源共享网络由该区域内省、市、自治区选择若干基础好、实力强的图书情报单位（包括公共、高校、科学院系统、科技情报所等）组成，其主要任务是协调收集一些罕用和价格昂贵的文献，并且要有明确的专业性。同时编制联合目录，开展复制、互借等活动。在有条件的区域，还要开展联机检索等服务，以满足各地区文献资源共享网络不能满足的一部分文献需求。由于各区域的地理环境、人口密度、科技、文化水平及其实际需要等条件不同，所以各区域的文献资源共享网的建设速度、完善程度会有较大差异。又由于交通、通讯条件的制约，各区域网的功能也不可能像地区网那样全，因此，区域网在全国文献资源共享系统中只具有辅助作用。之所以需要建立区域网络，主要是因为我国地域辽阔，地区网数量多，如果将地区网不能满足的文献需求集中到国家网去满足，则国家网压力过大，而地区网也利用不便。

（3）国家文献资源共享网是我国文献资源共享系统的主导。国家文献资源共享网由国家图书馆、中国科学院文献情报中心、中国社会科学院文献情报中心、国家级各专业文献情报中心、国家标准文献中心、国家专利文献中心、国家信息中心以及北京大学图书馆、清华大学图书馆等单位组成。国家网承担的任务包括：①网络

264

成员根据各自的馆藏特色分工入藏文献,要求将所承担的学科领域的文献尽量收集齐全,提高文献收藏的完备程度。要特别注意对外文书刊、各种边缘学科文献及价格昂贵的、非急需而一旦需要又极其重要的大部头文献资料的收集,从而起到国家文献资源保障中心的作用,满足各地区网、区域网不能满足的文献需求。②编制并完善国家书目,组织实施在版编目和集中编目,特别是要充分应用现代技术手段,生产大型的综合性和专业性的机读联合目录和书本式联合目录。要按学科分工建设各种文献数据库、事实数据库和数值数据库,建立检索期刊体系并实现刊库结合。③在网络成员间开展广泛的互借,并满足地区网、区域网的借阅要求,同时承担国际范围内的馆际互借。④建设联机检索网络。在国家宏观规划和保证网络标准的前提下,有条件的单位可先建立局域网,如中关村地区的教育科研示范网(NCFC),当条件成熟时再实现联网。国家网还必须加强与国际大型数据库系统的联系,逐步扩大国际联机检索的规模和范围。国家网是我国的文献保障中心、书目工作中心、馆际互借中心、联机检索中心,是全国文献资源共享网络的枢纽,代表着我国文献资源共享的水平,因而在国家文献资源共享系统起着主导作用。

四、三级网络结构模式的可行性分析

以三级网络结构作为我国文献资源共享系统模式,符合我国文献资源共享系统的目标和原则,不仅具有理论上的合理性,而且具有现实的可行性。

三级网络结构的重要特征以地区文献资源共享网络为基础,以区域网络为辅助,这是符合我国国情的现实选择。首先,它和我国现阶段的经济发展水平及社会对文献情报的需求状况相适应。与自上而下建立全国性文献资源共享网络相比,建立地区性网络和区域性网络能大大节省费用,在国家财力有限的情况下,先行建设地区网和区域网是可行的。我国各地经济、文化发展水平差异很大，文献需求和吸收能力也有很大差距，如果立即建立全国统一的文献资源共享网络，是十分困难的。而同一地区和区域的文献情报单位，其所处的社会环境（经济及科学、教育、文化的发展）基本相同，用户的情报需求和吸收能力也大体相当，因而协调与合作有共同的基础。

其次，它和我国现阶段文献情报工作自动化水平相适应。地区网和区域网以就近协调为主，地理障碍较少，在目前我国远程通信技术还比较落后的情况下，以现有的通信技术建立地区性和区域性资源共享网络较为现实和容易。

再次，地区性和区域性文献资源共享网络建设已经做了一些前期工作，具备了一定的基础。我国大多数省份已建立了横向协调组织，如中心图书馆委员会等。各区域也开展了资源共享活动，有的还比较活跃，如华东地区、华北地区、西南地区等。尽管这些组织目前只是一种较松散的联合，活动也多是自发性的，但它在采购协调、编制联合目录、馆际互借等方面，已做了不少有益的工作，为地区性文献资源共享网络的建立打下了一定的基础。

也许有人认为，把重点放在建立地区性和区域性文献资源共享网络会形成各地区封闭的文献资源体系，造成各地区文献收藏的重复，不利于全国性文献资源网络的建设，这种担心是不必要的。首先，像我国这样幅员辽阔、人口众多的大国，要建立一个全国性的文献保障体系，一定数量的重复是不可避免的，也是必要的。因为即使形成了全国性的文献资源共享网络，95%以上的文献需求仍要由地区性和区域性的文献资源共享网络来满足。在不同地区同时有某一层次的读者产生相同的阅读需求，这是必然的。没有地区间一定的重复，就不可能同时满足读者的要求。其次，我们强调地区性文献资源共享网络的建设，是以加强国家对全国文献资源共享的整体规划、宏观调控为前提的，是以网络标准化，保证网络之间的互连和兼容为条件的。因此,地区网、区域网建设的逐渐成熟,必将为全国性文献资源共享网络的建立提供良好的基础。

在强调地区性文献资源共享网络基础作用的同时,充分发挥国家级文献资源共享网络的主导作用,是三级网络结构模式的又一重要特点。这一方针的可行性是:第一,参加国家级文献资源共享网络的成员都拥有雄厚的馆藏文献资源基础,馆藏特色和优势明显,在文献收集方面一旦实现联合,必将大大提高国家整体文献资源的完备程度,形成强有力的文献资源保障体系。第二,国家级网络成员集中在北京,且有便利的交通、通讯条件,实现资源共享在地理上没有障碍。第三,国家级网络成员在现代化技术设备和技术手段方面有良好的基础,在人才结构、服务水平方面有很强的优势,这是文献资源共享网络建设极为难得的条件。第四,国家级网络成员之间长期以来在文献的收集、利用方面就存在着不同程度的分工协调,相互合作已有一定基础,而且这些大馆政策水平较高,在资源共享方面也易于取得共识。具备了这些有利条件,只要精心组织,努力工作,国家级文献资源共享网络建设就有可能取得实质性的进展,从而带动地区级和区域级文献资源共享网络的发展。

三级网络结构模式的构建和运行需要处理好两个关系:

——地区网和系统(专业)网的关系。三级网络结构的基本设计思想是以地区(块块)为主构建不同层次的文献资源共享网络,各个专业系统(条条)的资源共享网络结合到全国的地区网络中去。之所以这样,是因为:①参加系统或专业文献资源共享网络的成员大多不在同一地区,地理上相距较远,协调采集和互借利用文献不便,这就必然降低系统或专业资源共享的效率;②由于学科的交叉渗透,用户所需文献的专业界限在逐渐模糊,因此,如果不把各学科文献组织成为一个紧密联系的网络,一个地区的文献资源就难以形成优势互补,文献资源共享就没有达到它本来的目的。当然,这不是一概地否定"条条"的作用。事实上,"目前我国正在进行中并已取得初步成效的文献资源布局项目,大都是在各系统内部进行的。"①但是,如果让全国几十、上百个"条条"自成体系地发展,必将给全国文献资源共享网络的建设带来更大的困难。因此,"条条"应该融合到"块块"中去。比如各专业系统最高层文献情报单位应是国家一级资源共享网络的成员,其第二、三层的单位应结合到区域性和地区性的资源共享网络中去。各专业系统内部进行文献资源布局、协调是必要的,但这一切努力都应成为强化全国文献资源共享整体系统的力量。

　　——地区网之间的关系。各地区网络不是封闭的,它除了与区域网、国家网发生纵向联系外,地区网之间还必须加强广泛的横向联系。由于各省地区性资源共享网络中心位置的不同,许多城市或某些文献情报单位往往会遇到这样一种情况,它离外省的资源共享网络中心更近,或邻省的文献资源更为丰富,因此它更愿意参加外省的资源共享网络。如苏州是江苏省的一个城市,但无论从地理位置、文献资源、文献传递费用来看,它参加上海地区的文献资源共享网络更为有利。这种情况不仅允许,而且应该受到鼓励。在这方面,美国的经验值得借鉴。在美国,一个图书馆可以同时属于几个不同的图书馆网,参加几种不同的馆际合作,按照不同的信息传递结构与别的图书馆网络中心进行联系。地区网络之间的联系和交叉,更能充分体现文献资源共享的精神。

<hr>

① 　吴慰慈. 论我国文献资源的整体布局. 图书馆论坛,1994(3)

第三节 我国文献资源共享系统建设的保障机制

确定了我国文献资源共享系统的模式,需要建立怎样的保障机制来促使它实现呢?

一、组织保障机制

建立三级网络结构的文献资源共享系统模式,最重要的是必须建立健全组织保障机制。

我国现行的文献情报事业管理体制,是一种既不集中,又不分散的管理体制。所谓不集中,是指它分属文化、教育、科研等多系统领导,条块分割,各自为政,缺乏统一管理,宏观控制薄弱,各系统内和系统间缺乏协作。说它不分散,是指它基本上是以行政隶属领导关系为主的体系,受行政约束,微观上缺乏灵活性。可以说,这种体制兼有"集中"与"分散"的弊端而又失去了两者的优点。这种管理体制对文献资源共享系统建设是十分不利的。

如何改革这种管理体制? 有人提议建立国务院所属的统管全国各类型文献情报机构的行政职能部门,对全国的文献情报事业,包括资源共享进行集中管理。这一想法是不切合实际的,因为这种通过设立政府行政职能部门统管的管理体制,不符合文献情报事业社会化的趋势。早在1980年,中央书记处通过《图书馆工作汇报提纲》时就指出:"将来还可以考虑把北京图书馆搞成一个中心,建设全国性的图书馆网,不一定设行政管理机构。"我国正在建立的社会主义市场经济体制也要求"小政府、大社会"的管理模式。对文献情报事业进行宏观调控是完全必要的,但宏观调控不等于由政府设行政职能部门直接管理。

因此,改革我国文献情报事业管理体制的正确思路是强化横向协调,弱化条块分割的行政约束。为此,必须建立全国性、区域性和地区性的文献情报工作协调组织,其主要职能就是在各个层次上组织文献资源共享活动。全国性的协调组织要根据国家的有关法规、政策,负责整体规划全国的文献资源共享网络建设,具体组织、协调国家一级文献情报单位的资源共享活动,形成国家级网络。同时负责指导、协调各区域和各地区文献资源共享网络的建设。在国家一级,我国已建立了部际图书情报工作协调委员会,应该强化它的协调职能。各级协调机构应有固定的编制,国家和地方政府应从每年划拨给图书情报事业的经费中提取一部分给这些机构,使它有稳定的经费来源。各级协调机构虽不是一级行政职能机构,但它应有国家法规和政策赋予它的应有的权威。

二、政策保障机制

如果说组织机构的建立是我国文献资源共享系统建设的"硬件"保障的话,那么政策和法规的制定,则是我国文献资源共享系统建设的"软件"保障。没有相应的"软件","硬件"就发挥不了作用。

如前所述,政策在文献资源共享中具有指导作用、调节作用、干预作用、规范作用。这些作用,从一定意义上可以归结为一个问题,即通过政策建立一种利益平衡机制,以促进文献资源共享的实现。

建立利益平衡机制是十分重要的。虽然从宏观上看,文献资源共享对国家、社会、文献情报机构、读者(用户)都有利,然而从微观上看,如果没有一种利益平衡机制,就很难保证参加资源共享活动的每个成员都能获得与其投入相应的利益,有的甚至会相差很远。于是那些投入多、获益少的成员自然失去了积极性。在我国,地区性文献资源共享活动之所以成效不大,其困难也正在于此。由于同一地区内各文献情报机构分别隶属于不同的系统,在

270

馆藏基础、设备条件、经费来源及多寡程度方面有较大差异,在缺乏利益平衡机制的情况下,必然会使有些文献情报机构对资源共享的投入得不到应有的回报和补偿,因而对资源共享持消极态度。没有利益平衡机制,同时也就没有利益制约机制。一个文献情报机构致力于资源共享,在自身利益上可能没什么收获,不参与资源共享,自身的利益似乎也不受损害。因而一些单位和个人对资源共享的态度冷漠,也就不足为怪了。

所以,要有效地实现文献资源共享,尤其是建立以"块块"为主的资源共享网络,就必须通过制定正确的政策,建立一种利益平衡机制,使国家与文献情报系统之间、文献情报系统内部各部分之间、文献情报机构与其人员之间、文献情报机构与读者(用户)之间,能够依据他们在文献资源共享中的投入和贡献,获得相应的利益。

运用政策手段平衡文献资源共享中的各种利益关系无疑是很重要的,然而仅有这点是不够的。文献资源共享还需要用法规进行调控。国家应通过立法明确规定文献情报机构参与资源共享的义务。道理很简单,我国是社会主义国家,文献资料是公有财产,如果浪费这些资源,就是损害国家和人民的利益。国家还要通过法规授权各级文献情报工作协调组织制定一些有约束力的文献资源共享活动规范和行动准则,让大家共同遵守以保证文献资源共享系统的正常运行。

三、技术保障机制

当今的文献资源共享系统,没有现代信息技术的装备是不可想象的。技术保障机制包括以下几个方面:

1. 建立有效的书目控制系统。要加强国家书目、联合目录、在版编目、集中编目、检索刊物、出版发行目录等各类书目情报工作系统的协调合作,建立统一的书目情报工作体系,强化书目情报系统对文献资源的控制功能。运用计算机编制联合目录应当成为以保障文献资源共享为目标取向的书目控制系统的重点。

2. 全面推行标准化。标准化是实现文献资源共享的先决条件。随着信息技术在文献情报工作中的日益广泛的应用，文献资源共享所要求的标准化已不限于文献工作的标准化，而是信息管理的全面标准化。标准系列包括信息加工标准（字符集标准、代码标准等）、信息记录标准（文献著录规则标准、机读记录格式标准、公共交换格式等）、信息检索标准（标引和分类标准、标准通用标识语言标准等）、信息传递标准（计算机网络标准、数据库管理标准、公共命令语言等）以及质量管理和控制标准。为了保证文献资源共享网络的建立和运行，文献情报工作标准化范围应当扩展，任务应当延伸，内容应当不断变化，相关标准技术委员会之间的相互协作和配合应当加强。

3. 加强数据库和通信网络建设。数据库和现代通信网络的结合，是文献资源共享的最高形式。加强数据库建设，要改变目前建库力量分散、低水平重复的局面，集中人力、财力，在现有基础上，调整充实对科技、经济和社会发展具有重大意义的科技文献数据库、科研基础数据信息库、科研成果数据库、专利库的建设，同时也要大力加强社会科学文献数据库的建设。在通信网络建设方面，90 年代后期，国家有关部门将联合建设骨干网，这是在邮电部电话网、分组交换网或"金桥工程"的基本干网上建设虚拟网络，或租用 DDN 专线将若干信息量大的地区联接起来，实现数据、声音和图像的综合传输。一些经济发达，信息量大，资金、技术和智力密集的城市和地区将进行地域网的建设。先进的通信网络的建设，将为文献资源共享网络的建设提供良好的设备条件。

四、人才保障机制

建设高效率的文献资源共享系统，人才是关键。这里讲的人

272

才,既指文献情报工作者,也包括广大读者和用户。因为读者和用户是文献资源共享的主体,没有读者与用户的参与,文献资源共享系统就没有意义。

我国文献资源共享系统建设所要求的人才应该是:

(1)较高的文化素质。

(2)敏锐的信息意识和良好的信息吸收能力。

(3)全新的观念,如开放观念、竞争观念、协作观念、市场观念、效益观念等等。

要造就这样的人才,就必须加强对文献情报工作者的培养,改革图书馆学情报学教育。同时,必须广泛地开展读者教育和用户培训。培训用户就是培育需求,而需求则是文献资源共享系统发展的真正动力。

人类将要告别20世纪。未来学家们在预测即将到来的新世纪时,无不以浓墨重彩描绘"全球信息社会"的诱人图景。如果说数年前人们还仅仅将这种描绘看作是对未来的憧憬和向往的话,那么在世纪之交掀起的全球信息化浪潮,使我们已经清晰地听见信息社会到来的脚步声。且看:

1993年9月,美国政府率先提出"国家信息基础结构(NII)行动计划",其后短短两三年内,发达国家、新兴工业化国家和某些发展中国家均迅速作出反应,竞相斥巨资修建"信息高速公路";

1994年9月,美国政府纵观全球发展态势,希图奠定它在全球信息网络建设中的主导地位,又提出建设"全球信息基础设施(GII)"的倡议,设想联接各国NII,实现全球信息共享;

1995年2月,西方七国集团在布鲁塞尔召开部长级会议,讨论建设"全球信息社会"的构想和方向,并确定了包括"保证大众进入信息社会网络"、"保障提供与进入信息网络的普遍性"、"承认世界范围内合作的必要性,并给予欠发达国家以特别的关注"等内容在内的8项基本原则和"全球信息目录计划"、"全球宽道

交互网络计划"等 11 项示范计划;

1995 年 5 月,亚太经合组织召开 17 个成员国(地区)负责信息和通信的部长级会议,通过《APEC 信息基础设施汉城宣言》,确定了亚太地区信息基础设施(APII)建设的 5 个目标和 10 项核心原则;

1995 年 7 月,在华盛顿召开了"全球信息基础设施委员会(GIIC)"第一次年会;

1995 年 12 月,在曼谷召开了"亚洲信息基础设施(AII)"领导人会议;

1996 年 4 月,来自五大洲的近 500 名专家学者、业界英才和官方要员相聚北京,举行"信息基础结构国际会议",确立了"独立平等、互利互惠、共同发展"的信息合作原则,探索建立更富有成效的信息共享机制;

……

这一切预示着人类将在社会信息化的紧锣密鼓声中拉开新世纪的序幕。信息资源共享,将以其巨大的社会效益和经济效益为新世纪添上一道绚丽的风景线。改革开放的中国,决心到下世纪中叶达到中等发达国家水平的中国,对这一态势再不能熟视无睹、冷眼旁观。汹涌的社会信息化浪潮,对中国既是挑战,也是机遇。我们必须抓住这一机遇。我们已经失去了一些时间,我们仍然面临着许多困难,但是中国人民有智慧、有能力战胜这些困难,顺应世界发展的潮流,将信息资源共享的崇高事业不断推向前进。

主要参考文献

1. 周文骏. 文献交流引论. 北京：书目文献出版社,1986

2. 沈继武,肖希明. 文献资源建设. 武汉：武汉大学出版社,1991

3. 倪波. 文献学概论. 南京：江苏教育出版社,1990

4. 吴慰慈,刘兹恒. 图书馆藏书. 北京：书目文献出版社 1991

5. 全国文献资源调查与布局研究课题组. 全国文献资源调查与布局研究成果汇编. 北京：中国人民大学出版社,1991

6. 彭斐章. 书目情报需求与服务研究. 武汉：武汉大学出版社,1990

7. 谢灼华. 中国图书与图书馆史. 武汉：武汉大学出版社,1987

8. 杨威理. 西方图书馆史. 北京：商务印书馆,1988

9. 郭星寿. 现代图书馆学教程. 太原：山西高校联合出版社,1992

10. 宓浩等. 图书馆学原理. 上海：华东师范大学出版社,1988

11. 严怡民. 情报系统管理. 北京：科学技术文献出版社,1988

12. 马费成. 情报经济学. 武汉：武汉大学出版社,1991

13. 卢泰宏. 国家信息政策. 北京：科学技术文献出版社,1993

14. 胡继武. 信息科学和信息产业. 广州：中山大学出版社,1995

15. 乌家培. 经济信息与信息经济. 北京：中国经济出版社,1991

16. 史忠良,肖四如. 资源经济学. 北京：北京出版社,1994

17. （美）约·奈斯比特·阿波顿妮著；周学恩等译. 2000 年大趋势——九十年代的十个新趋向. 北京：东方出版社,1990

18. 司马云杰. 文化社会学. 济南：山东人民出版社,1987

19. 司马云杰. 文化价值论. 北京：人民出版社,1988

20. 陈筠泉,刘奔. 哲学与文化. 北京：中国社会科学出版社,1996

21. 卿家康. 文献社会学. 武汉:武汉大学出版社,1994

22. 赵南元. 认知科学与广义进化论. 北京:清华大学出版社,1995

23. 李以章等. 系统科学——基本原理、哲学思想与社会分析. 武汉:华中师范大学出版社,1991

24. 马名驹. 系统论与人类前景. 北京:中国社会科学出版社,1993

25. 陈传夫. 著作权概论. 武汉:武汉大学出版社,1993

26. (苏)米哈依洛夫等著;徐新民等译. 科学交流与情报学. 北京:科学技术文献出版社,1980

27. 柯平. 书目情报系统的理论研究. 武汉大学博士学位论文,1994

28. 丰成君. 论信息交流的时空结构与基本原理. 武汉大学博士学位论文,1994

29. Gilmer, Lois C. "Interlibrary Loan: Theory and Management". Englewood: Libraries Unlimited, Inc. 1994

30. Sridhar, M. S. "Resource Sharing: Need for Bridging Gap between Idealistic Theoretical Slogans and Practitioners' Lax". Library Science, Vot 32 No. 3, Sept. 1995

31. Rush, J. E. "Technology – Driven Resource Sharing: A View of Future". Resource Sharing & Information Networks. Vol. 10,1994

32. Sargent,A. M. "Recent International Efforts to Facilitate Resource Sharing and Networking Undertaken by IFLA's UAP and UBCIM Core Programmes". Resource Sharing & Information Networks, Vol. 9(1),1993

33. Dannelly, G. N. "Resource Sharing in the Electronic Era:Potentials and Paradoxes". Library Trends, Vol. 43(4),1995

34. Simpson, D. B. "Resource Sharing = Access + Ownership:Balancing the Equation in an Unbalanced World". Journal of Library Adiminimistration Vol. 20(1),1994

35. Shaughnessy,T. W. "Resource Sharing and the End of Innocence". Journal of Library Adiminimistration Vol. 20(1),1994

36. Miller, R. "Access,Resource Sharing and Collection Development:Report of Conference". Library Acquisitions:Practice and Theory (19),1995

37. 孟广均. 国外合作藏书发展概况. 图书馆界,1989(1)

38. 冯建伟,徐小南. 东西方信息优势比较研究. 情报理论与实践,1994 (5)

39. 邵翘祥. 当代图书馆事业所面临的问题. 中国图书馆学报,1992(3)

40. 姜继. 图书馆功能相对增减论. 中国图书馆学报,1992(1)

41. 黄宗忠. 21 世纪图书馆的发展趋势. 见:信息资源与社会发展国际学术研讨会论文集. 武汉:武汉大学出版社,1996

42. 余乃言. 国外信息技术的现状及其发展趋势. 情报理论与实践,1992 (1)

43. 谷跃麟. 发展中国家实现情报资源共享面临的问题. 情报科学,1992 (3)

44. 周文骏,周庆山. 以信息为基点的情报学研究. 图书情报工作,1994 (2)

45. 赵增力,张力勇. 九十年代世界出版业展望. 中国出版,1994(1)

46. 邵文杰. UAP 及我国现状. 见:出版物资源共享国内学术讨论会论文集. 北京:书目文献出版社

47. 宇痕. 西方国家出版业发展方向. 世界图书,1992(8)

48. 彭斐章. 世纪之交的思考——中国图书馆事业的昨天、今天和明天. 图书馆,1995(1)

49. 周智佑等. 中国信息产业问题研究. 情报科学,1993(3)

50. 刘景会等. 我国图书馆文献资源建设利用开发现状. 中国图书馆学报,1994(5)

51. 彭斐章等. 概论书目控制论. 图书情报论坛,1990(2)

52. 曾民族. 信息技术的发展对信息行业的影响. 情报学报,1994(1)

53. 陈源蒸. 论建立我国综合书目信息系统. 见:出版物资源共享国际学术讨论会论文集. 北京:书目文献出版社,1988

54. 董小英. 国家二次文献系统的建设和发展:美国实例研究. 北京大学学报(哲社),1993(4)

55. 沈玉兰等. 信息化进程中情报文献工作标准化的内容及对策初探. 情报学报,1994(4)

56. 陈久庚. 我国发展科技信息事业的总政策. 情报学报,1994(2)

57. 夏勇. 光盘编目与书目资源共享. 图书情报工作,1994(1)

58. 肖希明. 中国国情与文献资源网络化建设. 图书情报知识,1993(2)

59. 李弘,吴慰慈. 论文献资源建设的合作系统. 图书馆建设,1992(2)

60. 张晓林. 走向虚拟,走向辉煌——试论现代信息网络对图书馆的挑战. 图书馆,1996(1)

61. 刘磊,戴廷辉. 1996—2050 年中国文献资源整体化建设战略构想. 图书馆,1996(1)

62. 罗宇等. 我国信息资源严重匮乏亟待解决. 中国信息导报,1996(1)

63. 沈英,张建勇. 中国图书馆自动化网络化发展现状. 图书情报工作,1996(3)

64. 全国信息资源调查领导小组办公室. 全国信息资源调查分析报告. 中国信息导报,1996(2)

后　　记

本书是在我的博士学位论文的基础上写成的。我于 1995 年 5 月完成博士学位论文并通过论文答辩。1996 年 3 月至 9 月,我有幸作为访问学者应邀赴美国俄亥俄州肯特州立大学图书情报学院研修。访美期间,我继续从事文献资源共享这一课题的探索。我选择学习了有关课程,与国外同行进行过讨论,收集了不少在国内难以见到的资料。我还参观了美国国会图书馆、国立医学图书馆、OCLC 等著名的图书情报机构,参加了在纽约举行的以“信息高速公路上的公平”为主题的美国图书馆协会(ALA)年会。这些活动,不仅使我目睹了当今信息技术的飞速发展及其在图书情报工作中的广泛应用,亲身感受到信息资源共享对人类社会的生产生活产生的巨大而深刻的影响,而且帮助我获得了有关学科发展的大量新信息。访美归来后,我根据收集到的资料,修改和充实了我的博士论文,力图使它与学科发展的前沿靠得近些,更近些。

然而,由于本人才疏学浅,由于课题涉及面广,资料的时效性强,因而本书一定有不少疏漏和不足之处,敬祈专家学者们及广大读者批评指正。

在本书付梓的时候,我衷心感谢我的导师彭斐章教授。我的博士论文从选题、撰写到修改定稿,导师都倾注了大量的心血。在本书出版时,导师又欣然赐序。在本书写作过程中,我还得到周文骏教授、孟广均教授、吴慰慈教授、倪波教授、谢灼华教授、马费成教授、严怡民教授、郭星寿教授、詹德优教授等学术前辈的宝贵指导,在此谨向各位教授表示诚挚的感谢。同时,我还要感谢院资料室的同事对本书写作的支持,并向被我引用、参考过的文献的作者们表示谢意。广西教育出版社的同志为本书的出版付出了辛勤的劳动,作者亦在此表示深深的感谢和敬意。

肖希明

1997 年 1 月于珞珈山